Birte Meier
Equal Pay Now!

BIRTE MEIER

EQUAL PAY NOW!

Endlich gleiches Gehalt
für Frauen und Männer

Was wir jetzt tun können

GOLDMANN

Alle Ratschläge in diesem Buch wurden von der Autorin und vom Verlag sorgfältig erwogen und geprüft. Eine Garantie kann dennoch nicht übernommen werden. Eine Haftung der Autorin beziehungsweise des Verlags und seiner Beauftragten für Personen-, Sach- und Vermögensschäden ist daher ausgeschlossen.

Sollte diese Publikation Links auf Webseiten Dritter enthalten, so übernehmen wir für deren Inhalte keine Haftung, da wir uns diese nicht zu eigen machen, sondern lediglich auf deren Stand zum Zeitpunkt der Erstveröffentlichung verweisen.

Die Schreibweise von Zitaten in veralteter Orthografie wurde modernisiert. Kommen Gesprächspartner*innen der Autorin mehrfach zu Wort, stammen ihre Zitate aus den mit ihnen geführten Interviews.

Englischsprachige Übersetzungen von der Autorin, wenn nicht anders vermerkt.

Penguin Random House Verlagsgruppe FSC® N001967

1. Auflage
Originalausgabe März 2023
Copyright © 2023: Wilhelm Goldmann Verlag, München, in der Penguin Random House Verlagsgruppe GmbH, Neumarkter Str. 28, 81673 München
Umschlag: Uno Werbeagentur, München
Umschlagmotiv: FinePic®, München
Redaktion: bookTRade UG Berlin, Tanja Ruzicska
Satz: Uhl + Massopust, Aalen
Druck und Bindung: CPI books GmbH, Leck
Printed in the EU
KF · IH
ISBN 978-3-442-17984-8

Inhalt

Intro	**9**
Der große Lohnraub	**13**
Der große kleine Unterschied	17
Der Staffellauf zu Equal Pay	22
Blinder Fleck	24
Die nackte Wahrheit	**26**
Böses Erwachen	28
Im Lohnlückendschungel	31
Der Fachjargon – das Wichtigste in Kürze	34
Der Streit um die »richtige« Lohnlücke	41
Im Reich der Mythen	**45**
Mythos eins: Es gibt gar keine Lohndiskriminierung	45
Mythos zwei: Frauen haben kein Verhandlungsgeschick	48
Mythos drei: Frauen wählen die falschen Berufe	54
Mythos vier: Tarifverträge schützen vor Diskriminierung	57
Mythos fünf: Frauen bringen es einfach nicht	69
Die Mühen des Klischees	**76**
Schweigekartell	80
Stigma	82
Auf eigene Gefahr	84
Eine kurze Geschichte der Lohndiskriminierung	87

Marathon durch die Instanzen **95**

    Wichtige Grundsatzurteile 98

    Verfahrene Verfahren 100

Das Frauenveräppelungsgesetz **105**

    Die USA machen es vor 107

    Die Wirtschaftslobby zerreibt ein Gesetz 109

    Zahnloser Tiger 111

    Profite aus dem Kleingedruckten 114

Diskriminiert und gemaßregelt **119**

    Splitterbombe 120

    Verunglimpfung 123

    Vertane Chance 127

    Zerreißproben 129

    Solidarität 133

    Kündigung 135

Das Reich des Möglichen **142**

    Gute Ideen aus dem Ausland 145

    Was wir tun können, damit die Politik endlich handelt 154

California Dreamin' **159**

    »Die moderne Frau spricht über Geld« 160

    »A Girl's Best Friend is Equal Pay« 162

Gut zu wissen **168**
   Wie finden Sie heraus, ob Sie diskriminiert werden? 168
   Fünf beliebte Tricks der Arbeitgeber 182
   Survival-Tipps für mutige Frauen 188
   Musteranfrage 199

DANKE! **205**

Anmerkungen **209**

Personenregister **237**

Intro

Equal Pay Now! ist meine persönliche Geschichte. Und in wesentlichen Teilen auch wieder nicht: Stellvertretend für viele führe ich einen Rechtsstreit, der aufzeigt, warum Lohndiskriminierung kaum zu ahnden ist.

Geplant war das nicht. Eigentlich hatte ich einfach nur gleich verdienen wollen. Lange bevor ich mit meinem Präzedenzfall wider Willen Justizgeschichte schrieb, war ich Journalistin. Zu meinem Verfahren aber habe ich mich all die Jahre nicht öffentlich geäußert. Die Medien nahmen mich als die »vielfach ausgezeichnete Journalistin« wahr, die zu ihrer eigenen Klage stumm blieb wie ein Fisch. Eine schwierige rhetorische Figur. Doch ich wollte für die tägliche Zusammenarbeit im Zweiten Deutschen Fernsehen (ZDF) nicht zusätzlich Öl ins Feuer gießen und die Gerichte respektieren. Da das Klagen allerdings kein Ende nimmt, auch wenn ich mich inzwischen bis vor das Bundesverfassungsgericht vorgekämpft habe, mag ich nicht mehr schweigen. Wer beruflich Missstände aufdeckt, tut sich schwer damit wegzuschauen, wenn sie im unmittelbaren Umfeld etabliert sind und nicht angegangen werden. Insbesondere dann, wenn sie so viele Menschen betreffen, wenn Gerichte sowie ein öffentlich-rechtlicher Sender ihren Teil dazu beitragen.

Der Einsatz für gleiche Löhne erfordere »revolutionäre Geduld«, sagt mir eine Juristin, die sich seit Jahrzehnten dafür stark macht. Diese Langmut fehlt mir. Und weil ich nicht möchte, dass Frauen weiterhin widerfährt, was ich erlebte, habe ich meine Geschichte aufgeschrieben und sie in diesem Buch mit den Erfahrungen anderer Frauen und wissenschaftlichen Studienergebnissen abgeglichen. Einige Interviewpartnerinnen sind darin auf Wunsch anonymisiert, um sie zu schützen. Zitate, die aus dem privaten Umfeld stammen, sind von den Gesprächspartner*innen autorisiert. Verantwortliche Unternehmen bat ich um Stellungnahmen. Die meisten Informationen aus dem Rechtsstreit mit dem ZDF wurden in Gerichtsverhandlungen öffentlich. Wo es mir zur Veranschaulichung übergreifender Sachverhalte unerlässlich schien, habe ich aus Schriftsätzen und internem Schriftverkehr zitiert.

Dennoch bleibt vieles ungesagt: Immer galt es, die Wahrung von Redaktionsinterna gegen das öffentliche Interesse abzuwägen. Wo möglich, verdeutlichen internationale Kontexte einen Sachverhalt, der in Deutschland viel zu selten erzählt wird.

»Kritisch, investigativ, unerschrocken«, lautet der Anspruch der ZDF-Sendung, deren Redakteurin ich jahrelang war. »Wir berichten, was ist. Wir schauen genau hin. Wir liefern Hintergründe, und wir klären auf, ordnen ein und regen zur Diskussion an«, legte das ZDF seinen Redakteur*innen im Namen von Menschenwürde, Wahrhaftigkeit, Pluralismus sowie Fairness als Kompass nahe: »In stürmischen Zeiten bleiben wir standhaft.«[1] Etwas kitschig, aber im Kern zutreffend. Dies waren – und sind – meine journalistischen Leitlinien.

Und doch bleibt die Perspektive von *Equal Pay Now!* subjektiv. Unmöglich, alles abzubilden, was in den acht Jahren geschah, seitdem ich meine Klage eingereicht habe, oder was jemals zum Gender Pay Gap erforscht wurde. Möge dieses Buch dennoch eine Lücke in der öffentlichen Diskussion füllen und zur Klärung jener Fragen beitragen, mit der viele Frauen an mich herangetreten sind.

Historisch gilt der Kampf für gleiche Löhne meist als eine Angelegenheit zwischen Mann und Frau. Doch auch trans* Personen und Menschen mit dem Geschlechtseintrag divers können benachteiligt werden. Ja, sogar Männer können weniger verdienen.

Frauen allerdings sind von Lohndiskriminierung weiterhin deutlich häufiger betroffen als Männer. Auch deshalb schreibe ich aus ihrer Perspektive. Wer eine Frau ist, entscheidet dabei weder der Geschlechtseintrag im Pass noch vermeintlich eindeutige biologische Merkmale. Allein ausschlaggebend ist die selbst gewählte Identität. Ob die Gerichte das im Rahmen einer Klage auf gleichen Lohn allerdings auch so sehen, bedarf anwaltlicher Beratung.

Ich bin nicht nur eine Frau, die überzeugt ist, dass sie diskriminiert wurde, sondern auch eine weiße Akademikerin. Aufgewachsen in der westdeutschen Provinz, durfte ich von zahlreichen Stipendien profitieren und eine Zeitlang an einer amerikanischen Eliteuniversität studieren. Heute lebe ich in Berlin. Mein Einkommen liegt, ob als Frau benachteiligt oder nicht, deutlich über dem Durchschnitt – und über dem vieler freier Journalist*innen. Darum geht es bei Equal Pay aber nicht. Frauen haben schlicht das Recht, unter gleichen Voraussetzungen genauso gut – sprich: gleich viel – zu verdienen wie Männer.

Dieser Anspruch hat mich viel gekostet, vor allem wertvolle Lebenszeit. Existenzgefährdend im finanziellen Sinne aber war er nie – irgendwie wäre es schon weitergegangen, wenngleich auf niedrigerem Niveau. Viele sind weniger privilegiert, erhielten nicht die Chance zu studieren, berufliche Netzwerke zu knüpfen und zu pflegen.

Wer sich gegen Lohndiskriminierung wehrt, setzt alles aufs Spiel. Das muss man, das muss frau sich leisten können. Frauen etwa, die von Armut bedroht sind, können dies nicht ohne weiteres – dabei sind gerade sie besonders darauf angewiesen. Alleinerziehende beispielsweise oder Geflüchtete ohne langfristigen Aufenthaltstitel. So ist dieses Buch unbeabsichtigt die Geschichte meist weißer Frauen mit in der Regel akademischem Hintergrund geworden. Eine Geschichte von Frauen, die unter den Benachteiligten dieser Welt privilegiert sind – und leichter Mittel und Wege finden, gegen die Ungerechtigkeit anzugehen. Einfach, weil sie es sich leisten können aufzubegehren. Ich kann nur wünschen, dass die juristischen Grundsatzurteile, die sie erstritten haben und hoffentlich noch erstreiten werden, auch jenen helfen, die sich nicht so vehement wehren können. Und darauf hoffen, dass die öffentliche Aufmerksamkeit Politik und Justiz daran erinnert, dass es ihre Aufgabe ist, für Gerechtigkeit zu sorgen – und nicht die einzelner Klägerinnen.

»Was wir jetzt tun können« verspricht der Untertitel dieses Buchs. »Wir« – damit sind alle gemeint. Meist wird der Kampf für Equal Pay als Frauenangelegenheit gehandelt. Dabei lässt er sich auch als gelebter Verfassungspatriotismus interpretieren: »Männer und Frauen sind gleichberechtigt«, heißt es in Artikel 3 des Grundgesetzes. Und weiter: »Der Staat fördert die tatsächliche Durchsetzung der Gleichberechtigung von Frauen und Männern und wirkt auf die Beseitigung bestehender Nachteile hin.«

Das einzufordern, ist nicht nur Aufgabe von Frauen.

Der große Lohnraub

Das juristische Drama, das jahrelang mein Leben bestimmen wird, erlebt seine Premiere im fünften Stock eines Nachkriegszweckbaus, den sich das Berliner Arbeitsgericht mit einer Möbelkette teilt. In Saal 513 geht es eher museal zu, auch wenn das Thema des angekündigten Stücks brandaktuell ist: Der Sender, der mich beschäftigt, will mich nicht freiwillig wie einen Mann bezahlen. Nun sollen jene Personen den Konflikt klären, die erhöht und hinter einer Sichtblende aus Eiche im Saal Platz genommen haben: der Vorsitzende Richter Michael Ernst, jenseits der 50, sowie zu seiner Linken, vorgeschlagen von der Arbeitnehmerseite, ein ehrenamtlicher Schöffe im kurzärmeligen Karohemd. Zu seiner Rechten, für die Arbeitgeberseite, eine ebenfalls ehrenamtliche Schöffin im geblümten Kleid. Zum Auftakt reißt der Vorsitzende einen Witz: »Mein Freund, der Baum, ist tot«, kommentiert er die umfangreichen Akten. Er habe alles gelesen, versichert er. Und fügt, wie eine Reporterin von der DuMont Redaktionsgemeinschaft notiert, hinzu: »Ich weiß aber nicht, ob ich alles verstanden habe.«[2]

Es läuft nicht gut für mich.

Dabei stellt sich der Sachverhalt ganz einfach dar: Männliche Kollegen verdienen besser als ich, egal ob sie älter oder jünger sind, länger im Betrieb oder kürzer, mehr oder weniger erfolgreich.[3] »Warum?«, will ich wissen, denn bisher habe ich keine schlüssige Erklärung dafür gefunden. »Weil die Kollegen besser verhandelt haben?«, mutmaßt Richter Ernst und fügt hinzu: »Das nennt man Kapitalismus.«[4] Als handele es sich beim ZDF nicht um eine Anstalt des öffentlichen Rechts, die nach Tarifverträgen zu vergüten hat, sondern um ein Start-up.

Außerdem, teilt Richter Ernst mit forschem Blick durch seine Pilotenbrille dem Saal mit, würden Frauen ja bekanntlich schwanger. Ich habe allerdings gar keine Kinder. »Willkommen im Mittelalter«, protestiert eine Freundin im Publikum lautstark und entgeht nur knapp einem Ordnungsgeld.[5] Im Saal wird es unruhig. »Ruhe auf den billigen Plätzen«, herrscht der Mann, den der Staat bestellt hat, um über mein Grundrecht auf gleichen Lohn für gleiche Arbeit zu richten, die Frauen auf den Holzbänken an: »So einfach, meine Damen, ist das nicht, auch wenn sie noch so laut stöhnen!«[6]

Was wie eine Szene aus den Fünfzigerjahren des vergangenen Jahrhunderts wirkt, hat sich im Dezember 2016 zugetragen. Am Ende legt mir der ZDF-Anwalt nahe, den Sender zu verlassen, »in angemessen beleidigtem Tonfall«, wie die anwesende Reporterin bemerkt und energisch unterstützt von Richter Ernst.[7] Damit habe ich nicht gerechnet: »Ich möchte nicht weiter eingeschüchtert werden, es kann doch nicht sein, dass es mich meinen Job kostet, wenn ich mein Recht einfordere«, ringe ich offenbar merklich um Haltung. So hat es der *Spiegel* dokumentiert, der, vielen Dank, außerdem festhält, dass ich meine Fassung dann doch noch behalte.[8]

Ich verliere krachend.

Aber aufgeben will ich nicht.

Stattdessen werde ich unfreiwillig zu einer Art Jeanne d'Arc der Lohnlücke.

In den sozialen Medien kursieren zwischenzeitlich Tweets wie »#WirsindBirteMeier« und »Hätt gern Eier wie Birte Meier«.[9]

Equal Pay, gleicher Lohn, dachte ich, das kann doch nicht so schwer sein. Schließlich habe ich das uneingeschränkte Wahlrecht, zahle den gleichen Steuersatz und bekomme im Laden auch keinen Frauenrabatt. Warum also soll ich mich mit weniger Gehalt abfinden? Und zwar richtig viel weniger, mindestens um die

800 Euro im Monat, wie mir das ZDF später wird mitteilen müssen.[10] Weil ich mich zum Pinkeln hinsetze?

Das ist nicht euer Ernst, empörte ich mich. Geht doch um Gleichberechtigung! Garantiert das Grundgesetz! Kann also wirklich nicht so schwer sein.

Oh doch.

Ist es.

Hart erkämpfter Sieg

Nach der Verhandlung trotte ich wie ein geprügelter Hund mit Freund*innen und Kolleg*innen in ein Café. Niemand sagt etwas, nur das Handy bimmelt unentwegt. Eine bestellt Schnaps für alle. Schließlich bricht die Lieblingskollegin das Schweigen: »Du verdienst weniger, weil du eine Schei*e hast«, zitiert sie den Giulia-Becker-YouTube-Hit *Verdammte Scheide* aus Jan Böhmermanns *Neo Magazin Royale* und formt mit den Händen eine Raute: »So einfach ist das.«

Die Gerichte sehen das anders.

Ich verliere nicht nur die erste, sondern auch die zweite Instanz: hinfallen, aufstehen, hinfallen, aufstehen. Ein Maskulinist triumphiert im Netz: »Sie kämpfte tapfer und verlor.«[11] Einige Kollegen grüßen nicht mehr, und meine Chefin warnt längst unverhohlen vor »Krieg« in der Redaktion.[12] Das ZDF schickt mich von der Hauptstadt in die Provinz, vom Primetime-Programm zum Spartensender.[13] Hartnäckigkeit gilt zwar als Kerntugend investigativer Journalist*innen – jedoch nicht, wenn sie sich gegen den eigenen Arbeitgeber richtet. Begutachten die Zuständigen meine Beiträge vor der Sendung, höre ich schon mal einen Kommentar wie: »Leider gut« – was der Sender aber nicht als Reaktion auf mein Begehr, sondern auf »schreckliche Bilder von toten syrischen Kindern« in einem Beitrag verstanden wissen will.[14]

Dass ich die noch lange nicht endende Tortur überhaupt überstehe, verdanke ich fantastischen Freund*innen, loyalen Kolleg*innen und Verbänden, die jederzeit zur Stelle sind. Solidarität wird über mir ausgekippt, als hätten alle nur darauf gewartet, dass sich endlich mal eine traut aufzubegehren. Sie kommt auch von unerwarteter Seite. »Liebe Kollegin Meier, Sie machen 1a-Stücke. Warum sollten Sie dafür weniger verdienen als meine lieben Geschlechtsgenossen in Ihrer Redaktion?«, schreibt beispielsweise ein mir unbekannter Kollege von der ARD: »Das Absurde ist, dass es in (hoffentlich spätestens) 20 Jahren heißen wird: Was, Frauen haben bei identischer Qualifikation, identischer Betriebszugehörigkeit und identischem Aufgabenprofil weniger verdient als Männer? Nur weil sie Frauen sind? Unfassbar. Peinlich. Bitte halten Sie unbedingt durch!« Er ist nicht der einzige Mann, der mich seiner Unterstützung versichert.

Ich halte durch. Und erreiche Jahre später einen ersten Teilerfolg beim Erfurter Bundesarbeitsgericht. »Hart erkämpfter Sieg« titelt die *Süddeutsche Zeitung* 2020.[15]

Auf das Präzedenzurteil können Frauen nun bauen.

Immerhin.

Ob und in welcher Höhe ich Geld sehen könnte, ist damit allerdings noch lange nicht entschieden. Erst muss sich auch noch das Bundesverfassungsgericht in Karlsruhe meiner Sache annehmen. Der im Sommer 2022 veröffentlichte Beschluss hat salomonischen Charakter: Formal sei man, so das Gericht, nicht zuständig. Denn inzwischen hat sich die Rechtsprechung geändert, weshalb die Richter*innen keine inhaltliche Entscheidung darüber fällen, ob ich diskriminiert wurde. Um dies klarstellen zu lassen, soll ich mich erneut an die Arbeitsgerichte wenden. Dafür gibt Karlsruhe Arbeitsrichter*innen wie Michael Ernst einen ziemlich deutlichen Wink: Eine »Zahlungsklage könnte daher Erfolg haben. Dass dem andere Gründe entgegenstünden, ist jedenfalls aus den Darlegungen nicht erkennbar.«[16]

Wieder ein Teilerfolg.

Für mich bedeutet dieser Fortschritt allerdings auch: Zurück auf Los, ans Arbeitsgericht Berlin. Demnächst sitze ich womöglich wieder im Saal 513, die Möbelkette ist ja auch noch da. Nach sieben Jahren Klagen fühlt sich das an wie eine Szene aus »Und täglich grüßt das Murmeltier«.

Wenigstens habe ich mittlerweile einiges gelernt: Etwa, was alles schiefläuft bei der Debatte um die sogenannte Lohnlücke. Oder dass die Fronten beim Kampf um Equal Pay ganz anders verlaufen als erwartet: weniger zwischen den Geschlechtern als vielmehr zwischen den Anständigen und den Unanständigen. Und wie hinterwäldlerisch Deutschland sich dabei anstellt, wenn es um diesen »kleinen« Unterschied geht, der so viel Ungerechtigkeit produziert.

Der große kleine Unterschied

Der Preis, eine Frau zu sein, kann in Deutschland ein bis zwei Eigentumswohnungen betragen. Ein sorgenfreies Leben im Alter. Oder einfach eine angstfreie, sichere Existenz. Fast nirgendwo sonst in Europa verdienen Frauen so viel weniger als Männer: 18 Prozent beträgt hierzulande die Lohnlücke.[17] Das Ganze ist kompliziert, vorab jedoch so viel: Nur ein Teil davon ist erklärbar, etwa weil Frauen seltener Führungspositionen bekleiden.

Lohndiskriminierung ist in allen Branchen möglich, von der Bürokraft bis zur Professorin. Das Problem betrifft Millionen: 40 Prozent der Teilnehmerinnen einer *Zeit*-Umfrage erklärten 2019, weniger zu verdienen als gleichrangige Kollegen. Doch wer sich wehrt, wird häufig angefeindet: »Für eine Frau ganz schön geldgeil«, heißt es dann.[18] Als meine Klage öffentlich wird, erzählen mir etliche Frauen von ihrem Verdacht, weniger zu verdienen als vergleichbare Kollegen. Doch kaum eine traut sich, dagegen vorzugehen. Die Forderung nach Equal Pay ist tabu.

Dabei geht es nicht nur um das schnöde Geld.
Sondern auch um Wertschätzung.

Und um Freiheit: Equal Pay bedeutet, leben zu können wie Männer, zumindest was den Kontostand angeht – freier von finanziellen Engpässen, mit weniger Angst vor Scheidung und Armut im Alter. Ein Erwerbsleben ohne die Demütigung, die mit einer Mindervergütung einhergeht. Oder, in den Worten des britisch-amerikanischen Satirikers John Oliver, der Experten kommentiert, die darüber streiten, mit wie viel Prozent genau die amerikanische Lohnlücke nun zu beziffern sei: »*If someone takes a dump on my desk, the size of the dump is not the issue*« – wenn mir jemand einen Haufen auf den Schreibtisch setzt, ist nicht die Größe dieses Haufens das Problem.[19]

Wussten Sie, dass das Recht auf gleichen Lohn für gleiche Arbeit schon in den sogenannten Römischen Verträgen festgehalten wurde, die 1957 den Grundstein zur Europäischen Wirtschaftsgemeinschaft (EWG) legten? Frankreich befürchtete damals eine Verzerrung des Wettbewerbs, denn dort war – anders als in Deutschland – ungleiche Bezahlung schon verboten. Heute lautet Artikel 157 der Europäischen Verträge: »Jeder Mitgliedstaat stellt die Anwendung des Grundsatzes des gleichen Entgelts für Männer und Frauen bei gleicher oder gleichwertiger Arbeit sicher.«

In Deutschland existiert das europäische Prinzip lange vor allem auf dem Papier. Wenig motivierte, bisweilen fast unwillig scheinende Arbeitsgerichte weigern sich in der Praxis jahrzehntelang, es anzuwenden. Und die Politik ist zu feige, es in ein deutsches Gesetz zu fassen. Stattdessen eröffnet der Staat Unternehmen unendlich viele Schlupflöcher, Männer besser zu bezahlen.

Frauen schlechter zu vergüten war so einfach, wie einem kleinen Kind einen Lolli wegzunehmen – nur ungleich lukrativer. Hinter dem Begriff Lohnlücke oder Gender Pay Gap, wie es oft heißt, verbirgt sich der wohl größte Lohnraub in der Geschichte der Bundesrepublik.

Stellen Sie sich bitte vor, Sie verfügten über mehrere Hunderttausend Euro. Geld, das Sie sich mit harter Arbeit verdient haben. Was würde sich für Sie ändern? Sehen Sie das Häuschen am Stadtrand, von dem Sie so lange geträumt haben? Die Auszeit, die Sie sich immer schon nehmen wollten? Möglicherweise sogar eine Lebensentscheidung, die Sie ganz anders fällen würden?

Was, wenn ein Dieb Ihnen nun diesen Schatz stehlen würde?

Wie reagieren Sie? Gehen Sie zur Polizei und setzen alle Hebel in Bewegung, damit Sie Ihr Geld wiederbekommen? Oder sagen Sie sich: *Tja, da kann man leider nichts tun. Ärgerlich, aber so ist es. Im Grunde bin ich ja selbst schuld, ich hätte besser aufpassen müssen.*

Wohl eher nicht.

Warum also tun das so viele beim Thema Equal Pay?

Warum lassen sich Frauen von der Saga einlullen, sie seien selbst schuld an allem? Weil sie sich bei der Wahl der Ausbildung mehr so für das Soziale interessieren statt für die deutsche Ingenieurskunst? Weil sie Kinder bekommen und diese zu lange betreuen, sodass sie, leider, leider, in die Teilzeitfalle geraten? Weil ihnen für eine Karriere die Härte fehlt, wohingegen Männer sich so gerne raufen, das weiß ja jeder, und weil Frauen, unterambitioniert, wie sie sind, ohnehin nicht verhandeln können – kurzum, weil sie es im Grunde ja nicht anders gewollt haben?

Dabei haben wir doch eine viel bessere Geschichte zu bieten. Eine, die den Arbeitgebern nicht so gut zupasskommt und den Blick aufs Wesentliche freigibt. Wir müssen sie nur erzählen.

Wie zum Beispiel UN-Generalsekretär António Guterres.

Rückständige Politik

Längst geißelt der oberste Verwaltungschef der Vereinten Nationen (UN) die »dumme« Diskriminierung von Frauen weltweit, auch bei der Bezahlung, und vergleicht sie mit historischen »Schandflecken« wie Sklaverei und Kolonialismus.[20] Deutschland aber diskutiert über den Gender Pay Gap immer noch, als gäbe es dazu weder historische noch wissenschaftliche Erkenntnisse. Als wäre faire Bezahlung nur ein *Nice-to-have*, kein Grundrecht. Alle haben eine Meinung und die meisten eine Anekdote parat – aber kaum jemand eine Ahnung. Ist halt irgendwas mit Gender. Oder, in den Worten des ehemaligen Bundeskanzlers Gerhard Schröder: Gedöns.

Nein, bei Lohndiskriminierung geht es nicht nur um irgendwas mit Gender.

Bei einer erfolgreichen Klage werden Gehälter auch rückwirkend fällig. Für Unternehmen geht es also ans Eingemachte, um Pfründe und Profite – erzielt auf Kosten der Frauen. Um dagegen vorgehen zu können, bräuchten Mitarbeiterinnen ein ordentliches Gesetz.

Aber Deutschland fristet in diesem Punkt ein rückständiges Inseldasein. Während wir noch glauben, dass Unterbezahlung zum weiblichen Dasein gehört wie Menstruation oder Menopause, erzielen Frauen auf der ganzen Welt Erfolge im Kampf um gleiche Bezahlung.

Zum Beispiel in Großbritannien.

Dort erstreiten Supermarktangestellte gerade geschätzt acht Milliarden Pfund, weil die Frauen in den Läden weniger verdienen als die Männer in den Lagern – obwohl viele dieselben Waren ein- und auspacken. Die Stadt Glasgow muss ihre Konzerthalle in einem komplizierten Immobiliendeal versilbern, um die Vergleichssumme aufzutreiben, mit der sie jahrelang schlechter bezahlte Mitarbeiterinnen nach langem Streit endlich befriedet.

Oder in den USA.

Dort gibt der Fußballverband seinen erbitterten Widerstand auf und zahlt 24 Millionen Dollar – an die Spielerinnen um Kapitänin Megan Rapinoe und in einen Fonds, der Fußballerinnen zugutekommen soll. Auch der Internetkonzern Google/Alphabet einigt sich mit seinen Mitarbeiterinnen: 118 Millionen Dollar. Tausende US-Amerikanerinnen klagen. Gegen den Turnschuh-Hersteller Nike, den Software-Riesen Oracle, den Paketversand UPS und andere Firmen.

Oder auch Australien.

Dort starten Surferinnen 2021 eine Petition, damit sie und andere Sportlerinnen dieselben Preisgelder erhalten wie Männer.

Die politischen Rezepte für Equal Pay sind auf der ganzen Welt ähnlich: Transparenz. Beweislastumkehr. Rechtfertigung. Sanktionen. Maßregelungsverbot. Klingt wie juristisches Kauderwelsch – benennt aber Errungenschaften, die für Frauen viel Geld wert sind. Ich werde noch darauf zurückkommen.

Auch in Deutschland könnte das funktionieren. Ohne Not aber legt sich die Politik nicht mit den mächtigen Arbeitgeberverbänden an. Hehre Ziele werden auch in den wirtschaftsfreundlichen Jahren unter Bundeskanzlerin Angela Merkel geäußert. Doch das geplante Lohngerechtigkeitsgesetz, das Frauen zu gleichem Lohn verhelfen soll, verkümmert zum sogenannten Entgelttransparenzgesetz.

Das muss nicht so bleiben.

Mittlerweile ergreifen Beschäftigte die Flucht nach vorn.

Es ist wie bei einem Staffellauf: Je mehr Frauen mitmachen, desto besser.

Der Staffellauf zu Equal Pay

Eine Dinnerparty im Berliner Prenzlauer Berg. Miriam Altenberg, die in Wirklichkeit anders heißt, lädt zum *Women Empowerment Drink*. In der offenen Wohnküche eines sanierten Altbaus sitzen sieben ehemalige Kolleginnen, IT-, Marketing- und Vertriebsfachkräfte, einige von ihnen aus Osteuropa. Über Pizza Rucola und Rosé berichten sie entnervt vom frauenfeindlichen Arbeitsklima in der Softwarefirma, bei der sie in der Autozulieferindustrie beschäftigt sind oder waren. Gerade deshalb feiern sie Miriam Altenberg. Denn die Softwarearchitektin hat einen Erfolg errungen. Zwei Jahre musste sie auf Equal Pay klagen, dann endlich knickte ihr Arbeitgeber ein. Klar wäre ein Sieg vor Gericht auch schön gewesen, meint sie, aber der Vergleich bereitet ihr schon jetzt Genugtuung: »Gewinnen ist zum Gewinnen, Geld zum Leben da«, bringt sie es auf den Punkt.

Das wichtigste Präzedenzurteil der vergangenen Jahrzehnte erstreitet Gabriele Gamroth-Günther aus Göttingen. Sie leitet eine Schadenabteilung einer niedersächsischen Versicherung. Erst gewann sie vor dem Bundesarbeitsgericht, dann sprach ihr das Landesarbeitsgericht Niedersachsen rund 6000 Euro entgangenes Gehalt für sechs Monate zu. Jetzt holt sie sich den ausstehenden Lohn der folgenden Jahre. Es geht um einen hohen fünfstelligen Betrag.[21]

Dass Frauen den Schritt vor Gericht wagen, ist relativ neu. Jahrelang bin ich die einzige weit und breit. Nun sind wir immerhin schon ein kleiner Klägerinnen-Club, in dem wir den Staffelstab hin und her reichen oder neuen Mitstreiterinnen weitergeben: Susanne Dumas aus Dresden gehört dazu, die im Außendienst eines sächsischen Metallunternehmens tätig war. Astrid Siemes-Knoblich, die als Bürgermeisterin des südbadischen Müllheim weniger verdiente als zwei Amtskollegen – und noch einige andere, die nicht genannt werden wollen. »Diese Bewusstseinsveränderung von Frauen ist nicht zu unterschätzen. Frauen, die sagen: Ich bin wütend, mir geschieht Unrecht und ich habe Ansprüche. Ich will das nicht, dass das immer noch ein Problem ist«, stellt Johanna Wenckebach fest, wissenschaftliche Direktorin des gewerkschaftsnahen Hugo Sinzheimer Instituts für Arbeits- und Sozialrecht und ehrenamtliche Richterin am Bundesarbeitsgericht.[22]

Und das Beste daran ist: Sie alle haben nun eine echte Chance zu gewinnen. Oder zumindest einen Vergleich zu erzielen, sodass sie nicht mehr auf dem Schaden sitzen bleiben.

Ihre Erfolgsaussichten verdanken sie dem kleinen »Klägerinnen-Club« und vor allem den fortschrittlichen Richter*innen vom Achten Senat des Bundesarbeitsgerichts. Die nämlich beenden 2021 die irrsinnige Praxis ihrer Kolleg*innen an den unteren Instanzen, an der ich einst scheiterte: Steht fest, dass eine Klägerin weniger verdient als ein vergleichbarer Kollege, weil das etwa die Auskunft nach dem Entgelttransparenzgesetz ergibt, muss sie nun nicht mehr belegen, dass sie wegen ihres Geschlechts weniger verdient.[23] Dies im Fall von ungleichem Lohn zu tun ist nämlich schlicht unmöglich – es sei denn, Vorgesetzte erscheinen freiwillig zum Lügendetektortest.

Nun gilt, was in großen Teilen der EU, in Großbritannien und in den USA seit Jahrzehnten gängige Praxis ist: Wird ungleich vergütet, braucht der Arbeitgeber dafür gute Gründe. Die Beweislast ist umgekehrt.

Ein juristischer Quantensprung.

Empfahlen Arbeitsrechtler*innen Firmen bislang, Equal-Pay-Klagen einfach auszusitzen (nach dem Motto: »Das hält die eh nicht durch«), raten sie ihnen nun dringend an, ihre Bezahlpraxis zu überprüfen. Die bislang »oftmals zum Scheitern verurteilten« Equal-Pay-Klagen würden, so die Begründung, wahrscheinlich bald zu »hohen Nachzahlungen und Gehaltsanpassungen« führen.[24]

In Zukunft dürfte die Empfehlung sogar noch unmissverständlicher ausfallen, da auch die Politik langsam aufwacht. Zumindest in Europa ist man schon weiter als in Deutschland: Die endgültige Verabschiedung einer neuen, scharfen Richtlinie für mehr Lohntransparenz gilt als reine Formsache: Firmen müssen danach interne Lohnlücken veröffentlichen. Wer ungleich vergütet, zahlt Strafe. Und Vorgesetzte sollen ihrer Belegschaft nicht mehr verbieten dürfen, über Gehälter zu sprechen.[25] Denn Frauen müssen sich endlich »zur Wehr setzen können und das bekommen, was ihnen zusteht«, freut sich Kommissionspräsidentin Ursula von der Leyen.

Bei so viel Engagement in Brüssel will auch die Ampel-Bundesregierung nicht zurückstehen. »Wir haben 2022. Frauen und Männer sollten gleich bezahlt werden«, twittert Bundeskanzler Olaf Scholz im Juli und fordert gleiche Bezahlung für die Fußball-Frauennationalmannschaft: »#equalpay«. Auch alle anderen Frauen will die Regierung laut Koalitionsvertrag stärken: An ihrer statt sollen in Zukunft Verbände für Equal Pay klagen können, was den Weg vor Gericht erheblich erleichtern würde. Ein wichtiger Schritt nach vorn – wenngleich nur ein erster. Denn noch immer liegt der Ball bei den Frauen und nicht den Unternehmen, deren Aufgabe es ja eigentlich wäre, gleich zu bezahlen, anstatt sich erst dazu auffordern zu lassen.

Blinder Fleck

»Lohndiskriminierung ist das schmutzige Geheimnis des Gender Pay Gap«, schreibt Carrie Gracie, die 2018 ihren Job als China-Korrespondentin der British Broadcasting Corporation (BBC) hinwarf, nachdem sie herausfand, dass ihr Kollege im Bundesdistrikt Washington als Nordamerika-Korrespondent mindestens 50 Prozent mehr Gehalt als sie bekam – vermutlich sogar eher fast das doppelte.[26] Der britische Sender hatte seine Spitzen-Jahresgehälter über 150 000 Pfund offenlegen müssen. Die Liste sorgt für Aufregung: Die Nummer eins, Starmoderator Chris Evans, erhält 1,7 Millionen Pfund mehr als die bestverdienende Kollegin. Viele Frauen jedoch fehlen: Sarah Montague, die Moderatorin der bekanntesten Radiosendung am Morgen, wird nicht aufgeführt – wohl aber ihr Co-Moderator mit rund 600 000 Pfund.

Gemeinsam mit 200 weiteren Frauen reicht Carrie Gracie eine Beschwerde bei der Zentrale der BBC ein. Sie wird zur Galionsfigur des britischen Protests gegen Lohndiskriminierung: »Darüber wird nicht ausreichend gesprochen, es wird nicht genügend erfasst und überhaupt nur selten behoben.«[27]

Das gilt erst recht für Deutschland und Österreich. Weil es so wenige Frauen gibt, die es bisher versucht haben, weiß hier kaum jemand, welche Scherkräfte eine Frau in Gang setzt, wenn sie gleiche Vergütung begehrt. Trotz erster Erfolge bleibt Lohndiskriminierung ein blinder Fleck – erst wenn wir dieses »schmutzige Geheimnis« endlich lüften, schaffen wir den Kulturwandel, der Equal Pay ermöglicht.

Dass eine solche Wende durchaus möglich ist, zeigt sich beispielsweise in Kalifornien. Frauen fordern dort ganz selbstverständlich ihr Recht ein. Keine schämt sich dafür. Für sie gilt Equal Pay als ein *Must-have* und nicht als ein Tabu.

Klingt doch nach Freiheit, oder?

Allerdings kommt die nicht von allein.

Frauen müssen sie sich schon holen. Sonst wird auch die nächste Generation Mädchen noch darauf warten müssen, dass ihre Arbeit nach Leistung entlohnt wird und nicht nach Geschlecht.

Die nackte Wahrheit

Nie hätte ich gedacht, dass eine simple Zahl mich so unfassbar wütend machen könnte. Es ist kurz vor Weihnachten 2014, die Redaktion des ZDF-Politikmagazins, für das ich lange arbeite, trifft sich in einer rustikalen Berliner Kneipe im Prenzlauer Berg zum Fest. Die vorhergehenden Betriebsfeiern verlaufen eher trüb. Der einstige Redaktionsleiter äußert, Frauen hätten im politischen Journalismus nichts zu suchen.[28] In einem Film, mit dem ihn die Redaktion zu seiner anstehenden Pensionierung satirisch-humorvoll verabschiedet, sagt er in die Kamera: »Frauen und Magazine – schwierig, ganz schwierig. Denen fehlt eben einfach die Härte. Die meisten haben ohnehin nicht gedient, die sind nicht wirklich auf Konfrontation aus. Die interessieren sich dann halt doch immer mehr so fürs Soziale.« Vor Gericht wird das ZDF später vortragen lassen, die Äußerungen habe die Redaktionsleiterin »gescriptet«.[29]

Eine Kollegin steht am Holztresen, neben ihr der kürzlich pensionierte Redaktionsleiter. Wer in einem solchen Team als vergleichsweise junge Redakteurin arbeitet, droht ganz unten in der Hackordnung zu landen. Da ist ein Kräftemessen mit dem ehemaligen Chef genau der richtige Move, um die Hierarchie zu klären, denkt sich wohl die Kollegin. Sie reißen einige Witze rund um sein Steckenpferd Bundeswehr. Dann fordert sie den Alten zu einer Runde Wodka auf. Er schlägt ein. Der Anfang ist gemacht.

Bald geben sich auch die aktuellen Chef*innen großzügig. Schon lange hege ich den Verdacht, als Frau schlechter bezahlt zu werden. Beschäftigt werde ich als eine von vielen sogenannten »fest-freien Mitarbeiter*innen«: Häufig eingesetzt wie Festangestelle, bekommen sie ein monatliches Fixgehalt, sind jedoch formal als freie Mitarbeiter*innen beschäftigt. Als der Sender einige Jahre zuvor einen neuen Tarifvertrag für langjährige Fest-Freie einführt, hat er mich – als einzige Frau unter neun vergleichbar Beschäftigten – schlechter einsortiert als die acht Männer.[30] Erst soll ich in eine schlechtere Vergütungsgruppe rutschen, dann wird es »nur« eine niedrigere Stufe.[31] Begründet wird das unter anderem mit der längeren Betriebszugehörigkeit der Kollegen. Doch schon bald gibt es Gerüchte, dass noch ein weiterer Mann, nennen wir ihn Peter, mehr verdiene. Peter ist einige Jahre jünger als ich und wechselte eindeutig nach mir ins ZDF.[32]

Ich nutze also die Gunst der feucht-fröhlichen Stunde – denn nüchtern habe ich den offiziellen Weg schon ausgeschöpft und Gleichstellungsbeauftragte, Chefredakteur und Personalrat erfolglos bemüht. Nach einigen Runden Wodka weiß ich: Peter verdient damals mehrere Hundert Euro im Monat mehr als ich. Und sehr viele Hundert Euro mehr als die Lieblingskollegin. Dabei hatte die kurz vor ihm beim Sender angefangen, bei gleich langer Berufserfahrung und ähnlicher Ausbildung – und vorheriger mehrjähriger Tätigkeit für ein ARD-Politikmagazin.

Mit einem Schlag ist klar: Die Gründe, die mir der Sender für meinen niedrigeren Verdienst mitgeteilt hat, können nicht zutreffen.

Neben Peter verdienen mindestens zwei weitere Kollegen mehr als ich. Dabei müssten sie nach der mir mitgeteilten Logik eigentlich weniger verdienen, auch wenn sie, wie Peter, in einem anderen Tarifvertrag für Fest-Freie beschäftigt sind. Denn sie kommen Jahre nach mir ins ZDF und verfügen über weniger einschlägige Berufserfahrung.[33] Einer von ihnen arbeitet mir für eine Dokumentation zu. Immerhin verdient ein Dritter, der ein Jahr später in der Redaktion starten wird, nicht auch noch mehr. Zwischen dem Berufsanfänger und mir liegen 18 Jahre Berufserfahrung und nur einige wenige Hundert Euro im Monat.

Es sieht ganz so aus, als ob ich jahrelang falsch informiert, wenn nicht sogar bewusst angelogen wurde.

Böses Erwachen

Tage nach der Feier schwanke ich zwischen Taubheit und einer Art Kettensägen-Vision, deren Schauplatz die ZDF-Verwaltung ist. Mit dieser Reaktion bin ich nicht allein, auch wenn nur wenige Frauen öffentlich darüber sprechen, welche Emotionen der Verdacht bei ihnen auslöst, aufgrund ihres Geschlechts benachteiligt zu werden. »Es ist, als wenn die Chefs Nacktbilder von dir im Büro aufgehängt hätten und jedes Mal lachen, wenn sie dich sehen«, beschreibt die Moderatorin Samira Ahmed ihr Gefühl.[34] Sie wird Jahre nach mir vor Gericht ziehen und gegen die BBC gewinnen, weil sie zu Unrecht zu wenig verdient – weniger als ein Sechstel dessen, was der Kollege nach Hause trägt.

Eine meiner Kolleginnen wird sich viele Monate nach meinem persönlichen Schockmoment eines Abends unvermittelt zwischen zwei parkende Autos bücken, um sich spontan zu übergeben, als sie erfährt, dass sie weniger verdient als gleich mehrere jüngere Kollegen.

»Es hat einfach wehgetan, es war wirklich schlimm«, erzählt die Schreinermeisterin Edeltraud Walla, die 2009 erfährt, dass ein gleichwertiger Werkstattleiter im Monat gute 1300 Euro mehr verdient.[35] »Diese Ungerechtigkeit war schier unerträglich, das hat mehr wehgetan als das Geld. Das war seelische Grausamkeit. Es hat mich krank gemacht. Ich habe mir die Beine aufgekratzt, ganz übel.« Psychische Entlastung bringt erst die Klage, die sie gegen ihren Arbeitgeber, die Universität Stuttgart, anstrengt. Jahrelang wird sie prozessieren – erfolglos. Trotzdem würde sie es wieder tun, sagt sie. »Aus Selbstachtung. Ich war all die Jahre vorher kein Kämpfertyp. Aber irgendwann ist mir der Kragen geplatzt.«

Auch Miriam Altenberg, die Softwarearchitektin, meint: Nichts habe sie so radikalisiert wie der Verdacht, als Frau schlechter bezahlt zu werden: »Über ein Jahrzehnt fühlte ich mich gut in meinem Job – bis zu dem Moment, als meine Täuschung an der Wirklichkeit zerplatzte. Es löste etwas aus in mir: Das einst sehr höfliche und naive Mädchen, das es einfach nur liebte zu programmieren, nahm sich einen Anwalt und begann, für Equal Pay zu kämpfen.«[36]

Der Schlag ins Gesicht kommt meist auch noch völlig unerwartet. Denn rund um uns herum tun ja alle so, als ob es Lohndiskriminierung gar nicht gäbe. »Bei 1006 Euro, da hat's mir schon die Sprache verschlagen«, sagt Gabriele Gamroth-Günther in einer ZDF-Sendung.[37] »In dem Moment bin ich wirklich vom Hocker gefallen«, erzählt die Finanzmanagerin Sylvia Wilson dem *Spiegel*, als sie erfährt, dass sie rund 50 000 Euro im Jahr zu wenig verdient.[38]

Mir geht es ähnlich.

Hätte mir jemand zum Abitur erklärt, dass ich mich in der Mitte meines Lebens damit würde auseinandersetzen müssen, als Frau benachteiligt zu werden, hätte ich das schlicht nicht für möglich gehalten. Ich wäre wahrscheinlich ausgewandert. So naiv wie tapfer habe ich all die Jahre daran geglaubt, dass diese Republik fair ist und ich als Bürgerin nicht schlechter gestellt werde als ein Bürger.

Nun fühle ich mich nicht nur betrogen, sondern auch gekränkt.

Die Ungerechtigkeit will ich nicht auf mir sitzen lassen.

Es geht nicht um die Gurke

Gerechtigkeitssinn ist den Menschen wohl angeboren, sogar den Primaten. Das legt ein berühmtes Equal-Pay-Experiment nahe, das Forscher*innen von der US-amerikanischen Emory University in Atlanta 2003 veröffentlichten. Für ihre Untersuchung haben sie zwei Kapuzineräffchen testweise gezielt ungleich behandelt: Zunächst erhalten die Tiere Kieselsteine und lernen, diese gegen eine Belohnung – ein Gurkenstückchen – zurückzugeben. Das Arrangement scheint zu gefallen, beide Äffchen mampfen zufrieden ihre Leckerei. In einem weiteren Schritt erhält eines der beiden Tiere eine Weintraube, völlig willkürlich. Die schmeckt ganz offenkundig besser. Das benachteiligte Äffchen reagiert harsch. Wütend wirft es Steine und Gurkenscheiben durch die Gitter. Das niedliche Kapuzineräffchen randaliert.[39]

Bei Vorführungen sorgt das Versuchsvideo für Gelächter, weil der Zorn so menschlich wirkt. Tatsächlich könnte der zugrunde liegende Gerechtigkeitssinn der Gattung helfen zu überleben, erklärt Forscherin Sarah Brosnan dem Deutschlandfunk: »Bei der Zusammenarbeit und dem Teilen der Nahrung kann ein Gefühl für Fairness dafür sorgen, dass ein Kapuzineraffe nicht übers Ohr gehauen wird. Das stabilisiert die Kooperation, es hilft dem einzelnen Affen, Individuen zu erkennen, mit denen er besser nichts zu tun haben sollte, weil er immer den Kürzeren zieht.«[40]

Anders gesagt: Es geht nicht um die Gurke. Die ist genauso schmackhaft, auch wenn der Nachbaraffe Trauben bekommt – so wie mein Gehalt nicht weniger wird, weil der Kollege mehr verdient. Nie geht es bei Equal Pay einfach nur um die Höhe des Gehalts oder um die Frage, ob es angemessen sei. Sondern immer geht es vorrangig um Gerechtigkeit. Und um die Frage, ob eine Frau sich darauf verlassen kann, dass die Gemeinschaft funktioniert, dass es fair zugeht.

Doch was genau dabei als ungerecht gilt und wie welcher Missstand behoben werden soll – dazu bleibt die öffentliche Diskussion häufig schwammig.

Im Lohnlückendschungel

Kaum jemand versteht das Vokabular rund um die Lohnlücke. Es klingt einfach irre anstrengend: Gender Pay Gap (ein unschöner Begriff, der auch nicht dadurch besser wird, dass er in zwei Sorten daherkommt: als »bereinigter« und »unbereinigter«, beziehungsweise »angepasster« und »unangepasster«); Lohndiskriminierung, mittelbare wie unmittelbare; Entgelttransparenzgesetz, kurz EntgTranspG.

Kommt Ihnen das eingängig vor?

Mir auch nicht.

Wir haben es mit einem Sammelsurium von Bürokratenbegriffen zu tun, das jede Lust im Keim erstickt, über den Zustand zu diskutieren, der sich dahinter verbirgt. Ein Kauderwelsch, das Frauen in vorauseilender Erschöpfung erstarren lässt, anstatt sie zu ermächtigen, für ihre Rechte einzutreten. Was bleibt, ist die schlichte Erkenntnis: Immer läuft es darauf hinaus, dass eine Frau weniger verdient.

Logisch, das muss aufhören.

Nur: Was genau muss sich wie dafür ändern?

Häufig reden wir über die Lohnlücke, meinen aber Diskriminierung – oder umgekehrt. Dabei benennen die Begriffe zwei unterschiedliche Sachverhalte. Bei der Lohndiskriminierung geht es um eine individuelle Rechtsverletzung. Die Lohnlücke hingegen bezeichnet eine statistische Größe, die sich auf die gesamte Bevölkerung bezieht. Dieser Gender Pay Gap ist zwar ungerecht – aber zum Teil völlig legal.

In der öffentlichen Diskussion empören wir uns häufig über beides, Unrecht wie Ungerechtigkeit. Tatsächlich ist beides unfair. Ändern können wir aber erst dann etwas, wenn wir Trennschärfe in die Diskussion bekommen. Wenn wir also die wahren Ursachen der weiblichen Minderverdienste klar benennen – und passgerechte Lösungen dafür einfordern. Denn nur dann lassen sie sich auch zielgerichtet bekämpfen.

Bislang läuft es nämlich eher so: Jedes Jahr im März begeht Deutschland den Equal Pay Day – jenen Tag, der symbolisiert, dass Frauen bis zu diesem Datum im Vergleich zu Männern noch keinen Cent verdient haben. Gemeinsames Wundenlecken am Brandenburger Tor. Anwesend in den vergangenen Jahren: Arbeitsminister*innen, Frauenministerinnen sowie Spitzen der Gewerkschaften. Umgeben von roten Luftballons und Plakaten echauffiert man sich darüber, dass Frauen immer noch weniger verdienen. *Das muss sich ändern!*, rufen alle, *das darf nicht sein!* Im Hintergrund stehen häufig als Bauingenieurin, Sozialpädagogin oder Konditorin kostümierte Frauen auf unterschiedlich hohen Podesten, deren Höhe die durchschnittlichen Gehälter abbilden sollten – neben ihnen, etwas höher, jeweils ein Mann.

Die Höhe der Podeste wechselt, die Versprechen bleiben gleich.

2017: »Zehn Jahre Equal Pay Day (…) Wir arbeiten an seiner Abschaffung.« Annette Widmann-Mauz, Vorsitzende der Frauen-Union der CDU.[41]

2020: »Es ist unerhört, dass wir im 21. Jahrhundert noch über solche Unterschiede zwischen Männern und Frauen diskutieren müssen.« Franziska Giffey, damals Bundesfrauenministerin, später Regierende Bürgermeisterin von Berlin, SPD.[42]

2021: »Um den Gender Pay Gap in Deutschland zu schließen, braucht es einen politischen Neustart. (…) Die bisherigen Regeln in Deutschland haben kaum etwas gebracht.« Katrin Göring-Eckardt, zu diesem Zeitpunkt Fraktionsvorsitzende von Bündnis 90/Die Grünen.[43]

Und: »Frauen müssen endlich so viel verdienen können wie Männer.« Angela Merkel, damals noch Bundeskanzlerin, CDU.[44]

2022: »Fakt ist: Noch sind Frauen in der Arbeitswelt benachteiligt. Das wollen und werden wir ändern. Frauen sind etwas

mehr als die Hälfte der Gesellschaft – das muss sich überall abbilden, nicht zuletzt beim Gehalt. Gleicher Lohn für gleiche und gleichwertige Arbeit.« Ihr Nachfolger, Bundeskanzler Olaf Scholz, SPD.[45]
Nur: Was unternimmt er dafür?
Bislang leider noch zu wenig.

Politik? Glänzt mit Arbeitsverweigerung

Die Politik reitet die Welle der Empörung – wirft aber Nebelkerzen, wenn es darum geht, die Ungerechtigkeit zu beseitigen. Die Forderung nach Equal Pay ist zu einer Gratiseinlage geworden, mit der sich Kabinettsmitglieder gefahrlos schmücken können. Denn nie wird überprüft, wer welche Ergebnisse geliefert hat.

Stattdessen gibt es einige Gute-Kita-Plätze mehr. Manchmal wird auch die Quote für Spitzenfrauen als Allheilmittel versprochen oder die Aufwertung sozialer Berufe – was halt gerade so auf der Gender-Agenda steht. 2022 war es ein »Gutschein-System für Alltagshelfer«, das Bundesarbeitsminister Hubertus Heil, SPD, anpries, um »ungleiche Belastungen im Alltag« auszugleichen.[46]

Aber nicht alles, was gut für Frauen ist, hilft auch gegen die Lohnlücke – zumindest nicht in absehbarer Zeit. Ihnen Gutscheine für eine verbesserte Vereinbarkeit von Familie und Beruf als Maßnahme für mehr Lohngerechtigkeit zu versprechen, ist so effektiv wie ein Pflaster bei einem Knochenbruch. Eine Placebo-Maßnahme. Und die einzig wirklich große Gabe, zu der sich die Politik hinreißen kann, hilft zwar vielen Frauen – nicht aber gegen Lohndiskriminierung: Die Anhebung des Mindestlohns wirkt eher wie ein Breitband-Antibiotikum im Niedriglohnsektor, in dem überdurchschnittlich viele Frauen tätig sind.[47] Dem Rechtsanspruch auf gleiche Gehälter kommen wir damit nicht näher.

Schon die Debatte um die Frauenquote in Aufsichtsräten zeigte: Appelle bringen wenig. Lange versprechen Führungskräfte die freiwilligen Selbstverpflichtungen zu erfüllen – um dann aber aus einer Vielzahl von Gründen doch keine geeignete Frau zu finden: *Gibt es nicht auf dem Markt. Die wollen nicht. Und wenn wir mal eine gefunden hatten, dann konnte sie's nicht.* Als die Politik die Firmen dann endlich verpflichtet, gibt es sie plötzlich doch, die geeigneten Kandidatinnen.

Was uns das zeigt?

Dass Missstände am besten per Gesetz abgeschafft werden.

Das gilt auch für Lohndiskriminierung.

Um aber überhaupt ein ordentliches Equal-Pay-Gesetz einfordern zu können, müssten wir erst einmal die Begrifflichkeiten klären.

Der Fachjargon – das Wichtigste in Kürze

Schauen wir uns zunächst die Zahlen noch einmal im Detail an: Wie erwähnt, verdienen Frauen in Deutschland im Schnitt 18 Prozent weniger als Männer. Pro Stunde macht das 4,08 Euro aus: Laut statistischem Bundesamt bekommen Männer 23,20 Euro, Frauen nur 19,12 Euro.[48] Dieser sogenannte *unbereinigte* Gender Pay Gap bezieht sich auf die durchschnittlichen Bruttoverdienste pro Stunde.

Das Übel beginnt mit Aufnahme der Erwerbsarbeit. Optimist*innen verweisen zwar gerne darauf, dass die Lohnlücke stetig sinke. Doch bei genauerer Betrachtung profitieren davon fast nur die Jüngeren, so eine Studie des Deutschen Instituts für Wirtschaft (DIW): Bei den unter 30-Jährigen ist die Lohnlücke seit der Wiedervereinigung deutlich gesunken, auf rund acht Prozent. Das hilft aber nur kurzfristig. Denn nach der Geburt des ersten Kindes öffnet sich die Lohnschere – und schließt sich danach nie wieder. So verdienen Frauen im Alter über 40 beharrlich über 20 Prozent weniger pro Stunde, allen vermeintlichen Fortschritten der vergangenen Jahrzehnte zum Trotz.[49]

Ihr Leben lang zahlen Frauen also dafür, dass sie eine Familie gegründet haben. Die sogenannte *Motherhood Lifetime Penalty*, die lebenslange Strafe für Mutterschaft, vermag der Staat auch durch Sozialleistungen nicht auszugleichen. Für Väter hingegen rechnet sich die Zeugung unter dem Strich: Sie verdienen über ihr gesamtes Erwerbsleben durchschnittlich 20 Prozent brutto mehr als kinderlose Männer. Frauen hingegen zahlen für jedes Kind drauf: Sie verdienen durchschnittlich bis zu 68 Prozent weniger als Frauen ohne Kinder.[50]

Wenn Sie jetzt denken, diese Ungerechtigkeit sei nicht mehr zu toppen, haben Sie sich leider getäuscht: Die Mutterschaftsstrafe gilt nämlich auch für kinderlose Frauen – wenngleich sie bei diesen nicht ganz so hoch ausfällt. Auch sie verdienen weiterhin weniger als Männer. Davor bewahrt nicht, keine Familie zu gründen.[51] Egal wie sich Frauen drehen und wenden, immer sind sie einer strukturellen Benachteiligung ausgesetzt. »Für gleiche Arbeit gibt's gleichen Lohn minus 18 Prozent – aber was macht das schon?«, singt die Kabarettistin Maren Kroymann im ARD-Sketch *Das Ende des Patriarchats* in fliederfarbener Latzhose.[52]

Davor schützen weder Bildung noch Karriere – ganz im Gegenteil, sie scheinen eher zu schaden: Mit dem Aufstieg wächst auch die Ungleichbehandlung, legen Zahlen des gewerkschaftsnahen Wirtschafts- und Sozialwissenschaftlichen Instituts (WSI) nahe: Die Lohnlücke von Arbeitnehmerinnen in leitender Stellung ist dreimal so hoch wie die von Ungelernten.[53] Und als der Deutsche Hochschulverband die Vergütung von Professorinnen auswerten lässt, kommt zum Vorschein: Im Schnitt verdienen die Beamtinnen bis zu 720 Euro weniger im Monat als Männer, in derselben Vergütungsgruppe, Tendenz steigend.[54]

Der strukturellen Unterbezahlung können sich Frauen auch dann nicht entziehen, wenn sie sich selbstständig machen. Hier nämlich beträgt der rechnerische Vorsprung der Männer sogar rund 26 Prozent – ist also noch größer als bei Angestellten, wie Zahlen der Organisation for Economic Co-operation and Development, kurz OECD, zeigen.[55]

Die Lohnlücke ist ein globales Problem: Die Schweiz, Österreich und Deutschland liegen laut dem Statistischen Amt der Europäischen Union ungefähr gleichauf bei 18 Prozent, Europas Schlusslicht ist Lettland mit 22 Prozent.[56] Bei etwas anderen Berechnungsmethoden kommt die OECD zum Ergebnis: In den USA beträgt die Lohnlücke 17 Prozent, wobei die einzelnen Bundesstaaten riesige Unterschiede aufweisen. Negativ-Spitzenreiter ist Südkorea, wo die Lohnlücke 31 Prozent beträgt.[57]

Überall reichen die Folgen der Mindervergütung weit über das Arbeitsleben hinaus: Wer reduziert nach der Geburt der Kinder den Job und verliert damit Einkommen und Rentenansprüche? Wie frei kann sich eine Frau für eine Scheidung entscheiden?

All das berührt existentielle Fragen.

Weil die Antworten häufig zu Lasten von Frauen gehen, summiert sich der besagte kleine Unterschied zu gewaltigen Klüften: Im Verlauf eines Lebens verdienen Frauen, die heute Mitte 30 sind, in Deutschland nur etwas mehr als das halb so hohe Erwerbseinkommen von Männern, hat die Bertelsmann-Stiftung 2022 errechnet (*Gender Lifetime Earnings Gap*).[58] Was sicherlich auch daran liegt, dass sie rund 50 Prozent mehr unbezahlte Sorgearbeit erledigen als Männer, zum Beispiel im Haushalt: insgesamt durchschnittlich vier Stunden und dreizehn Minuten, Tag für Tag – rund anderthalb Stunden mehr als Männer, so der Gleichstellungsbericht der Bundesregierung 2019 (*Gender Care Gap*).[59] Im Alter erhielten Frauen im Jahr 2019 im Schnitt 49 Prozent geringere Bezüge als Männer (*Gender Pension Gap*).[60] Und wenn es dem Ende zugeht, lässt sie auch die eigene Familie im Stich: Nur halb so viele Frauen wie Männer bekamen zwischen 2011 und 2014 steuerfreie Unternehmensvermögen geschenkt, besagt eine Studie des DIW – das ist dann der sogenannte *Gender Gift Gap*.[61] Zusammengefasst: Egal welche Lücke die Wissenschaft berechnet, immer schneiden Frauen im Vergleich schlechter ab.

Intersektionelle Diskriminierung

Hinzu kommt: Ungleichheiten verstärken sich gegenseitig, aufgrund von Rassismus etwa, Ableismus, Queer- oder Transfeindlichkeit.

So verdienen trans* Frauen laut einer Studie aus dem Jahr 2015 nach ihrer Transition im Schnitt pro Stunde zwölf Prozent weniger als vorher. Für ihre Untersuchung haben die Ökonom*innen Lydia Geijtenbeek und Erik Plug der Universität Amsterdam die Erwerbsbiografien von knapp 200 Personen aus den Niederlanden ausgewertet, die ein neues Geschlecht registrieren ließen. Die eine Hälfte davon sei auf die traditionelle Lohnlücke zurückzuführen, die andere auf Diskriminierung von trans* Personen. Trans* Frauen werden auf dem Arbeitsmarkt also doppelt bestraft.[62]

Die Themenkomplexe müssen »gleichermaßen und gegenseitig« bekämpft werden, fordert die französische Politikwissenschaftlerin Emilia Roig in ihrem Buch *Why we matter. Das Ende der Unterdrückung*. Für sie bedeutet *Intersektionalität*: »Diskriminierung innerhalb von Diskriminierung bekämpfen, Ungleichheit innerhalb von Ungleichheiten sichtbar machen und Minderheiten innerhalb von Minderheiten empowern. In anderen Worten: Leave no one behind«, niemanden zurücklassen.[63]

Schon lange lassen die USA die Lohnlücke feiner aufgliedern – mit klaren Ergebnissen: Latinx-Frauen, also Frauen lateinamerikanischer Herkunft, und Schwarze Frauen verdienen nicht nur weniger als vergleichbare Männer, sondern auch weniger als weiße Frauen, die wiederum weniger als weiße Männer verdienen.[64] Solche Zahlen werden in Deutschland und Österreich nicht erfasst. Dabei hat auch die Forschung in Europa inzwischen gut belegt, dass Personen mit mehreren Diskriminierungsmerkmalen mit einem besonders hohen Risiko leben, Benachteiligungen zu erfahren.

Das zeigt sich beispielsweise an der estnischen Lohnlücke.

Mit über 21 Prozent ist sie überdurchschnittlich hoch und liegt in der europäischen Statistik auf dem vorletzten Platz.[65] »Was ist da los in Estland?«, fragt sich die ehemalige Berichterstatterin für die neue EU-Lohntransparenzrichtlinie im Europäischen Parlament, Evelyn Regner von den österreichischen Sozialdemokraten, der SPÖ.[66] Sie hätte erwartet, dass die Lohnlücke in einem demokratischen nordischen Land, das geprägt sei von partnerschaftlichem Denken zwischen Gewerkschaften und Arbeitgebern, niedriger ausfiele. Die genauere Analyse der Zahlen brachte zutage: Viele der russischstämmigen Frauen in Estland werden noch deutlich schlechter gestellt als estnischstämmige.

»Das hatten wir so nicht auf dem Schirm gehabt«, resümiert Evelyn Regner. »Wir sehen also, dass es ganz wichtig ist, immer auf die Intersektionalität zu gehen. Beim Gender Pay Gap ist die Frage immer: Wen vergleiche ich mit wem? Klassisch geht es immer um den Vergleich einer Frau mit einem weißen Mann. Aber es macht auch einen Unterschied, ob ich eine mittelständische, weiße, vollzeittätige Frau aus der Stadt für den Vergleich heranziehe oder eine Frau mit mehreren Kindern auf dem Land mit mehreren Diskriminierungsmerkmalen.«

Zahlenspiele

Auch beim zweiten Blick offenbaren die Zahlen noch immer nicht die ganze Wahrheit über die Lohnlücke. Externe Faktoren können die Statistik verzerren. So verblüfft ausgerechnet das für seine Macho-Kultur berüchtigte Italien mit einem besonders niedrigen Wert. Dass hier viele Frauen mit der Schwangerschaft aus dem Job aussteigen und gar nicht mehr in der Statistik auftauchen, sieht man der Zahl jedoch nicht sofort an.[67] Und dass die deutsche Lohnlücke 2021 sank, könne auch daran liegen, dass in den Corona-Jahren viele relativ gut verdienende Facharbeiter in Kurzarbeit gegangen seien, meinen Expert*innen wie Andrea Jochmann-Döll, freiberufliche Wissenschaftlerin und Beraterin für diskriminierungsfreie Entgeltsysteme.[68]

Zwei Drittel der unbereinigten Lohnlücke hält das Statistische Bundesamt für begründet. Wenn eine Mitarbeiterin beispielsweise auf eine Beförderung verzichtet, um sich ums Kind zu kümmern, mag dies einer bedauerlichen Zwangslage geschuldet sein. Wenn sie für Überstunden am Wochenende keine Kinderbetreuung findet, erlebt sie zwar eine Benachteiligung – Lohndiskriminierung aber ist das nicht. Männer werden eher Chefärzte, Frauen Sekretärinnen. Sie sind häufiger in schlechter bezahlten Branchen und Berufen beschäftigt, bekleiden seltener gut dotierte Führungspositionen, dafür aber häufiger unterbezahlte Minijobs. Werden solche Faktoren aus den 18 Prozent herausgerechnet, verbleibt der sogenannte *bereinigte* Gender Pay Gap, der immer noch deutlich zu hoch ist: Bei vergleichbarer Tätigkeit, Qualifikation und Erfahrung verdienen Frauen demzufolge sechs Prozent weniger als Männer. Und deshalb geht die Bundesregierung schon 2017 davon aus, dass das Equal-Pay-Gebot »in der Praxis nicht verwirklicht ist«.[69] Das aber steht Frauen, man kann es gar nicht oft genug sagen, von Rechts wegen zu.

Viele, die diese Zahlen ins größere Bild einordnen – in die

strukturelle Diskriminierung von Frauen durch Sexismus in Büro und Partnerschaft, überbordende Care-Arbeit sowie althergebrachte Rollenklischees –, stören sich an der herkömmlichen Lohnlücken-Terminologie. »Bereinigt« lege nahe, dass die Lohnlücke um alles bereinigt worden sei, was nichts mit Geschlechterdiskriminierung zu tun habe. »Diese kleinere Zahl ist dann sozusagen der zu Diamant gepresste reine Sexismus (...) was nahelegt, dass die Faktoren, die man vorher rausgerechnet hat, nur eine Art Schrott waren, den es nicht zu beachten gilt – was Quatsch ist«, schreibt die *Spiegel Online*-Kolumnistin Margarete Stokowski.[70] Deshalb bevorzugen viele die Begriffe *unangepasster* und *angepasster* Gender Pay Gap. Damit sind dieselben Zahlen gemeint wie bei der unbereinigten und bereinigten Lohnlücke.

Und *Equal Pay*? Das ist die englische beziehungsweise neudeutsche Bezeichnung für die alte Forderung »Gleicher Lohn für gleiche Arbeit«.

Equal Pay bedeutet aber auch: unabhängig sein. Keine Bittstellerin mehr. Deshalb ist ein diskriminierungsfreies Entgelt keine milde Gabe, deren Ausbleiben frau verschmerzen könnte wie eine ausgeschlagene Gehaltserhöhung. Sondern ein *unveräußerliches Grund- und Menschenrecht* – verbrieft nicht nur in den Europäischen Verträgen, sondern auch in der *EU-Grundrechtecharta*. Wird das Prinzip verletzt, ist das, noch so eine Vokabel: *Lohndiskriminierung*. Die ist verboten. Zumindest auf dem Papier.

Das wichtigste deutsche Regelwerk dazu heißt *Entgelttransparenzgesetz*. Es ermöglicht Beschäftigten, einen mittleren Wert des Entgelts zu erfahren, das vergleichbare Kolleg*innen des anderen Geschlechts erhalten. Allerdings gelten hier bestimmte Voraussetzungen – dazu später mehr. Schon jetzt aber die Information: Kann die Firma die Differenz zum Median, also einem bestimmten Mittelwert, nicht schlüssig erklären, gibt's mehr Geld. So jedenfalls das Prinzip. In der Praxis ist es leider schlecht umgesetzt.

Der Kampf für Equal Pay ist mehr als ein Staffellauf.

Für eine Frau, die gleiche Bezahlung einfordert, stellt man ihn sich am besten wie einen Hürdenlauf vor. Wie hoch die Latten hängen, entscheiden die Gesetzgeber.

Der Streit um die »richtige« Lohnlücke

Conni ist die Heldin unzähliger Kinderbücher mit einschlägigen Titeln wie *Conni geht auf Klassenfahrt*, *Conni und die Ponyspiele* oder *Conni lernt die Uhrzeit*. Sie ist auch der Albtraum vieler Mütter von Töchtern. Denn Conni, eine Art Gegenentwurf zu Pippi Langstrumpf, macht alles geradezu penetrant richtig. Nun aber schaut Conni, mit blondem Pferdeschwanz und Ringel-T-Shirt, vor sonnengelbem Hintergrund betreten auf ihren Lohnzettel und erfährt, dass sie, ihrer Überperformance zum Trotz, weniger verdient: *Conni bekommt 21 Prozent weniger Gehalt*, heißt der fingierte Titel der Illustratorin Lea Weber.[71] Denn so hoch war lange die unangepasste Lohnlücke.

Dazu mögen nun alle einmal Stellung beziehen, fordert die Künstlerin in den sozialen Medien auf, und bittet um fleißiges Teilen:

»Tut es für Conni, für mich, für euch und den Rest. Danke! ♥«

Die Reaktionen sind überwältigend:

»Ich hätte da noch mehr Vorschläge für Conni-ist-erwachsen-Bücher«, schreibt eine Instagram-Userin namens »novemberkind.77« und legt los:

- Conni erzieht allein
- Conni auf der Suche nach einem Kitaplatz
- Conni und die Mieterhöhung
- Schwester Conni bekommt Applaus (sonst nix)
- Conni schenkt Peter (Hartz) ihre Altersvorsorge
- Conni bei der Tafel

Doch auch die andere Seite kommentiert munter unter dem Hashtag #diewahreconni. Sie sieht einen größeren individuellen Handlungsspielraum bei den Frauen selbst und hält nur die Sechs-Prozent-Lücke für problematisch. Wenn überhaupt.

»Da Conny [sic!] die Wahl des Berufs noch vor sich hat, kann sie sogar unabhängig vom Geschlecht dafür sorgen, dass sie nicht 21 Prozent weniger bekommt, sondern ›nur‹ das bereinigte Gender Pay Gap von ca. 6 Prozent (was natürlich auch ein Zustand ist, der sich ändern muss)«, meint »kartoffelbowle« auf Instagram.

Schon ein fingiertes Kinderbuch-Cover über Frauenlöhne reicht, um die Gemüter in Wallung zu bringen. Zwar sind fast drei Viertel aller Befragten der Auffassung, dass es bei der Bezahlung von Frauen im Vergleich zu Männern »sehr oder eher ungerecht« zugehe, stellt eine im Auftrag des SPD-Parteivorstands erstellte repräsentative Studie aus dem Jahr 2017 fest.[72] Doch um die Frage, welche Lohnlücke genau nun die Politik in Angriff nehmen solle und wie – oder ob überhaupt –, tobt ein erbitterter Streit. Für die einen sind weibliche Minderverdienste ungerecht. Für die anderen schon die Beschwerde darüber unverschämt, weil ihrer Meinung nach Frauen Ausgleich für eine empfundene Opferrolle suchen, die sie angeblich selbst verursachen.

Müßig, finden Sie nicht auch?

Der Wert von Arbeit

Warum nicht gleich über entscheidende Fragen nachdenken?

Ist beispielsweise die Tätigkeit von Elektroniker*innen wichtiger, anspruchsvoller und anstrengender als die von zahnmedizinischen Fachangestellten? Oder verdienen Elektroniker*innen mehr, weil ihr Beruf männlich dominiert ist? Warum gelten viele »typisch weibliche Berufe« – Kindergärtnerin, Krankenschwester, Pflegehelferin – zwar als »systemrelevant«, zahlen sich aber für die Frauen, die sie ausüben, weniger aus? »Es ist ein Fehler, wenn uns die Betreuung unserer Kleinsten in den Kitas weniger wert erscheint als die Montage eines Autos«, schreibt die damalige wirtschaftspolitische Sprecherin und heutige Vorsitzende der Bundestagsfraktion von Bündnis 90/Die Grünen, Katharina Dröge, 2021 im *Handelsblatt*.[73] Von warmen Worten und kollektivem Klatschen auf Balkonen während der Pandemie lässt sich schließlich keine Miete bezahlen.

Tatsächlich kommt es Frauen teuer zu stehen, wenn sie einer Arbeit nachgehen, die mehrheitlich von Mitarbeiterinnen erledigt wird, legt eine 2018 durchgeführte Studie nahe. Die Soziologinnen Ute Klammer und Sarah Lillemeier sowie die Ökonomin Christina Klenner untersuchten darin, ob Berufe unterschiedlich bewertet und honoriert werden, wenn ihre Anforderungen und Arbeitsbelastungen zwar gleichwertig sind – sie aber eher von Frauen oder Männern dominiert werden: Beispielsweise gilt für Werkzeugmechaniker*innen (öfter Männer als Frauen) und Friseur*innen (genau andersherum) die gleiche Arbeitsbelastung. Erhalten sie aber auch die gleiche Wertschätzung?

Das Ergebnis der Forscherinnen ist niederschmetternd: In männerdominierten Berufen steigen die Bezüge mit wachsender Belastung, bei weiblich dominierten Berufen zwar auch, aber deutlich weniger. Die Gesellschaft bewertet also Jobs, die hauptsächlich von Frauen erledigt werden, schlechter. Ihr Engagement zählt weniger. Vorurteile gegenüber Frauen werden quasi in Arbeitsverträge eingepreist.[74]

»Wenn etwas weiblich konnotiert ist, dann ist es eben nicht so viel wert«, erklärt Christina Klenner vom Institut für Sozial- und Wirtschaftsforschung Berlin.[75] Qualitäten, die als typisch weiblich gelten – etwa Frustrationstoleranz, wenn 20 Kinder gleichzeitig auf eine Kita-Erzieherin einstürmen –, würden geringer gewertet als beispielsweise Muskelkraft. »Diese eingegrabenen Vorstellungen über die Wertigkeit der Geschlechter haben sich auf die

Tätigkeiten übertragen, indem man das, was typischerweise Männer tun, als schwer betrachtet. Umgekehrt gilt: Wenn Frauen es tun können, dann kann es ja nicht schwer sein.«

Würde man diese unterschiedliche Bewertung gleicher Anforderungen und Belastungen in die Berechnungen des – Achtung! – angepassten Gender Pay Gaps einbeziehen, läge der nicht bei sechs, sondern eher um die zehn Prozent: »Die sechs Prozent werden immer als Beruhigungspille genommen, das ist aber überhaupt nicht angebracht«, erklärt Klenner.

Doch wie kommen all diese falschen Vorstellungen von der Lohnlücke in die Welt? Sie gedeihen auf dem Humus der Geschichte. Besonders nahrhaft für solche Trugbilder hat sich etwa der Umgang mit der Idee der »Hausfrau« erwiesen, die noch heute in unseren Köpfen herumspukt: Als Hüterin des Haushalts, bestenfalls Zuverdienerin, sicherte sie der bürgerlichen Mittelschicht im 19. Jahrhundert den Lebensstandard. Und wird heute noch steuerlich subventioniert. Dass das Klischee nicht so schnell ausstirbt – dafür sorgen auch Interessengruppen. Solange viele Wähler*innen nämlich glauben, dass Frauen irgendwie selbst schuld seien, wenn sie weniger verdienen, bekommen wir kein ordentliches Gesetz: Wo keine Lohnlücke, erübrigt sich eine Regelung derselben. Deshalb ist es so wichtig, den Mythen der Lohnlückenleugner*innen, um die es im nächsten Kapitel geht, Fakten entgegenzusetzen.

Im Reich der Mythen

Mythos eins: Es gibt gar keine Lohndiskriminierung

Gleiches soll gleichbehandelt werden, findet Gabriele Gamroth-Günther. Als ich ihr in einer Textnachricht zu ihren eingeklagten 6000 Euro gratuliere, teilt sie mir fast lakonisch mit: »Ich bin zufrieden!«

»Die Tür steht offen, das Herz noch mehr!« So lautet das Motto der VGH-Versicherungsgruppe, bei deren Göttinger Regionaldirektion sie arbeitet – nach einem alten Zisterziensergruß: Ein ehemaliger Abt rief einst ihre Keimzelle ins Leben. Schon seit über 270 Jahren sei sie »ihren Wurzeln und Werten treu«, verkündet die Versicherungsanstalt stolz auf ihrer Internetseite. Weil sie uralte, überkommene Prinzipien offenbar auch bei der Vergütung ihrer Mitarbeiterinnen anwendet, muss Gamroth-Günther klagen.

2018 findet sie mit Hilfe des Entgelttransparenzgesetzes heraus, dass die männlichen Abteilungsleiter im Mittel monatlich rund 1000 Euro mehr verdienen. Doch die VGH, immerhin eine der größten Versicherungen Niedersachsens, wirbt zwar mit christlichem Vorbild – versucht sich aber, so entsteht der Eindruck, vor einer Nachzahlung zu drücken. In den Augen der Versicherung soll ihre Leistung, anders als die der Männer, eben keine 6292 Euro im Monat plus 600 Euro Zulage wert sein.

Gamroth-Günther begibt sich auf den Marsch durch die Instanzen. Als wir das erste Mal miteinander telefonieren, ist sie noch zögerlich, möchte keine Öffentlichkeit. Wir bleiben in Kontakt, tauschen Einschätzungen und Urteile aus, machen uns gegenseitig Mut. Auch sie hatte nicht mit einem langjährigen Rechtsstreit gerechnet, als ihr die Personalabteilung das höhere Kollegengehalt mitteilt – sondern mit einem Terminvorschlag für ein Gehaltsgespräch. Doch der kam nicht. »Ich dachte, die seien im Urlaub«, wundert sie sich im Gespräch mit der Reporterin des *Spiegel*. Und so wird sie – die eigentlich auf eine frühzeitige, einvernehmliche Lösung gehofft hatte – zur Vorkämpferin. Gespräche mit Vorgesetzten seien »freundlich, aber ergebnislos gelaufen«, schreibt der *Spiegel*.[76] Die energische Abwehr unserer Arbeitgeber hat uns beide überrascht.

Nach drei Jahren Rechtsstreit gelingt Gamroth-Günther die Sensation: Sie verleiht dem verhuschten Entgelttransparenzgesetz, das aufgeklärte Jurist*innen bis dato einen »zahnlosen Tiger« nannten, mächtige Fangzähne. Sie erstreitet das berühmte Urteil zur Beweislastumkehr: Das Bundesarbeitsgericht entscheidet 2021, dass Betriebe nicht ins Blaue argumentieren dürfen, um zu begründen, warum eine Frau für gleichwertige Arbeit weniger verdienen soll. Vielmehr ist die Beweislast jetzt umgekehrt: Die Firma muss stichhaltig beweisen können, dass sachliche Gründe für eine Schlechterbezahlung bestehen.

Danach spricht ihr das Arbeitsgericht Göttingen weitere 34 394 Euro für einen späteren Zeitraum zu, zuzüglich Zinsen.

Dabei will die 60-Jährige gar nicht »die große Gerechtigkeits-Keule« schwingen. 2022 erklärt sie ausgerechnet in einer ZDF-Sendung: »Am meisten stört mich, dass das in meinen Augen keine Wertschätzung ist. Ich mache die gleiche Arbeit wie meine Kollegen und mindestens gleich gut, und dann kann ich eigentlich auch mindestens das gleiche Gehalt erwarten. Das ist das, was mich total ärgert. Mit Feminismus hat das eigentlich gar nichts zu tun.«[77]

Zwar werden auch bei ihr, bis sie das ganze Geld sieht, womöglich noch einige Jahre ins Land ziehen. Denn sowohl die Versicherung als auch sie selbst legen Berufung ein. Die Details, die der Gesetzgeber nicht klar regelte, müssen nun die Gerichte klären: Darf die VGH-Gruppe eine Gehaltserhöhung, die die Klägerin zwischenzeitlich erhielt, anrechnen – muss sie ihr also weniger erstatten? Und in welcher Höhe profitierten die männlichen Abteilungsleiter von der Gehaltsrunde? Womöglich wird sich Gamroth-Günther ein zweites Mal bis vor das oberste deutsche Arbeitsgericht kämpfen müssen.

Auf Nachfrage teilt die VGH-Gruppe mit, ihr Vergütungssystem »ist und bleibt diskriminierungsfrei«. Es habe lediglich »hinsichtlich Dokumentation und Transparenz« nicht den Anforderungen des Bundesarbeitsgerichts standgehalten. Ihr Ziel sei es nun, die Vergütung »transparent und rechtssicher auszugestalten«.

Wie auch immer ihr Hürdenlauf ausgeht – für die VGH-Versicherungsgruppe wird es sogar dann teuer, wenn ihre Abteilungsleiterin – rein hypothetisch – einmal verlieren sollte: Denn die Klägerin hat ihre Rechtsschutzversicherung bei der VGH abgeschlossen.

Und: Das Urteil ist ein gewaltiger Erfolg für alle Frauen.

Das war's mit Lohnlücken-Mythos Nummer eins.

Es gebe gar keine Diskriminierung, hatte die Wirtschaft ja immer wieder betont. Doch nur weil man, Simsalabim!, aus dem Gender Pay Gap all diejenigen Faktoren herausrechnet, die manche für typisch weiblich halten – Teilzeitbeschäftigung etwa oder die verhängnisvolle vermeintliche Tendenz zum schlechter bezahlten Beruf –, verschwindet die Lohnlücke eben nicht. Im Gegenteil.

»Es gibt sie noch, die guten Nachrichten«, spottet Jutta Allmendinger, Professorin für Soziologie und Präsidentin des Wissenschaftszentrum Berlin, 2013 kampfbereit in der *tageszeitung*,[78] als das arbeitgebernahe Institut für Wirtschaft die bereinigte Lohnlücke auf gerade mal zwei Prozent taxiert.[79] Für diese Rechnung haben die hier beteiligten Herren Wissenschaftler aber einfach die Verdienste all jener Frauen unter den Tisch fallen lassen, die länger als 18 Monate in Babypause gingen. Unseriöse Zahlenspielereien? Nicht für den Arbeitgeberverband. Dessen damaligem Präsidenten, Ingo Kramer, kommen die schön gerechneten zwei Prozent sehr gelegen, um in der *FAZ* gegen ein geplantes scharfes Gesetz zu wettern.[80] All die Forderungen nach besserem Schutz vor Benachteiligung? Reine Hysterie, wenn man dieser Position glauben will.

Doch warum sollen ausgerechnet in Deutschland Frauen nicht diskriminiert werden, während anderswo die Regierungen längst zugeben, dass der Gender Pay Gap auch auf rechtswidriger Benachteiligung beruht? Das können die Lohnlückenleugner*innen nicht erklären.

Entscheidende Jahre kann man aus den Simsalabim-zwei-Prozent politisches Kapital schlagen. Und eine Saat legen, die bis heute in Leserbriefspalten und Online-Foren aufgeht.

Mythos zwei: Frauen haben kein Verhandlungsgeschick

Mit Susanne Dumas sitze ich im Sommer 2022 auf ihrem Balkon in einer Dresdener Neubausiedlung. Sie lädt eine riesige Portion Kirschkuchen auf meinen Teller, selbst gebacken, dazu gibt es Vanilleeis. Aufgeräumt erzählt sie mir ihre Geschichte: Gut ein Jahr arbeitet sie schon bei der Photon Meissener Technologies GmbH, als sie 2018 einen Verdacht schöpft. Die mittelständische Firma produziert Bauteile aus Blech. Ihr Job im Außendienst macht ihr Spaß, sie arbeitet engagiert. Damals verdient die Diplomkauffrau 3500 Euro brutto Grundgehalt – genauso viel wie ihre Kollegen. Das jedenfalls glaubt sie.

Doch dann prangt unter der E-Mail eines Kollegen plötzlich eine neue Signatur, wie sie erzählt: »Leiter Bahntechnik« steht dort jetzt und nicht mehr wie zuvor »Vertrieb Bahntechnik«. Dumas stutzt, denn der angeblich frischgebackene Leiter verfügt über gar kein Team. *Nachtigall, ick hör dir trapsen*, denkt sie sich, als auch eine Kollegin aus dem Betriebsrat nichts von einer Beförderung weiß. Als dann, wie sie berichtet, auch noch der Geschäftsführer behauptet, die neue E-Mail-Signatur habe rein gar nichts zu bedeuten, zählt sie »eins und eins zusammen«. Sie folgert, dass »der Manfred« (der tatsächlich einen anderen Namen trägt) eine Gehaltserhöhung erhalten habe.

Die Wahrheit aber ist noch viel schlimmer. »Er bekam schon die ganze Zeit mehr Geld«, erzählt Dumas. Es geht um viele Monate. Dabei macht Manfred nicht nur denselben Job wie sie, sondern verfügt auch nicht über mehr Erfahrung oder eine längere Qualifikation: »Eigentlich identisch – nur dass er einen Penis hat«, sagt sie.[81] Er aber verdient gut 500 Euro mehr als sie. Sie vermutet, dass seine Beförderung vorgeschoben wurde, nachdem die Personalabteilung die Gehälter überprüfte. Irgendwie will das viele Geld für den Mann ja gerechtfertigt werden. Das Sächsische Landesarbeitsgericht sieht das anders – doch die damit verbundene Gehaltserhöhung hat ihn ausgerechnet zum Zeitpunkt, als ein Tarifvertrag wirksam wird, erneut in eine bessere finanzielle Ausgangsposition gebracht.

Insgesamt verdient sie laut Gerichtsunterlagen 14 500 Euro weniger als Manfred. Das ist für Dumas, geschiedene Mutter von drei Kindern, viel Geld. Außerdem geht es ihr ums Prinzip. Zwar stuft das Unternehmen sie nach ihrem Protest hoch – doch nun verwehrt ihr eine Klausel im Haustarifvertrag das gleiche Gehalt.

Die Antidiskriminierungsstelle, eine Bundesbehörde für Bürger*innen wie Dumas, bestätigt ihr: Sie wird benachteiligt. Die Rechtslage sei eindeutig.

Für Dumas ist das der Startschuss. Sie setzt sich an den Rechner, sucht im Internet nach einem Formblatt und reicht kurzentschlossen beim Arbeitsgericht Dresden Klage ein. »Wenn du acht Stunden am Tag arbeitest, investierst du Zeit und Energie und willst dann auch Gerechtigkeit. Es klingt einfach abgedroschen, aber du willst eben, dass deine Arbeit genauso gewürdigt wird wie die der Männer«, sagt sie. Später nimmt sie sich eine Anwältin dazu. Auch ihr Verfahren wird – wie meines – von der Gesellschaft für Freiheitsrechte (GFF) unterstützt. Die GFF ist ein gemeinnütziger Verein hochkarätiger Jurist*innen, die Grund- und Menschenrechte mit rechtlichen Mitteln verteidigen.

Auf meine Nachfrage äußert sich die Photon Meissener Technologies GmbH nicht. Aber sie hat immerhin zugegeben, warum sie Manfred wirklich besser behandelt: Dieser habe einfach mehr Gehalt gefordert als sie. Hätte man ihm dies verwehrt, hätte die Photon das »Ziel einer Einstellung nicht erreichen können«, so das Sächsische Landesarbeitsgericht.[82]

Sprich: Manfred hat besser verhandelt.

Erstaunlicherweise kam die Firma damit durch.

Jedenfalls in den ersten beiden Instanzen. Das muss aber nicht so bleiben.

Der Markt wird's schon richten?

Die Vertragsfreiheit. Das ist der magische Begriff, auf den sich die Wirtschaft gerne beruft. Die Logik: Damit der freie Markt seine Segnungen entfalten kann, müssen dessen Kräfte – in diesem Fall Arbeitgebende und -nehmende – frei verhandeln können, um den Wert der Arbeit passend zu bepreisen. Die unsichtbare Hand soll walten. Oder, erinnern wir uns an die Worte des Richters Michael Ernst: »Das nennt man Kapitalismus«. Im Klartext: Wenn Frauen besser verhandeln könnten, würden sie auch gleich verdienen. Ergo: selbst schuld. Sollen sie halt verhandeln lernen und schon wäre die Lohnlücke verschwunden. »Es ist ein Malus für Frauen, dass sie (wahrscheinlich grundsätzlich vom Wesen her) konfliktscheuer und kooperativer sind. Das kommt ihnen in Gehaltsverhandlungen nicht gerade zugute, wenn sie die Konfrontation scheuen«, mutmaßt beispielsweise eine Person mit dem Pseudonym »jakk-hammer« in einem der zahlreichen Kommentare unter den Berichten über meinen Prozess.

Wie bitte?

Und außerdem: Was glaubt die Welt denn, wie so eine Lohnverhandlung abläuft?

Offenbar lautet die gängige Vorstellung ungefähr so: Der Chef schwenkt in schönster *Mad Men*-Manier den Whiskey-Tumbler, zieht an der Zigarre und gesteht Mitarbeiterin Jane weniger Gehalt zu als Mitarbeiter John. Einfach weil sie in seinen Augen eine Püppi ist und er der Boss. Weil nun die Don Drapers im realen Leben allmählich aussterben, glauben viele, Frauen hätten dieselben Chancen wie Männer, ein gleiches Gehalt auszuhandeln.

Dem ist aber nicht so, wie etliche Studien belegen.[83]

Denn in einer Verhandlung spielen eben auch unbewusste Zuschreibungen eine Rolle. So können sich Stereotype ganz unbeabsichtigt in bare Münze verwandeln – auch ohne dass sich jemand etwas Böses dabei denkt: John erhält eine Gehaltserhöhung, denn der Mann ist der Ernährer. Jane erhält keine, denn die Frau kümmert sich um die Kinder und verdient sich im Büro lediglich ein Taschengeld dazu.

Verheddert in Rollenklischees

Noch immer sind in unseren Köpfen derlei Stereotype lebendig, viele davon jahrhundertealt – »Er: aggressiver Jäger, Krieger, Ernährer«, wie es der *Spiegel* einmal spöttisch überspitzt, und »Sie: aufopfernde Bewahrerin, Hüterin des Feuers und der Nachzucht. Das stimmte noch nicht einmal in der Steinzeit.«[84]

Doch noch immer wirkt das für Männer absolut gehaltssteigernd.

Wie nachhaltig diese Klischees sind, zeigt eine Studie des Deutschen Instituts für Wirtschaftsforschung (DIW). Darin sollten Teilnehmende entscheiden, ob sie Gehälter für fiktive Personen mit Berufs- und Geschlechtsangaben für gerecht halten. Das Ergebnis: Auch wenn die Personen die gleichen Merkmale und

Jobs hatten, wurden Löhne als gerecht bewertet, die für Männer drei Prozent höher lagen als für Frauen. Je älter die Befragten, desto größer fiel die als fair empfundene Lücke zwischen den Geschlechtern aus.[85] Das gilt übrigens auch für die befragten Frauen – und zwar im Jahr 2020. Wir alle haben uns so sehr an niedrigere Frauenverdienste gewöhnt, dass wir ihre Arbeit automatisch geringer schätzen. *Implicit Bias* heißt das im Fachjargon, unbewusste Vorurteile.

Das Tückische dabei: Frauen können diesem blinden Fleck nicht entkommen: »*Don't talk too much. Don't be intimidating. Don't be so bossy.*« – Rede nicht zu viel. Wirke nicht einschüchternd. Sei nicht so herrisch. Anfang 2020 geht ein Video viral, in dem die Schauspielerin Cynthia Nixon ein Gedicht der jungen Bloggerin Camille Rainville vorträgt: »*Be a Lady they said*« – Sei eine Dame, haben sie gesagt. Es thematisiert die Unmöglichkeit, den Rollenklischees zu entsprechen.[86]

Gilt das auch für Verhandlungen?

Leider ja.

Tatsächlich belegen etliche Studien – einige davon hat die Gesellschaft für Freiheitsrechte (GFF) zusammengetragen –, dass Frauen seltener verhandeln und dabei auch schlechtere Ergebnisse erzielen. Sie haben allerdings auch von Anfang an schlechtere Karten. Widersetzen sie sich nämlich den tradierten Normen, geben sich also nicht emphatisch und fürsorglich, sondern verhandeln wie ein Typ, heißt es schnell: Die hat Haare auf den Zähnen. Studien der US-amerikanischen Harvard University und der australischen University of Queensland ergaben: Frauen, die auftreten wie ein Mann, werden deshalb als »nicht nett« und »zu fordernd« wahrgenommen, gelten als weniger sympathisch und haben damit auch nicht denselben Erfolg wie Männer.[87] Was einem Mann als zielstrebig und durchsetzungsfähig angerechnet wird, disqualifiziert Frauen im Job. Sie gelten dann schnell als unverschämt, grenzüberschreitend und unangenehm.

Hinzu kommt: Die häusliche Care-Arbeit, Pflege für Kinder oder Ältere etwa, bleibt ja tatsächlich häufiger an Frauen hängen. Für Verhandlungen bedeutet das konkret: Um alles unter einen Hut zu bekommen, sind viele gezwungen, mit ihren Vorgesetzten den Fokus auf die Vereinbarkeit von Familie und Beruf zu legen. Die Bezahlung ist dann notgedrungen zweitrangig.

Und deshalb sind diejenigen, die als Rezept gegen die Lohnlücke auf *Women Fixing* setzen, die also von Frauen fordern, Kurse zu belegen, wie sie besser verhandeln lernen, vor allem eins: gemein. Es funktioniert ungefähr so gut, wie auf dem Fahrrad in See stechen zu wollen. 20 Jahre lang hätten sich Frauen in Fach- und Führungspositionen in den USA schulen lassen, erzählt Kelly Dermody, eine der bekanntesten Equal-Pay-Anwältinnen Amerikas. »Frauen haben doch die Entscheidungen gar nicht zu verantworten – warum bitten wir sie andauernd, das Problem zu lösen?«[88]

Nicht Individuen müssen sich ändern, sondern das System.

Vertragsfreiheit eingeschränkt

In weiten Teilen der westlichen Welt hat sich längst herumgesprochen, dass eine Dynamik, die angeblich der Markt rechtfertigen soll, durchaus zu Lasten von Frauen geht. Deshalb ist auch in Deutschland die Vertragsfreiheit eingeschränkt – eine diskriminierungsfreie Bezahlung geht vor.

Zumindest im Prinzip.

Was aber, wenn einzelne angeblich besser verhandelt haben?

Schon 1978 urteilt der britische *Court of Appeal*, eine Art zentrales Oberlandesgericht, zuständig für Berufungsverfahren: »Ein Arbeitgeber kann sich seinen Verpflichtungen aus dem Gesetz nicht entziehen, indem er sagt: ›Ich habe ihm mehr bezahlt, weil er mehr verlangt hat, oder: Ich habe ihr weniger bezahlt, weil sie bereit war, für weniger zu kommen.‹ Wäre eine solche Ausrede zulässig, wäre der *Equal Pay Act* tot. Das sind genau die Gründe, warum es vor diesem Gesetz ungleiche Bezahlung gab. Und genau die Umstände, auf die das Gesetz einwirken soll.«[89]

So sieht es das Europarecht auch für Deutschland vor, meint die Juristin Johanna Wenckebach, ehrenamtliche Richterin am Bundesarbeitsgericht: »Zu sagen, er war der tolle Hecht beim Verhandeln, ist für mich kein objektiver Grund – sondern eben genau Ausdruck einer Struktur, die eigentlich verhindert werden soll.« Und die GFF meint: »Wenn Männer individuell aushandeln könnten, dass ihnen für die gleiche Arbeit mehr Entgelt gezahlt wird, liefe das Gebot der Entgeltgleichheit praktisch ins Leere.«[90]

Deshalb sollte auch vor deutschen Gerichten gelten: Als Begründung für die niedrigeren Verdienste von Frauen taugt das vielbesungene Verhandlungsargument nicht. Denn der Europäische Gerichtshof fordert einen Grund, der etwas mit der ausgeübten Tätigkeit zu tun hat.

Susanne Dumas' Verfahren ist bei dem als fortschrittlich geltenden Achten Senat des Bundesarbeitsgerichts anhängig. So stehen ihre Chancen gut, Mythos Nummer zwei als das zu entlarven, was er ist: ein besonders verwerfliches Vorurteil. *Blaming the Victim* heißt es im Angelsächsischen, wenn Verantwortliche ein Narrativ schaffen, das Geschädigte zu Sündenböcken macht.

Mythos drei: Frauen wählen die falschen Berufe

Miriam Altenbergs Hürdenlauf zum Erfolg beginnt mit einer guten Nachricht. 2017 wird sie befördert. Ihre international tätige Firma überträgt ihr mehr Verantwortung. Als *Solution Architect* der Softwarefirma entwirft sie fortan Produkte und führt Projektteams, berichtet sie und ergänzt, dass ihr dafür mehr Geld versprochen worden sei.

Doch dazu wird es nie kommen.

Zunächst bescheidet man ihr, sie solle sich noch einige Monate gedulden. Altenberg fügt sich. Dann aber gibt es lediglich einen Bonus und keine dauerhafte Anhebung des Gehalts. Sie möge sich noch ein bisschen mehr profilieren, habe sie der Chef aufgefordert. Altenberg strengt sich extra an, führt einen wichtigen Kundenworkshop durch. Dafür gibt es zwar reichlich Lob – aber immer noch keine Gehaltserhöhung. Dabei weiß sie, dass ein Kollege, Solution Architect wie sie, nennen wir ihn Max, über 1700 Euro mehr verdient als sie – jeden Monat. Max findet das auch nicht richtig und unterstützt sie. Er bestätigt ihr, dass die beiden einen »ziemlich ähnlichen« Job verrichten. Damit glaubt Altenberg, ihren Chef überzeugen zu können.

Von wegen.

Ihre Vorgesetzen spielen mit einem anderen Blatt.

Und bestreiten, dass Verantwortung und Aufgaben sich glichen.

Wir sitzen beim Italiener. Mehrere Tausend Euro hat Altenberg nun schon in den Streit investiert, eine Rechtsschutzversicherung besitzt sie nicht. Sie hat mich kontaktiert, weil sie einen Ausweg aus ihrer zwischenzeitlich recht verfahren wirkenden Situation sucht. Meinen ersten Restaurant-Vorschlag hat sie abgelehnt, zu nah an befreundeten Eltern aus der Kita und dem Wohnort von Kolleg*innen. Niemand soll erfahren, dass wir uns treffen, oder gar hören, was wir besprechen. Dennoch trotzt sie ihren trostlosen Erfahrungen mit verwunderter Fröhlichkeit. »Es ist unglaublich, was sich Frauen in Deutschland bieten lassen müssen«, sagt sie.

Im Frühling 2018 bespricht sie sich mit Kolleginnen, das Entgelttransparenzgesetz ist gerade in Kraft getreten. Damit können Frauen das mittlere Gehalt von vergleichbaren Männern erfahren. »Großartig, nicht wahr?«. Das macht ihr Mut.

Sie stellt eine Anfrage.

Was sie bekommt?

Erst eine lange Wartezeit.
Dann eine ausweichende Antwort.
Am Ende eine Klage, die abgewiesen wird.
Trotzdem ist sie gut gelaunt. »Ich will da nicht mehr arbeiten. Ich habe mich umgehört und mehrere Jobangebote. Ich kann ein Start-up mitgründen«, erzählt sie, »das finde ich interessant.« Einen Monat nach unserem ersten Treffen wird ihr Arbeitgeber, offenbar um der Urteilsverkündigung in zweiter Instanz einige Tage später zu entgehen, doch noch einen zufriedenstellenden Vergleich anbieten.

Ihre Quintessenz? »Nie wieder werde ich für ein Unternehmen mit einer diskriminierenden Firmenkultur arbeiten.«

Altenberg hat erreicht, was sie wollte: als Ausgleich für die entgangenen Zahlungen eine Abfindung und in Zukunft mehr Geld. Als Unternehmerin, gemeinsam mit einer Co-Gründerin, wird es für sie kein Equal-Pay-Problem mehr geben. Besser noch: Sie will sicherstellen, dass in ihrer Firma alle Frauen und andere Beschäftigte fair bezahlt werden, schreibt sie mir.

Ihre Geschichte dürfte den Lohnlückengegner*innen nicht gefallen. Greift man in deren Mythen-und-Mären-Kiste, hört sich die Sache ganz anders an: »Viele Frauen studieren gern Germanistik und Geisteswissenschaften, Männer dagegen Elektrotechnik – und das hat dann eben auch Konsequenzen beim Gehalt. Wir können den Unternehmen nicht verbieten, Elektrotechniker besser zu bezahlen als Germanisten«, erklärt ernsthaft die damalige Bundesfrauenministerin Kristina Schröder von der CDU dem *Spiegel*.[91] Noch 2017 wird sie wissenschaftliche Erkenntnisse zum Thema ungeniert ignorieren: »Der Nachweis, dass der Gender Pay Gap tatsächlich etwas mit Diskriminierung zu tun hat, ist nicht erbracht. Es steht die begründete Vermutung im Raum, dass er schlicht auf unterschiedliche Präferenzen von Männern und Frauen zurückzuführen ist.«[92]

Aha. Ist Miriam Altenberg, die hervorragend ausgebildete Softwarearchitektin, die in einem männlich dominierten Beruf arbeitet, also ein Einzelfall?

Was ist dran an Mythos Nummer drei?

Wenig, legen Studien nahe. Beispielsweise die gemeinsam mit Ann-Christin Hausmann und Kathrin Lenze durchgeführte Untersuchung der Soziologin Corinna Kleinert vom Leibniz-Institut für Bildungsverläufe: Kapern nämlich Frauen eine Männerdomäne, sinken dort die durchschnittlichen Löhne. Sie drücken die Löhne jedoch nicht – sondern verdienen weiterhin weniger als die Männer. Steigt beispielsweise eine Steuerfachgehilfin zur Steuerberaterin auf, folgt ihr die Lohnlücke in den neuen Beruf.[93] Vergrößert sich dort der Frauenanteil, verdienen einfach nur mehr Frauen schlechter. »Frauen können der Lohnlücke so nicht entfliehen«, sagt Kleinert.[94]

Oder, wie es der Präsident des DIW, Marcel Fratzscher, sagt: »Frauen wählen nicht geringere Löhne, sondern sie bekommen sie.«

Mythos vier: Tarifverträge schützen vor Diskriminierung

»Die Billig-Bürgermeisterin« titelt die *Süddeutsche Zeitung* und meint damit Astrid Siemes-Knoblich.[95] Acht Jahre lang kümmert sich die Unternehmerin um die Geschicke von Müllheim im Markgräflerland am Rand des Schwarzwalds, einem 19 000-Seelen-Winzerstädtchen. Sie versucht, bezahlbaren Wohnraum und mehr Kitaplätze bei klammen Kassen zu planen. Sie verhandelt mit Bürgerinitiativen und Verkehrsministerium über Trassenführung und Lärmschutzmaßnahmen der geplanten Schienenstrecke von Rotterdam nach Genua, die über Müllheim führen soll. Ähnlichen Aufgaben stellen sich der Bürgermeister vor ihr und auch der nach ihr. Vergütet allerdings wird sie schlechter: 406 Euro brutto weniger im Monat, als sie 2011 ihren Job antritt, und 485 Euro, als sie sich nicht mehr zur Wiederwahl stellt.

»Das ist wirklich eine Ohrfeige«, sagt Siemes-Knoblich.[96] »Es zeigt, dass die Arbeit von Frauen weniger wertgeschätzt wird. Gar nicht so sehr, weil man denkt, die können weniger. Sondern es schwingt immer noch dieser Primat mit: Ach, die hat doch einen gutverdienenden Mann, die ist doch versorgt, die braucht das Geld nicht so! Das war auch ein Thema in meinem Wahlkampf: Warum macht sie das denn überhaupt? Sie hat doch einen gut verdienenden Mann. Ich mache das ja nicht wegen des Geldes, sondern weil ich meinen Kopf nicht nur zum Haarekämmen habe.«

Lohndiskriminierung trifft Frauen mitnichten nur in der privaten Wirtschaft oder in kleinen Firmen, deren Inhaber*innen glauben, nach Gutdünken walten zu können. Sondern auch dort, wo man es nicht erwartet hätte. In einem Sektor, den Gutgläubige für diskriminierungsfrei halten: in tarifgebundenen Unternehmen oder gar im öffentlichen Dienst wie im Fall von Siemes-Knoblich.

Möglich macht es bei ihr eine baden-württembergische Besonderheit: Hier entscheidet der Gemeinderat, welcher Besoldungsgruppe Bürgermeister*innen zugeordnet werden. Regulär gibt es für die erste Amtszeit einer Stadt der Größe Müllheims die Besoldungsgruppe B3, danach die B4. Wenn aber die Aufgaben das erwartbare Maß übertreffen, etwa weil besonders viele Kurkonzerte zu eröffnen sind oder die Gemeinde überdurchschnittlich viele Ortsteile umfasst, kann der Gemeinderat von Anfang an eine bessere Vergütung beschließen. So geschehen bei Astrid Siemes-Knoblichs Vorgänger und auch bei ihrem Nachfolger. Beide erhalten B4.

Die Bürgermeisterin allerdings regiert in der B3. Denn der Gemeinderat hat sich über die Amtsführung ihres Vorgängers geärgert und den Posten vorsorglich zurückgestuft. Astrid Siemes-Knoblich hält das Argument für vorgeschoben: »Der Witz an der ganzen Geschichte ist, dass ich von Vertretern aller Fraktionen des Gemeinderates als Kandidatin unterstützt worden bin, weil sie sich davon versprachen, dass ich als Einzige die Chance hätte, diesen unliebsamen Vorgänger aus dem Amt zu kegeln. Hinterher habe ich die Quittung bekommen mit den unausgesprochenen Worten: Vielen Dank, dass du die Drecksarbeit für uns gemacht hast, aber du bist uns jetzt weniger wert.«

Die einzige Bürgermeisterin, die das Städtchen Müllheim je regiert, verdient im Laufe ihrer Amtszeit rund 60 000 Euro weniger als ihre Amtskollegen. Sie verklagt die Stadt, der sie einst vorstand. Die wiederum will sich auf Nachfrage wegen des laufenden Verfahrens dazu nicht äußern.

Von der These, dass Tarifverträge vor Diskriminierung schützen würden, geben sich auch Gewerkschaften gerne überzeugt, wohl weil sich so das Ziel Equal Pay für eigene Anliegen einsetzen lässt. »Wirksame Instrumente gegen die geschlechterspezifische Entgeltlücke sind Tarifverträge und Mitbestimmung«, heißt es beispielsweise in einer Stellungnahme des Deutschen Gewerkschaftsbundes (DGB) zum Equal Pay Day 2022.[97]

Aber was genau schützen Tarifverträge denn?

Tatsächlich ergibt sich für Frauen, die unter einen Tarifvertrag fallen, ein Lohnvorteil von rund neun Prozent, der unter Männern nur bei knapp sieben Prozent liegt.[98] Übersetzt heißt das aber nur: Frauen profitieren von Tarifverträgen stärker als Männer.

Halten wir also fest: Ein klar definiertes Gehaltsraster, in dem die Funktion über die jeweilige Vergütungsgruppe und die Seniorität über die Stufe entscheiden, nach denen bezahlt wird, reduziert – im Prinzip – für alle Mitarbeitenden das Risiko: Wenn sich Vorgesetzte nicht aufführen können wie *Mad Men*-Boss Don Draper und stattdessen präzise erklären müssen, warum Mitarbeitende wie viel verdienen sollen, verkleinert sich die Einflugschneise für unbewusste Stereotype. Andersherum ausgedrückt: Je größer der Nasenfaktor, je stärker also persönliche und nicht fachliche Kriterien gewichtet werden, desto höher das Risiko, dass Mitarbeitende und, ja, auch Frauen übervorteilt werden.

Was sagt uns das über Tarifverträge?

Etwa, dass sie für Frauen und Männer regelhaft gleich angewendet werden?

Leider nein.

Und genau hier liegt das Problem.

Unterschiedliche Eingruppierung, unterschiedliche Bezahlung

Nicht alle Unternehmen sind so dreist wie einst die Süderelbe Logistik in Hamburg. 2007 werden dort Lager-, Kommissionierungs- und Verpackungsarbeiten von Männern wie Frauen gleichermaßen erledigt. Nur bezahlt werden sie nicht identisch. Denn die Süderelbe teilt Männer und Frauen quasi sortenrein auf unterschiedliche Tarifverträge auf. Die Bezahlung der Mitarbeiter richtet sich nach dem Lohntarifvertrag für gewerbliche Arbeitnehmer*innen – die der Mitarbeiterinnen nach dem nicht ganz so lukrativen Gehaltstarifvertrag für die kaufmännischen Arbeitnehmer*innen. Dazwischen liegen, bei Vollzeitbeschäftigung, zwischen 270 und 335 Euro im Monat.[99]

»Außergewöhnlich plump« nennt ihr (und mein) ehemaliger Anwalt Klaus Bertelsmann dieses Vorgehen. Teils sah es das Arbeitsgericht genauso, teils einigte man sich auf einen Vergleich. Die Frauen erhalten rückwirkend das Gehalt, das ihnen zusteht.

Dass ein niedrigerer Frauenlohn per Tarifvertrag bis in die jüngste Vergangenheit nicht unüblich war, zeigt sich, wenn wir statt in die Mythen-und-Mären-Kiste mal in eine Bahlsen-Keksdose greifen.

Der Messino-Keks ist ein länglicher Soft Cake mit abgerundeten Ecken, einer Orangenfüllung und einer Schokoglasur. Einst packten ihn im friesischen Varel emsige Frauenhände vom Band in die Kartons. Die wiederum hoben kräftige Männerhände auf die Paletten. So wollte es der Hersteller Bahlsen: Frauen wurden

Packerinnen, wegen ihrer Fingerfertigkeit – Männer Produktionshelfer wegen der schweren Arbeit. Nach europäischem Recht seien diese Tätigkeiten gleichwertig gewesen, sagt die langjährige Betriebsratsvorsitzende Manuela Haase. Die Geschicklichkeit jeder Frau aber ist dem Familienunternehmen – Slogan: »Unsere Mitarbeiter sind das Herz von Bahlsen« – damals jeden Monat fast 190 Euro weniger wert als die schwere Arbeit mit den Keks-Kartons.[100]

Als die Fertigung 2010 automatisiert wird, geraten die Jobs der Frauen in Gefahr: »Das bekommt ihr nie hin. Das schafft ihr nicht. Ihr habt doch gar nicht den technischen Sachverstand«, habe es geheißen, berichtet Haase. Doch die gelernte Fachverkäuferin für Gardinen, Damen- und Kinder-Oberbekleidung aus Magdeburg setzt Qualifizierungen durch. Mit Erfolg: »Die Frauen haben es den Männern gezeigt. Es war wirklich erstaunlich, wie einige, die 25 Jahre lang tagein, tagaus an der Packbank gesessen hatten – da musstest du dein Gehirn beim Pförtner abgeben und konntest es nach Feierabend wieder abholen – sich da reingefuchst haben«, erzählt die Betriebsrätin.[101]

Sechs bis zwölf Monate lang hätten Männer und Frauen dann an denselben Maschinen gestanden: sie Lohngruppe A – er Lohngruppe C. Doch weil Haase die Mitarbeiterinnen anhält, ihre neue Arbeit Tag für Tag zu dokumentieren, erreicht der Betriebsrat, dass nach und nach rund 100 Frauen hochgestuft werden. Ein Riesenerfolg für die ehemaligen Packerinnen. Als Nächstes nimmt sich die energische Betriebsrätin die Verträge einer Schlosserin und einer Bäckerin vor. Kaum dass auch diese Frauen gleich viel verdienen wie ihre Kollegen, führt sie 24 Beschäftigte aus der Anlagenleitung – die meisten von ihnen Frauen – in einen Musterprozess für höhere Löhne. Ihr Engagement wird 2020 mit dem Betriebsräte-Preis in Gold ausgezeichnet.

Genau hingucken zahlt sich aus

Heute gebe es keine unterschiedlichen Eingruppierungen mehr, sagt Haase. Gemeinsam mit der Gewerkschaft Nahrung-Genuss-Gaststätten (NGG) habe man den EG-Check durchgeführt, ein Programm, das die Eingruppierungen überprüft. Damit das auch so bleibt, treffen sich Betriebsrat und Personalabteilung zweimal im Jahr, um die Einhaltung des Regelwerks zu überprüfen. Und die Männer? »Die haben immer gesagt: Wer die gleiche Arbeit macht, soll auch das gleiche Geld bekommen«, erzählt Haase. Da habe es gar keine Probleme gegeben. »Es war einfach von früher so vorgegeben. Es hat nur niemand die Initiative ergriffen, irgendwann mal etwas zu ändern.«

Solche Zustände sind wohl gemeint, wenn es heißt, Tarifverträge schützten vor Diskriminierung. Doch dazu gehört mehr: Von vier Bahlsen-Beschäftigten sind drei gewerkschaftlich organisiert, die NGG ist in der Region gut aufgestellt – und Haase außergewöhnlich engagiert: »Ich mag keine Ungerechtigkeit. Man darf nicht aufgeben. Man muss dranbleiben, immer wieder.«

Auf subtile Art und Weise können sich Benachteiligungen bei Fragen der Eingruppierung und Einstufung einschleichen: Wie viele Jahre Berufserfahrung werden bei einem Jobwechsel angerechnet? Oder: Reicht ihre Leistung für einen Bonus?

Wenn Frauen den Wert ihrer Arbeit verhandeln müssen, schneiden sie, wie wir gesehen haben, schlechter ab. Wohl deshalb verdienen auch Professorinnen just ab dem Zeitpunkt weniger, zu dem die Länder mehr individuelle Verhandlungen für variable Leistungszulagen zulassen – die »Geburtsstunde des Gender Pay Gaps« in der Wissenschaft, wie die vom Deutschen Hochschulverband herausgegebene Zeitschrift *Forschung & Lehre* schreibt.[102] Rein theoretisch dürfte es solche Unwuchten nicht geben. Praktisch aber stellt die Expertin für Vergütungssysteme, Jochmann-Döll, fest: »Auch an Universitäten ist die Entgeltgleichheit zwischen Frauen und Männern keineswegs vollständig umgesetzt.«

Schon 2018 lässt die Antidiskriminierungsstelle des Bundes die Entgeltordnung des Tarifvertrags der Länder untersuchen.[103] Das Ergebnis: Rechtliche Anforderungen werden nicht hinreichend erfüllt – trotz Reformbemühungen. Sprich: Der Staat schützt seine Bürgerinnen nicht ausreichend vor Benachteiligung, wenn diese für ihn arbeiten.

Offenbar haben sich auch im öffentlichen Dienst einige Entscheider*innen daran gewöhnt, dass sie weibliche Arbeitskraft billiger bekommen. So hat es zum Beispiel Siemes-Knoblich erlebt, als es im Gemeinderat um weibliche Führungskräfte ging: »Da gab es schon mal Einzelne, die gesagt haben: Ach, lasst uns doch die Frau nehmen anstatt des Mannes, die kriegen wir doch für weniger, weil die doch auch einen Mann hat, der verdient. In so einer nicht öffentlichen Sitzung wird ja viel gesagt. Am Ende heißt es dann: Liebe Leute, das hat jetzt niemand gesagt, denn das darf um Gottes willen nicht ins Protokoll. Aber solche Äußerungen fallen da.«

Beamtin ist nicht gleich Beamter

Auch das Beamtentum erscheint nur auf den ersten Blick geschlechtsneutral. »Im öffentlichen Dienst haben wir keine Lohngerechtigkeit«, bestätigt Heidi Deuschle, Vorsitzende der Landesfrauenvertretung im Beamtenbund Baden-Württemberg: »Das System verfällt an dieser Stelle in alte Muster. Früher galt: Der Mann muss ja die Familie ernähren, also braucht er schneller das höhere Einkommen. Die Frau heiratet sowieso und kriegt Kinder, warum ihr also mehr bezahlen? Das passiert immer noch häufig im öffentlichen Dienst. Die Männer ziehen an dieser Stelle karrieretechnisch uneinholbar an den Frauen vorbei.«

Jede einzelne Unterbewertung kostet vielleicht »nur« einige Hundert Euro. Da das Tarifgefüge jedoch nur selten extravagante Sprünge erlaubt, um eine entgangene oder verspätete Beförderung auszugleichen, summieren sich selbst vergleichsweise kleine Benachteiligungen. Diese beachtliche Lebenslohnlücke macht vor dem Beamtenstand nicht Halt. Auch deshalb findet Deuschle die Klage von Siemes-Knoblich »völlig in Ordnung und angebracht«.

Die ehemalige Bürgermeisterin erklärt noch einen anderen Mechanismus, der Vorurteile über weibliche und männliche Tätigkeiten sogar im öffentlichen Dienst verfestigt: In der Stellenbeschreibung ginge es beispielsweise um Kriterien wie »Verantwortung« oder »Selbstständigkeit«. Genau diese aber würden nicht geschlechtsneutral verwendet: Viel »Verantwortung« trage eine Position etwa dann, wenn viel Personal und Budget an ihr hänge. Eine Lehrerin, die die nächste Generation erzieht, fällt durch dieses Raster.

Wissenschaftlerin Klenner bestätigt das Prinzip: »Dann wird immer gesagt, Männer leisten halt mehr und müssen deshalb auch mehr bekommen. Das gilt dann als okay nach dem Motto: Soll sich mal die Frau ein bisschen mehr anstrengen.« Die Europäische Kommission hält solche Mechanismen für inakzeptabel. Schon seit 2014 fordert sie die Mitgliedstaaten auf, ihre Sozialpartner zu motivieren, geschlechtsneutrale Arbeitsbewertungsverfahren einzuführen.[104]

Deutschland entwickelt daraufhin das Entgelttransparenzgesetz. Doch das fordert lediglich besonders große Unternehmen auf, ihre Strukturen zu überprüfen – und das auch nur freiwillig, monieren Expert*innen wie Jochmann-Döll. Sie erforschte, wie die Firmen das prüfen: »Wir haben die abstrusesten Dinge entdeckt. Irgendwelche kleinen Durchschnittsberechnungen oder einfach nur Auflistungen – das war's. Insofern ist überhaupt nichts von dem umgesetzt, was 2014 mit der Empfehlung gemeint war. Alles ist verwässert worden.«

Von einer flächendeckenden Umsetzung ist man also weit entfernt. Über Stellenbesetzungen und Jobprofile wachen die Betriebs- oder Personalräte. Wer allerdings darauf baut, dass sie das regelhaft auch in Hinblick auf Frauenlöhne unternehmen, hat häufig schon verloren. Das sieht sogar eine gestandene Betriebsrätin wie Manuela Haase so: »Gerade der Vorsitz ist oft noch so ein Männermetier. Als ich 2006 in den Betriebsrat gewählt wurde, hat das alte Gremium vier Jahre lang geklüngelt. 2010 haben die Mitarbeiter gesagt, wir wollen eine Veränderung an der Spitze.« Dann hat Haase den Vorsitz übernommen.

Männerdomäne Betriebsrat

In anderen Firmen bleiben Betriebsräte eine Männerdomäne. Susanne Dumas erzählt, wie sie abgeschmettert wurde: »Der fühlte sich überhaupt nicht zuständig. Ich habe mich null repräsentiert gefühlt. Ab Vergütungsklasse neun hieß es mehr oder weniger: Macht euren Krempel allein. Der Betriebsrat war für die anderen da. Ich habe mich total hintergangen gefühlt, völlig allein gelassen.«

Bedürfniskonkurrenz heißt das im Fachjargon: Wem sollen die Räte ihre Zeit schenken? Eher den Anliegen der kleinen Angestellten oder einigen – im Gehaltsgefüge der Firma – besser verdienenden Frauen? Die Abwägung kann schon deshalb zu Ungunsten der Mitarbeiterinnen ausfallen, weil die männliche Mehrheit im Betriebsrat mauert.

Akademikerinnen wie mir kann es also durchaus passieren, dass sie gar keine interne Unterstützung im Betrieb erfahren. In meinem Fall ändert sich das erst, als eine neu gegründete Frauengruppe die Pantoffelhelden, wie ich sie mittlerweile nenne, aus dem Personalratsvorstand vertreibt. Doch da ist es schon zu spät, um zu verhindern, dass ich nach Mainz geschickt werde.

Wer nun glaubt, ich hätte einfach nur Pech gehabt und Susanne Dumas auch, irrt. Selbst als langjähriges Gewerkschaftsmitglied kann ich leider nicht vom Gegenteil berichten. Nur hinter vorgehaltener Hand erklären Gewerkschafter*innen, wie die Mechanismen zu Lasten von Frauen wirken: »Die Tarifkommission entscheidet, welche Forderungen an die Arbeitgeber gestellt werden. Oder wofür gestreikt wird. Zum Beispiel könnte gefordert werden, Ungleichheiten auszugleichen und acht Prozent mehr Lohn für alle zu erstreiten. Dann kommt in den Verhandlungen mit dem Arbeitgeber heraus: Es gibt sechs Prozent mehr Lohn für alle, aber das mit den Ungleichheiten lassen wir so. Wenn wir das Geld ausgeben, um die Diskriminierungen abzuschaffen, gibt es nur drei Prozent mehr Lohn für alle. Dann wird am Ende demokratisch in der Kommission entschieden und es gibt sechs Prozent mehr Lohn für alle – auch wenn die Gewerkschaften natürlich mittlerweile darauf achten, dass die Gremien auch mit Frauen besetzt werden.«

Und dann gibt es noch ein strukturelles Problem, auf das die Wissenschaftlerin Jochmann-Döll verweist: »Gewerkschaften verhandeln die Tarifverträge. Also sind sie auch mit dafür verantwortlich, wenn diese Potenziale für Diskriminierung enthalten. Das macht es ihnen natürlich schwer, genau diese Tarifverträge zu kritisieren.« Sie erinnert sich an schwere Kämpfe innerhalb der Gewerkschaft für Erziehung und Wissenschaft (GEW), ungefähr 2007. Der Streitapfel war die Vergütung von Grundschullehrerinnen: »Was sind wir von einigen angefeindet worden!« Immerhin aber hätte die GEW in vielen Bundesländern erreicht, dass Grundschullehrerinnen so viel verdienen wie Gymnasiallehrer. Dort, wo das noch nicht so ist, werden Musterklagen unterstützt. »Mittlerweile steht die ganze Organisation tatsächlich dahinter. Sollte es noch Leute geben, die das nicht gut finden, dann behalten sie es jetzt für sich oder sagen es zumindest nicht öffentlich«, weiß Jochmann-Döll.

Auch in Österreich sei das Vertrauen der Frauen in die von den Gewerkschaften ausgehandelten Kollektivverträge nicht immer gerechtfertigt, meint Katharina Mader von der österreichischen Arbeiterkammer: »Dass die Gewerkschaften jahrzehntelang Männervereine waren und sich nicht um die Frauen gekümmert haben, fällt da ganz unter den Tisch.«[105]

Deckmäntelchen Tarifvertrag

»Die Vergütung der freien und festen Mitarbeiterinnen und Mitarbeiter des ZDF ist weitgehend durch Tarifverträge bestimmt. Geschlecht, Alter, Religion etc. spielen hierbei keine Rolle. Kriterien für die tarifvertraglich festgelegte Vergütung sind vielmehr Aufgabenprofil, Verantwortungsrahmen sowie Berufserfahrung.« So heißt es in einer Stellungnahme, die der Sender Anfang 2017 zu meinem Verfahren veröffentlicht.[106]

Kurz: Das ZDF hat Tarifverträge, also kann das Haus gar nicht diskriminieren.

Aber was steht eigentlich drin im Tarifvertrag?

Welcher ominöse »Verantwortungsrahmen« beispielsweise ist dem Sender viel wert und welches »Aufgabenprofil« weniger? Darüber schweigt sich der *Vergütungstarifvertrag für freie Mitarbeiter/innen*, der für mich lange Zeit gilt, weitgehend aus. Anders als im öffentlichen Dienst üblich, sieht er etwa für allgemeine redaktionelle Leistungen keine festen Stufen vor, sondern sogenannte Honorarspannen. Die aber sind erheblich: Wer 2010 am oberen Rand eingestuft wird, erhält 100 Euro mehr als am unteren Rand – jeden Tag. So macht eine gute Einsortierung mehr als 2000 Euro im Monat aus.[107]

Was aber entscheidet darüber, ob freie Redakteur*innen einen Kleinwagen mehr im Jahr verdienen? Hier führt der Tarifvertrag verschiedene Kriterien an: »Art und Umfang, Berufserfahrung und besondere Eignung des Mitarbeiters/der Mitarbeiterin« sollen eine Rolle spielen, aber auch »Schwierigkeitsgrad des Themas, Inhalt und Form der Produktion«, um nur einige zu nennen. Als wäre das nicht verwirrend genug, bleibt völlig unklar, wie all diese Kriterien definiert und untereinander gewichtet werden sollen. Was mag sich beispielsweise hinter einer »besonderen Eignung« verstecken? »Hier ist natürlich der Spielraum viel zu groß und die Möglichkeit, irgendetwas aus der Luft zu ziehen, womit man es dann doch rechtfertigt«, meint die Juristin Wenckebach.

Trotzdem lässt der Sender die Chance verstreichen, aus Unklarheit entstandene Unwuchten zu korrigieren, nachdem der Landesrechnungshof Rheinland-Pfalz empfiehlt, die Beschäftigung langjähriger Fest-Freier auf eine neue Grundlage zu stellen.[108] Statt Transparenz und Harmonisierung herzustellen, schafft die Rundfunkanstalt 2010 einen neuen Tarifvertrag. Und der verfestigt die Unterschiede aus der Vergangenheit. Denn über die Einstufung entscheidet die Höhe des vorhergehenden Honorars. Und so verdiene ich noch jahrelang weniger als vergleichbare männliche Kollegen.

Trotzdem ist sich das ZDF ganz sicher: Auch Personalrat und Gleichstellungsbeauftragte hätten den Diskriminierungsvorwurf »sehr sorgfältig geprüft«, so das Statement.

Das Fachblatt *journalist* möchte im März 2017 genauer wissen, was es mit der ZDF-Stellungnahme auf sich hat: »Ein Mitglied des Personalrats muss sich am Telefon erst erkundigen, was Gender Pay Gap denn überhaupt sei. Auf die Erklärung kontert er barsch, bei seinem Sender sei da alles in Ordnung und zitiert werden wolle er in keinem Fall. Die Gleichstellungsbeauftragte bittet um Verständnis, sich zu einem laufenden Verfahren nicht zu äußern. Zu einem generellen Gespräch über ihre Arbeit ist sie zwar bereit, aber urlaubsbedingt kommt es nicht dazu.«[109]

So zeigt das ZDF geradezu lehrbuchartig, welch mannigfaltige

Möglichkeiten Tarifverträge bieten, Frauen schlechter zu vergüten. Zwar arbeiten hier genauso viele Redakteurinnen wie Redakteure, doch die meisten Frauen werden in den niedrigeren – die meisten Männer in den oberen Vergütungsgruppen bezahlt.

»Dies beschreibt einen Zustand, der bereits seit Jahren konstant ist und Anlass gibt, die Entgeltgleichheit insgesamt einmal genauer zu analysieren«, schlägt die Gleichstellungsbeauftragte noch im selben Jahr etwas lustlos vor.[110] Ein Rätsel bleibt, wann das endlich geschehen soll: Denn drei Jahre später führt ihr Bericht zur Lohnlücke aus: »Die Strukturen, die solche Entwicklungen unterstützen, gilt es zu finden und, soweit es geht, abzustellen.«[111]

Mythos Nummer vier ist offenbar besonders schwierig zu knacken.

Die Tarifverträge des ZDF aber belegen eindrücklich vor allem eins: Wenn keiner genau hinguckt, wird aus einem Tarifvertrag ein Strickwerk, das ungleiche Behandlung in eine schöne Robe steckt, statt sie endlich zu enthüllen.

Mythos fünf: Frauen bringen es einfach nicht

Im Spitzen-Schachsport gibt es zwei professionelle Elisabeths: Da wäre die glamouröse Elizabeth Harmon, die sich in einer Männerdomäne ganz nach oben spielt und schließlich in Moskau den Schach-Weltmeister Vasily Borgov besiegt. Ein Wunderkind, wenn auch ein fiktives, das in der Netflix-Serie *Das Damengambit* zu sehen ist. Mit Beth bringt der US-Streamingdienst 2020 die westliche Welt überhaupt erst darauf, dass nicht nur brillante Russen wie Garri Kasparow die Königsklasse des Schachs beherrschen können, sondern auch ebenso brillante Frauen.

Dass sie dafür weniger Geld bekommen können, thematisiert die Serie nicht.

Das tut die andere Elisabeth.

Sie heißt mit Nachnamen Pähtz, wird 1985 in Erfurt geboren und gewinnt bereits im Alter von neun Jahren die Deutsche Meisterschaft in ihrer Altersklasse. Danach geht es Zug um Zug: 1999 wird sie Deutsche Meisterin der Damen, zwei Jahre später Großmeisterin der Frauen, 2002 Jugendweltmeisterin, 2005 Juniorenweltmeisterin. Heute ist sie Internationale Meisterin und Großmeisterin der Frauen – und auch Großmeister, ein Titel, den weltweit bisher nur 40 Frauen tragen.

Elisabeth Pähtz ist unangefochtene Ausnahmesportlerin, mit Ausbildung zur Fremdsprachenkorrespondentin und kurzen Abstechern ins Entertainment-Business: Sie unterstützt Hape Kerkeling bei einem Sketch für die Sendung *Darüber lacht die Welt* und ist 1999 Teil des vielköpfigen, weltweit zusammengesetzten Teams, das in der Internet-Partie *Kasparov versus the World* den Gegenspieler des Schachweltmeisters bildet und gemeinsam jeden einzelnen Zug gegen Kasparow entscheidet. Für ihre persönliche Internetseite hat sie ein Porträt ausgewählt, das sie an ihrem Schachbrett zeigt und sich mühelos in eine Fotogalerie einfügen könnte, in der Quentin Tarantino Uma Thurmann für den Kinofilm *Pulp Fiction* ablichtet.

2019 beschließt sie, nicht mehr mitzumachen. Zu diesem Zeitpunkt ist sie längst die mit Abstand erfolgreichste Schachspielerin Deutschlands – verdient aber viel weniger als die Spieler. Immer wieder habe sie das über die Jahre angesprochen, sagt sie – leider erfolglos. Die Funktionär*innen beharren auf dem traditionellen Punktesystem: Wer die mittlere Leistung des Teams erreicht, bekommt eine festgelegte Summe. Für mehr Punkte gibt's mehr Geld, für weniger kassiert man Abzüge.

Das Prinzip gilt für Frauen wie Männer – nur: Letztere erhalten für den mittleren Team-Punktwert doppelt so viel wie die Kolleginnen. Schließlich, so habe man ihr mitgeteilt, seien die Männer Profis, würden »praktisch tagtäglich« am Brett arbeiten und viel mehr Zeit investieren – anders als die Frauen, die in der Regel Amateurinnen blieben und zum Geldverdienen noch Brotjobs nachgingen.

»Das Argument konnte ich sogar verstehen«, räumt Elisabeth Pähtz ein, »aber es war auf mich nicht anwendbar, weil ich ja auch Profi bin. In meinem Fall fand ich es unfair, denn nach deren Berechnungen verdiente ich im Schnitt 1500 Euro weniger.«[112] Sie möchte nicht in absoluten Zahlen das Gleiche verdienen wie die Männer, die häufig mehr Punkte erreichen. Sie erwartet jedoch, dass für ihre Bezahlung die gleichen Maßstäbe angesetzt werden. Ihr Anliegen aber lassen die Verantwortlichen nicht gelten.

Es sei ein »schleichender Prozess« gewesen, bis sie endlich den Mut hatte, sich zu wehren, erinnert sie sich. Immer wieder kriecht die Wut hoch. Schließlich verdient sie damals nicht nur weniger, sondern muss dafür auch häufiger spielen: Der Leistungsunterschied zwischen ihr als einziger Profispielerin und den anderen Frauen ist viel höher als bei den Männern untereinander. Also wird sie bei Mannschaftsturnieren viel häufiger eingesetzt als männliche Spieler.

Schachmatt und Knockout?

Aber auch die Trainingsbedingungen sind schlechter: Zum Beispiel seien 2008 bei der Schacholympiade in Dresden Männern wie Frauen je zwei Trainer*innen versprochen worden. Dann aber fehlt dem Verband angeblich das Geld für die Übernachtung und er will den Frauentrainer 20 Kilometer weiter entfernt unterbringen. Um nicht pendeln zu müssen, erwägen die Spielerinnen, gemeinsam im Doppelzimmer zu übernachten, und bieten das frei werdende Zimmer dem Trainer an. Doch auch mit dem jetzt fällig werdenden Doppelzimmerzuschlag habe es Probleme gegeben. Den habe schließlich der Veranstalter »aus Mitleid« übernommen, wie Elisabeth Pähtz erzählt. Weshalb sie bass erstaunt ist, als ihr einige Tage nach Turnierbeginn ein Kollege in der Hotellobby begegnet: »Was machst du denn hier?«, fragt sie ihn. »Ich helfe den Männern jetzt als dritter Trainer, weil es bei denen so gut läuft«, habe der ihr geantwortet. Ernüchtert registriert sie: »Dafür hatten sie dann Geld. Für ein Einzelzimmer und fürs Honorar.«

Bis sie einen Brief ans Präsidium des Deutschen Schachbunds schreibt, vergehen zehn Jahre. Doch das habe ihr nur 500 Euro mehr geboten. Daraufhin erklärt sie kurzerhand ihren Rückzug. Eine mutige Zäsur, zu der sie sich erst durchringt, nachdem sie sich von ihrem Ehemann getrennt hat: »Als ich diesen für mich sehr großen Schritt gegangen war, dachte ich mir: Okay, dann kann ich dem Verband auch den Rücken zukehren.«

Und dann passiert das Unerwartete: Der Präsident des Verbands, relativ neu im Amt, nimmt sie ernst. »Ich mach das nicht mehr mit«, lässt sie ihn wissen, »Ihr könnt euch gerne auf eure dämlichen Zahlen berufen, aber ihr wisst genau: Mit jeder Medaille, die ich hole, bekommt ihr eine bessere Förderung vom Bundesinnenministerium. Was bringt euch das, nur auf die Männer zu achten?«

Die Verantwortlichen, das weiß sie noch wie gestern, geben nach. Heute, sagt sie, gelte der deutsche Schachverband als einer der fortschrittlichsten in puncto Geschlechtergerechtigkeit. »Sie hat ihre Ziele in der Tat erreicht. Die Frauen haben jetzt einen Weltklasse-Bundestrainer, und wir haben ihren Wunsch nach Förderprogrammen für talentierte Frauen mit dem ›Powergirls‹-Programm in die Tat umgesetzt«, sagt der Präsident des Deutschen Schachbunds 2022 der Deutschen Presse-Agentur.[113] Elisabeth Pähtz spielt weiter. »Hätte ich gewusst, dass alles geändert wird, wenn ich mal wirklich ernst mache, hätte ich das schon vor 20 Jahren getan«, sagt sie heute.

Und doch nimmt ihre Geschichte kein ganz ungetrübtes Happy End: »Für mich ist es ärgerlich, dass ich 37 Jahre alt bin und meine

Karriere so gut wie am Ende ist. Ich habe zu guter Letzt mein Ziel erreicht, aber ich bin jetzt in dem Alter, in dem mir irgendwann die Kraft fehlt – und auch die Lust. Immerhin, man ist Vorreiter und macht den Weg für die anderen frei.«

Wie verbaut dieser Weg ist, merken Sportlerinnen immer wieder.

Zum Beispiel im Fußball. Als Bundeskanzler Olaf Scholz Equal Pay für die Fußballerinnen-Nationalmannschaft fordert – »Wir haben 2022.« –, prasselt prompt Häme auf ihn nieder: »Von Fußball haben Sie also auch keine Ahnung, oder? Wenn die deutsche Frauen-Fußball-Nationalmannschaft mal genauso viel Kohle generiert wie die Herren, spätestens dann ist das ein Thema«, pöbelt ein Troll auf Twitter, und auch der damalige DFB-Chef Oliver Bierhoff keilt kurz vor Anpfiff des EM-Spiels gegen Spanien zurück: »Mich wundert jetzt ein bisschen die Aussage. Ich lade ihn gerne ein, dann kläre ich ihn ein bisschen besser über die Zahlen auf.«[114]

Die Logik hinter diesem sportlichen Einmaleins ist allerdings alles andere als sportlich: »Frauen bringen es einfach nicht so wie Männer.«

Regina Halmich ist Deutschlands beste Boxerin aller Zeiten, Weltmeisterin im Fliegengewicht. Als sie erfährt, dass sie zu wenig verdient, ist sie längst ein Star. Anfang der Nullerjahre kennen sie sogar Menschen wie ich, die sich nicht für Sport interessieren. Ihre Showkämpfe gegen den ungleich größeren und schwereren *TV Total*-Moderator Stefan Raab sind Legende, Millionen verfolgen die Fights – und sie gewinnt.

Es ist »die goldene Zeit des Boxens«, wie sie sagt: Millionen Zuschauer*innen hocken vor dem Fernseher. Das Geschäft lohnt sich für beide Seiten, für den Sender wie den Boxstall. Männer bekommen damals einen hohen Betrag, wenn ihre Kämpfe im Fernsehen übertragen werden – das ist in der Branche bekannt. Über genauere Zahlen aber lässt man Regina Halmich im Unklaren:

»Man wusste zwar, dass da Millionen flossen, aber nicht, wie viel genau. Klar war nur, dass das ZDF für harte Kämpfe ziemlich viel Geld zahlt. Das wurde dann an die Boxer, je nach Marktwert und Hauptkämpfen, verteilt. Bei mir blieb relativ wenig hängen. Das Interesse an meiner Person war immer groß, aber die Vergütung war dann eben noch klein.«[115]

Dabei erreichen ihre Kämpfe Spitzenquoten. Dementsprechend will sie bezahlt werden. Es geht ihr nicht nur ums Prinzip, sondern auch um ihre finanzielle Sicherheit für die Zeit nach dem Boxen.

Regina Halmich will genau das, was Sportfunktionär*innen für männliche Spieler reklamieren: Eine leistungsgerechte Bezahlung, die sich an Quoten und Erfolgen orientiert. Doch für eine Frau soll das Prinzip Anfang der Nullerjahre nicht gelten. Regina Halmich muss erst einen bekannten Sportrechtler einschalten, um sich Gehör zu verschaffen. »Entweder sie bekommt mehr Geld oder sie boxt nicht mehr«, habe der zu verstehen gegeben, »da war schon ein gewisser Druck nötig.«

Ihre Runde im Equal-Pay-Staffellauf verläuft erfolgreich. Ihr Promoter sei zwar »ein harter Hund, ein Geschäftsmann durch und durch. Der hat natürlich auch immer versucht, für sein Unternehmen das Bestmögliche rauszuholen. Aber als wir dann auch etwas vehementer wurden und er gemerkt hat, dass wir Ernst machen, war er wirklich fair und hat eingelenkt.« Sie bekommt ihr Geld.

Kick it!

Bei den US-amerikanischen Fußballerinnen rund um Kapitänin Megan Rapinoe läuft es ähnlich. Jahrelang müssen sie sich vorhalten lassen, weniger Sponsorengelder zu generieren. Dabei sind die Amerikanerinnen viel erfolgreicher und weitaus bekannter als ihre männlichen Kollegen. Drei Jahre müssen sie vor Gericht

Mythos fünf: Frauen bringen es einfach nicht

streiten, bis sie 2022 in einem Vergleich endlich ihr Ziel erreichen: Die Turnierprämien werden angeglichen, der Nachwuchssport gefördert. 24 Millionen Dollar kostet das den Verband. »Ich weiß, dass es Millionen Menschen auf der Welt gibt, die aufgrund ihres Geschlechts an den Rand gedrängt werden und in ihren Jobs das Gleiche erleben«, sagt die Kapitänin bei ihrem Besuch bei US-Präsident Joe Biden im Weißen Haus. »Ich und meine Teamkolleginnen sind für sie da.«

Prominenten Rückenwind könnten die deutschen Fußballerinnen gut gebrauchen. Der Deutsche Fußball-Bund (DFB) ist schon stolz darauf, dass er die Prämien für Spielerinnen anhebt: auf 60 000 Euro hätte eine solche sich bei einem EM-Sieg belaufen – und damit noch nicht mal ein Sechstel dessen beziffert, was Männer bekommen. Begründet wird das, ganz nach dem sportlichen Einmaleins berechnet, mit deren höherer Sichtbarkeit, die höhere Einnahmen generiere.

Höhere Sichtbarkeit?

Wie denn?

Was bitte unternehmen die Verantwortlichen dafür? Was tun sie, um die Spielerinnen auf das gleiche Niveau zu heben? Wie sollen diese dieselben Einnahmen generieren, solange sie etwa nebenher Geld verdienen müssen, weil sie als angebliche Amateurinnen vom Sport nicht leben können?

Das Gemeine an Mythos Nummer fünf ist, dass er so sachlich wie ein Einmaleins daherkommt, obgleich er schlicht Diskriminierung betreibt. Obacht also, wenn mal wieder mit vermeintlicher Sachlogik argumentiert wird. Denn auch Mythos Nummer fünf funktioniert wie all die anderen: Beim Faktencheck fällt er in sich zusammen wie ein Soufflé, wenn jemand gerade die Küche lüftet.

Warum also werden Frauen immer noch im Preis gedrückt?

Vielleicht, weil es noch immer so einfach ist?

Dann halten wir es doch lieber wie unsere Fußballerinnen: *Kick it!*

Die Mühen des Klischees

»*Break the Bias*« – Schluss mit der Voreingenommenheit lautet das Motto für den Weltfrauentag 2022. Geschlechterklischees beeinflussen nicht nur Karriere-Entscheidungen von Chef*innen, sondern auch die von Mitarbeiterinnen, legen zahlreiche Studien nahe. Hätte sich die eine oder andere Projektassistentin vielleicht mehr getraut, wären da nicht der Spott der Mitschüler*innen und die Reaktion der Eltern auf frühere Vorstöße gewesen?

Und fürchtet sie heute womöglich die befremdeten Blicke einiger Kolleg*innen?

Dass Stereotype eine große Rolle spielen, wenn Frauen weniger verdienen, ist kein Geheimwissen mehr. Die Initiative Klischeefrei etwa möchte Jugendliche ermutigen, sich ihre Berufe frei von Geschlechterklischees auszusuchen. Schirmherrin des Bündnisses aus Bildung, Wirtschaft und Politik ist First Lady Elke Büdenbender, die Gattin des Bundespräsidenten Frank-Walter Steinmeier. Auch der Spielzeughersteller Mattel setzt weniger auf die sehr blonde Super-Püppi der Achtzigerjahre und produziert jetzt Astronautinnen- und Wissenschaftlerinnen-Barbies. Das Ziel: Den *Dream Gap* schließen – Mädchen sollen von einer erfolgreichen Zukunft träumen können wie Jungs.

Wenn Rollenbilder aufbrechen, so die Idee dahinter, sind Frauen freier, sich für ihre Karrieren zu entscheiden. Womöglich können sie sich dann auch besser gegenüber dem eigenen Partner durchsetzen. Ist es etwa fair, wenn dieser zwar zum Abteilungsleiter befördert wird, aber den Müll nicht runterbringt? Und treten Mütter wirklich freiwillig im Job kürzer – oder fehlen ihnen neben der ganzen Hausarbeit einfach Energie und Zeit für mehr Berufliches? Inzwischen ist längst bekannt, dass Firmen ganz anders investieren, wenn sich nicht nur Mütter beruflich einschränken sondern auch Väter. Aus Sicht vieler Vorgesetzter ist das »Risiko« der Elternschaft dann eher auf beide verteilt.

Teilzeittätigkeit gilt noch immer als Karriere-Killer Nummer eins. Wenn Mütter kürzertreten, nehmen sie de facto langfristige Einbußen in Kauf – nicht nur weil sie weniger Stunden arbeiten, sondern auch weniger pro Stunde verdienen, erklärt die Soziologin Corinna Kleinert. Damit tragen Teilzeitbeschäftigte maßgeblich zur unangepassten Lohnlücke bei, die in Ostdeutschland mit sechs Prozent drastisch niedriger ist als mit 19 Prozent in Westdeutschland.[116]

Bis heute unterscheidet sich weibliche Erwerbstätigkeit im Osten und Westen: 29 Prozent der Mütter mit Kindern unter elf Jahren sind in Ostdeutschland in Vollzeit tätig, in Westdeutschland sind es nur zwölf Prozent, zeigen Daten aus dem Zeitraum 2015 bis 2018.[117] Selbst wenn die Care-Arbeit deshalb nicht automatisch gerecht verteilt wird – mit dem Image der Rabenmutter mussten erwerbstätige Frauen in der DDR nicht kämpfen. Eigenes Geld zu verdienen war selbstverständlich, schon aus volkswirtschaftlichen Gründen. »In Ostdeutschland wurden Frauen in der Wirtschaft gebraucht, und es war auch gewollt, dass sie erwerbstätig sind, egal wie viele Kinder sie hatten«, sagt die Ökonomin und Genderforscherin Elke Holst vom DIW. »Im Westen herrschte eine ganz andere Philosophie: Man glaubte, dass es geradezu schädlich sei, wenn die Mutter sich nicht intensiv ums Kleinkind kümmert. Das Ehegattensplitting und die soziale Absicherung über den Partner fördert die tradierte Aufgabenteilung im Haushalt noch heute.«[118]

Summa summarum spricht alles dafür: Jedes Klischee, das als solches entlarvt auf den Müllhaufen gesellschaftspolitischer Debatten befördert wird, bekommt, was es verdient. Doch solange der Staat – Stichwort Ehegattensplitting – Paare dafür subventioniert, dass Gattinnen flächendeckend im Zuverdienerinnen-Modell verharren, bleiben Initiativen wie der *Girls' Day* reine Makulatur. Und: Weder Ganztagsschule, Rechtsanspruch auf einen Kitaplatz noch Fachkräftemangel konnten der Lohnlücke bislang ernsthaft etwas anhaben. Zwar bekommen nun viele Frauen Familie und Beruf etwas besser unter einen Hut, verdienen aber immer noch weniger als Männer.

Wo also ist der Haken?

Er sitzt in unseren Köpfen.

Es dauert so verdammt lange, in ihnen etwas zu bewegen.

Der Europäische Gewerkschaftsbund (European Trade Unions Confederation, ETUC) hat sich angesehen, wie gut wir in Sachen Equal Pay vorankommen.[119] Wissen Sie, wann demnach der Tag erreicht sein wird, an dem Frauen in Deutschland gleich verdienen werden, wenn wir in dem Tempo weitermachen wie bisher?

Im nächsten Jahrhundert.

Global wird es bis zur ökonomischen Gleichstellung, wozu neben Lohngleichheit auch Frauenquote und Beschäftigungsrate zählen, noch rund 151 Jahre dauern, prognostiziert das Weltwirtschaftsforum in Davos.[120]

So lange können wir nicht warten.

Und: Es gibt noch einen Haken.

Der Fokus auf Stereotype führt dazu, dass der Ball erneut auf der falschen Seite des Feldes landet: »Wir spielen ihn dann direkt wieder zu den Frauen zurück«, sagt die Volkswirtin Katharina Mader von der österreichischen Arbeiterkammer. »Da schreit unsere Frauenministerin ständig, die Frauen sollen doch nur in die Technik gehen und dann ist alles wieder gut. Und dann nehmen sie die Unternehmen nicht mal ansatzweise in die Pflicht. Ich denke, dass das auch daher kommt: Da sitzt das Klientel der Österreichischen Volkspartei ÖVP, dem wir auf keinen Fall zu nahe treten wollen. Das sind die Unternehmen und die Arbeitgeber.«

Anstatt also nur an Frauen und Männer zu appellieren, sich

endlich von Rollenklischees zu lösen, gäbe es eine viel effektivere Maßnahme, den Stereotypen auf den Leib zu rücken: Ihre Auswüchse verbieten und dafür sorgen, dass sie sich nicht in den Gehältern niederschlagen. Oder, wie Genderforscherin Holst sagt: »Anreize setzen, sodass diskriminierendes Verhalten sich nicht rechnet.«

Dafür bräuchten wir, Sie ahnen es, ein ordentliches Gesetz.

Zwar sind Tarifpartner schon lange verpflichtet, für geschlechtsneutrale Tarif- beziehungsweise Kollektivverträge zu sorgen. Frauen dürfen bereits jetzt nicht wegen ihres Geschlechts schlechtergestellt – oder bei der Karriereentwicklung dafür abgestraft werden, dass sie Teilzeit arbeiten. Doch diese Regeln haben kaum Konsequenzen. Sie sind nur mit extrem hohem Aufwand vor Gericht einklagbar – wenn überhaupt. »Wenn ich meinen Job behalten will, dann macht das niemand«, sagt die ehemalige Staatssekretärin und Vorsitzende der Organisation UN Women Germany, Elke Ferner, im Herbst 2022 auf einer Tagung der Friedrich-Ebert-Stiftung (FES). »Das wissen wir alle.«

Die Das-wissen-wir-alle-Liste in Sachen Equal Pay ließe sich beliebig verlängern, aber drei Punkte sind mir besonders wichtig.

Punkt eins: Erst wenn die Jurist*innen der Unternehmensleitung erklären, dass Diskriminierung teurer werden kann als Frauen gleich anständig zu bezahlen, wird sich etwas ändern. Unternehmen interessieren sich üblicherweise weniger für Rollenbilder als vielmehr für Rechtsrisiken. Die dürften nicht, so Ferner, »aus der Portokasse am Ende finanziert werden«.

Punkt zwei: Erst wenn es sich für Mitarbeiterinnen rechnet zu klagen, werden sie diesen Schritt wagen.

Und Punkt drei: Erst wenn die Politik Unternehmen stärker in die Pflicht nimmt, ihre Mitarbeiterinnen gleich zu bezahlen, bewegt sich etwas in unseren Köpfen. Davon nämlich profitieren nicht nur einzelne Frauen, bei denen vielleicht sonst jemand eine individuelle Lohndiskriminierung übersehen hätte. Sondern auch ganze Berufsgruppen, die im selben Unternehmen unterbezahlt sind, weil die Tätigkeit weiblich dominiert und deshalb unterbewertet ist.

Die Politik kann also mehr tun.

Wenn sie denn wollte.

Immerhin scheint die amtierende Frauenministerin, Lisa Paus (Bündnis 90/Die Grünen) das Problem erkannt zu haben: »Richtig ist, wir brauchen klarere Berichtspflichten, und wir brauchen auch klare Prüfpflichten für Arbeitgeberinnen und Arbeitgeber«, erklärt sie im August 2022 im ZDF: »Die derzeitige Gesetzgebung ist da eher ein zahnloser Tiger.«[121]

Warum haben wir solche Pflichten nicht schon längst?

Nicht nur mir hätte das einiges erspart.

Schweigekartell

Drei eng bedruckte Seiten ist der Aufhebungsvertrag lang, den mir das ZDF im Juni 2022 vorlegt.

»Entwurf« prangt in großen hellgrauen Lettern darauf, diagonal von links unten nach rechts oben. Nie wieder soll ich sagen dürfen, ich sei diskriminiert worden: »Insbesondere verpflichtet sich die Redakteurin, ihre Behauptung, sie habe eine niedrigere Vergütung als männliche Redakteure erhalten, weil sie eine Frau sei, wörtlich oder sinngemäß nicht zu wiederholen«, heißt es da etwas umständlich. Widersetze ich mich, soll ich 5000 Euro zahlen. Jede Woche, wohlgemerkt, zumindest bei fortdauernden Verstößen. Schadensersatzansprüche sollen noch obendrauf kommen.

Für das ZDF hingegen sind keine Vertragsstrafen vorgesehen.

Nur unter diesen Bedingungen ist der Sender bereit, mir eine Summe zu zahlen, die mich wenigstens ansatzweise für die jahrelange Unterbezahlung entschädigen würde: 110 000 Euro plus vier

Monate Freistellung bietet das ZDF dafür, dass ich schweige. Verlockend viel Geld, auch wenn männliche Kollegen für denselben Job all die Jahre noch mehr verdienten.

Warum also bietet mir der Sender diese Summe? Schadensersatz für Diskriminierung soll es nicht sein – sondern eine Abfindung dafür, dass ich meinen Job aufgebe. Und ich soll noch mehr hergeben: Nicht allein alle Unterlagen, die auch nur entfernt etwas mit dem Sender zu tun haben könnten, inklusive sämtlicher Kopien. Sondern auch meine Passwörter für EDV-Programme soll ich offenlegen und damit Zugriff auf meine E-Mails gewähren. Ein datenschutzrechtlich zweifelhafter Aufhebungsvertrag mit Maulkorb.

Zehn Paragrafen beinhaltet das Dokument, dessen Inhalt niemand erfahren soll. Die offizielle Sprachregelung lautet: »Dritten gegenüber werden die Parteien ausschließlich mitteilen, dass sie sich unter wechselseitiger Beibehaltung ihrer Rechtsstandpunkte auf eine einvernehmliche Beendigung des Vertragsverhältnisses gegen Zahlung einer in ihrer Höhe nicht mitzuteilenden Abfindung verständigt haben.« Die Gebührenzahler*innen sollen also noch nicht einmal erfahren dürfen, was es sie gekostet hätte, dass ich mich knebeln lasse und endlich Ruhe gebe.

Auf der letzten Seite zwei Zeilen zur Unterschrift.
Rechts eine für mich.
Links eine für den Intendanten des ZDF.

Stigma

Aufhebungsverträge wie dieser sind ein Grund dafür, dass sich rund um Lohndiskriminierung eine Art Schweigekartell gebildet hat. Ein schwarzes Loch, in dem all die Geschichten der Frauen verschwinden, die nicht mehr angehört werden können. Die feministische Dystopie *The Handmaid's Tale* von Margaret Atwood ist offenbar direkt der Wirklichkeit abgelauscht: Die tückische Dynamik, die eine Beschwerde allzu oft auslöst, kann sich ungehindert im Verborgenen entfalten.

»Ich wurde mundtot gemacht. Ich will meine Stimme zurück!«, sagt eine der Frauen, der der US-amerikanische Filmmogul Harvey Weinstein das Reden verbieten wollte: Die Äußerung stammt aus Maria Schraders Verfilmung der Recherchen der *New York Times*, die unter dem Titel *She Said* veröffentlicht wurden. Spätestens mit der *#MeToo*-Debatte sind solche Schweigeverpflichtungen in den USA und in Großbritannien in Misskredit geraten. Denn sie erlauben Täter*innen und ihren Verbündeten, Spuren zu verwischen und weiterzumachen wie bisher: Wenn Missstände nicht an die Öffentlichkeit kommen und strukturelle Defizite verschleiert werden, können sich Mächtige weiter an Mitarbeiterinnen vergehen. Unangetastet bleiben lediglich die frauenfeindlichen Strukturen.

Vergewaltigung und sexuelle Belästigung am Arbeitsplatz sind Übergriffe, die weitaus fürchterlichere Folgen für Frauen haben können als Lohndiskriminierung. Doch in den USA wird die *#MeToo*-Debatte breiter geführt als in Deutschland. Es geht um Sexismus in allen gesellschaftlichen Bereichen, auch am Arbeitsplatz. Und so verbietet Kalifornien, wie einige andere US-Staaten auch, Firmen inzwischen, Schweigeklauseln bei Vergleichen von Diskriminierungsverfahren zu verlangen. In Großbritannien gerieten die BBC und der private Fernsehsender Channel 4 in die Kritik, weil sie versuchen, einige Equal-Pay-Beschwerdeführerinnen auf diese Weise zum Schweigen zu bringen.[122]

Wer reden will, soll reden dürfen.

In Deutschland, Österreich oder der Schweiz müssen sich Frauen selbst helfen.

So wie Miriam Altenberg. Als ihr Gerichtstermin in zweiter Instanz näher rückt und sie Hoffnung schöpft, kurzfristig gegen Abfindung einen Aufhebungsvertrag unterzeichnen zu können, schickt sie mir am Abend vorher eine detaillierte E-Mail. Darin steht, worüber sie bald nicht mehr wird sprechen dürfen. Fair nämlich findet sie den Umgang nicht – aber anders hätte sie nie finanzielle Genugtuung erfahren. »Ich habe meine ganze Karriere lang fast nur mit Männern zusammengearbeitet«, schreibt sie entgeistert, »nie hätte ich mir träumen lassen, dass ich einmal anders behandelt werden würde als sie.«

Wie aber können Frauen sich Gehör verschaffen? »Der Kreislauf von Armut, Diskriminierung und Sexismus ist viel, viel schwieriger zu durchbrechen, als einen Rekord für Grand-Slam-Titel einzufahren«, schreibt die US-amerikanische Top-Tennisspielerin Serena Williams 2017 in einem persönlichen Essay an Schwarze Frauen. Diese verdienten damals rund 30 Prozent weniger als Männer – und rund 17 Prozent weniger als weiße Frauen.[123] Doch wenn sie im Job einfordern, was gerecht, fair und angemessen ist, würden sie oft dafür bestraft. »Wir müssen das Thema in den Fokus der Gespräche rücken, sodass Arbeitgeber in Amerika wirklich verstehen: Alle Mitarbeiterinnen müssen gleich bezahlt werden. Nicht ähnlich. Nicht fast so gut. Gleich«, fordert Serena Williams. »Habt keine Angst. Sagt eure Meinung zu Equal Pay. Jedes Mal, wenn ihr das tut, macht ihr es ein bisschen leichter für die Frauen nach euch.«[124]

Ein Stigma bricht man nicht allein.

Und nicht im Verborgenen.

Mal ehrlich, wer weiß schon, was der Kollege verdient? Offen gibt schließlich kaum jemand zu, dass er oder sie unterschiedliche Gehälter bezahlt. Bestenfalls wissen Frauen, was ein oder zwei Kollegen verdienen. Das ganze Bild aber bleibt ihnen verwehrt. Damit das auch so bleibt, lassen sich Personalabteilungen in den Arbeitsverträgen häufig Stillschweigen über die Honorierung zusichern.

Zum firmenseitig verordneten Schweigen kommen, da sind sie wieder, die alten Rollenzuschreibungen. »Mein Haus, mein Auto, mein Boot« – mit Besitztümern prahlen ziemt sich, wenn überhaupt, nur für Männer. Sie ist meistens »die Frau an seiner Seite«. Und verdienen Frauen mehr als ihre Partner, neigen beide zum Flunkern. Auch Frauen korrigieren in Umfragen ihr Einkommen nach unten. Das Ego des vermeintlich männlichen Ernährers darf nicht angekratzt werden. Das gilt in der Schweiz insbesondere dann, wenn es der Frau gelingt, den Mann mit weniger Arbeitsstunden oder niedrigerem Bildungsgrad finanziell zu übertrumpfen. Zu diesem deprimierenden Ergebnis kommen 2020 das Leibniz-Zentrum für Europäische Wirtschaftsforschung (ZEW) in Mannheim und die Universität Basel.[125] Ähnliches hatten 2018 die Ökonominnen Marta Murray-Close und Misty L. Heggeness von der amerikanischen Volkszählungsbehörde für die USA herausgefunden.[126]

Auf eigene Gefahr

»Nein!«, ruft meine Mutter entsetzt ins Telefon, als ich ihr erzähle, dass ich plane, meinen Arbeitgeber zu verklagen. »Hast du schon einen neuen Job?«, fragt bei der Gelegenheit mein Bruder, der Realist. »Du kannst jederzeit bei uns wohnen, wenn du arbeitslos wirst und deine Miete nicht mehr zahlen kannst«, bietet besorgt eine gute Freundin an. Sie alle werden mich in den folgenden Jahren vorbehaltlos unterstützen. Doch ihre spontanen Reaktionen machen klar, welche Widerstände sie befürchten. Lediglich die Freundinnen, die im angelsächsischen Raum sozialisiert wurden, ermuntern mich nüchtern zur Klage: »Was die machen, ist doch sicherlich verboten!«

Frauen zahlen hierzulande weiterhin einen hohen Preis, wenn sie gegen soziale Normen verstoßen. »Wir werden immer noch als Mädchen dazu erzogen, zu lächeln und freundlich zu sein. Die Rolle, etwas anzuprangern und Widerstand auszuüben, gilt immer noch als unweiblich. Wir haben wahrscheinlich alle schon einmal die Erfahrung gemacht – ich kann das jedenfalls für mich sagen –, in einer Situation total sexistisch und diskriminierend behandelt zu werden und irgendwie noch zu versuchen, ein Lächeln hinzukriegen, anstatt zu sagen: Was macht ihr denn hier? Mit fast 40 Jahren bin ich irgendwie dahin gekommen«, sagt Johanna Wenckebach. Sie verweist auf die Disneyfilme ihrer Jugend, die als Happy End die lang ersehnte Heirat der Prinzessin anbieten – und nicht etwa eine Frau, die kämpft und am Ende zur politischen Leitfigur wird.

Doch nur vordergründig ist es im fortschrittlichen 21. Jahrhundert einfacher geworden. Zwar zeigen Stars wie Kim Kardashian, Beyoncé oder Madonna, dass frau auch heute öffentlich im selbst verdienten Luxus schwelgen darf. Für weniger privilegierte Frauen erhöht das aber auch den Druck. Neue Rollenmodelle, die neben tradierte treten, kreieren ein weiteres Handicap: Wer möchte denn als Heimchen am Herd gelten, wenn es einer Mutter wie Annalena Baerbock möglich ist, Außenministerin zu werden?

So stehen Frauen heute vor einer doppelten Herausforderung: Einerseits droht heftige Gegenwehr, wenn die Vorherrschaft des Mannes infrage gestellt wird. Andererseits ist Opfersein so verdammt uncool. »Ich war es nicht gewohnt, mich als Underdog zu sehen«, stellt die BBC-Journalistin Carrie Gracie nüchtern in ihrer Autobiografie fest.[127] Wer gibt schon gerne zu, eine Leidtragende patriarchaler Strukturen zu sein? Wer schwach wirkt, hat auch verloren.

Immer droht die Scham, versagt zu haben.

Den Strukturen nicht die Stirn geboten zu haben.

Als Hollywood-Star Jennifer Lawrence nach einem Hackerangriff auf die Produktionsfirma Sony erfährt, wie eklatant viel weniger als ihre männlichen Kollegen sie verdient, ist sie, wie sie 2015 schreibt, geradezu überrascht über ihre erste Reaktion: »Ich war nicht auf Sony wütend – sondern auf mich selbst. Ich habe beim Verhandeln versagt, weil ich zu früh aufgab (...) Ich wollte nicht als ›schwierig‹ gelten oder ›verwöhnt‹. Damals erschien mir das wie eine gute Idee. Bis ich die Gehälter im Internet sah und feststellte, dass ganz sicher kein einziger Mann, mit dem ich arbeitete, sich darüber Gedanken machte, ob er ›schwierig‹ oder ›verwöhnt‹ schien. (...) Damit ist jetzt Schluss. Ich versuche jetzt nicht mehr, einen ›charmanten‹ Weg zu finden, meine Meinung zu sagen und dabei noch liebenswert zu erscheinen. *Fuck that!*«[128]

Wer sich für weibliche Minderbezahlung interessiert, erfährt die Geschichten der Frauen überall. An der Hotelrezeption im ländlichen Österreich. Beim Seminar für Führungskräfte im Berliner Speckgürtel. Sie werden unter der Hand weitergereicht, in gedämpftem Tonfall, so wie man sich im Büro – etwas peinlich berührt, aber die Notwendigkeit der Frage vor Augen – nach einem Tampon erkundigt. Schon beim Mittagessen, mit Männern und Vorgesetzten am Tisch, ist das Thema wieder tabu. Bis heute ist es weniger verpönt, in der Kantine seine sexuellen Vorlieben zu diskutieren als sein Gehalt.

Ich unterzeichne das Schweigegebot des ZDF nicht.

Weder kann ich die vielen Jahre, die das Verfahren dauerte und die ich als die würdelosesten meines Lebens empfinde, ungeschehen machen noch meine Erinnerungen daran wegschließen. Und es widerspricht meinem beruflichen Selbstverständnis, mich fürs Schweigen bezahlen zu lassen, ebenso wie dem des Senders: Welchen Eindruck erweckt das Haus, wenn es einer Journalistin, die für ihr Verfassungsrecht eintritt, den Mund verbieten möchte?

Statt den Maulkorb zu akzeptieren, schreibe ich dem Intendanten des ZDF einen Brief. Eine Antwort erhalte ich nicht.

Ich schieße also viel Geld in den Wind und kündige im Juni 2022 ganz regulär. Das Schweigen der Frauen nämlich hat Folgen für alle – auch für die Politik.

Und das nicht erst, seit mein juristisches Drama in Saal 513 begonnen hat.

Eine kurze Geschichte der Lohndiskriminierung

In den vergangenen 150 Jahren hat die Menschheit viel erfunden: die elektrische Glühbirne, Kernspaltung, Mondfahrt, die Pille, das Internet. Bei Equal Pay aber scheint es, als sei der Einfallsreichtum ausgebremst. 1867 schreibt die bedeutende Berliner Frauenrechtlerin Hedwig Dohm: »Anstatt gerecht zu sein, ist man mitunter gütig gegenüber der Frau – mitunter –, wo es sich aber um so reelle Güter wie Geld handelt, zieht man in der Regel die Ungerechtigkeit und einen Abzug am Gehalt vor.« In ihrem Essay *Der Frauen Natur und Recht* kritisiert sie die minderen Verdienste der Telefonistinnen ihrer Zeit: »Die Frauen wollen keine Gnadenbeweise und Privilegien, sie betteln nicht um Wohltaten und Almosen. Sie fordern Gerechtigkeit.«[129]

Schon damals verdienten Frauen weniger als Männer. Und schufteten dabei unter nicht weniger verheerenden Umständen als diese: Als sich beispielsweise 1893 die Schriftstellerin, Journalistin und gelernte Hutmacherin Minna Wettstein-Adelt heimlich in eine Strumpffabrik in Chemnitz einschleust, will sie erfahren, wie es den Arbeiterinnen dort ergeht. Während ihres wenig bekannten und 2020 von der Journalistin Sofie Czilwik im *Freitag* in Erinnerung gebrachten Undercover-Einsatzes zeichnet sich ein schreckliches Bild ab: Kolleginnen erkranken an Bleichsucht und altern schnell. Ihre Gesichtsfarbe sei »schmutzig grau«, ihr Gang »schlaff und müde«, notiert die heimliche Besucherin.[130]

Auch wenn weibliche Arbeit geringer entlohnt wurde – weniger anstrengend war sie nicht. In den Tabakfabriken beispielsweise fertigen die Frauen die Wickel, also die innere Füllung der Zigarren, Männer drehen und sortieren sie. Drehen und Sortieren ist besser bezahlt als das Herstellen der Wickel. »Die Qualifikation musste für beides gleich hoch sein, die Lohndifferenz erklärt sich nur aus dem Geschlechterunterschied«, wie das Digitale Deutsche Frauenarchiv schreibt.[131]

Schon 1901 stellt die Frauenrechtlerin Lily Braun in ihrer Studie *Die Frauenfrage* fest: »Zunächst ist die Frau als selbstständig Erwerbende ein Begriff, der dem traditionellen, von dem durch den Mann zu ernährenden Weibe, vollständig widerspricht. Die Entlohnung ihrer Arbeit gilt daher nur für einen Zuschuss zum Lebensunterhalt, nicht für seine vollständigen Kosten (...).«[132]

Ein effizientes Mittel, um Frauen als Werktätige kleinzuhalten.

Die Folgen sind dramatisch: Witwen, alleinerziehende Mütter oder alleinstehende Frauen – wer sich nicht auf einen Mann verlassen will oder kann, hat im 19. Jahrhundert häufig Schwierigkeiten, über die Runden zu kommen. Über eine Arbeiterin in der Chemnitzer Strumpffabrik schreibt Minna Wettstein-Adelt: »Besonders jene Witwe mit zwei Kindern war äußerst unglücklich. Sie hatte seit vierzehn Tagen nur Graubrot und schwarzen, bitteren Kaffee genossen, der den Namen Kaffee zu Unrecht führte, und nun fehlte ihr selbst dies.«[133]

Wehren können sich Frauen lange nicht.

»Ist schwer des Mannes Bürde schon, misst man uns doppelt zu die Lasten und obendrein um schlechtern Lohn«, heißt es um die Jahrhundertwende in einem Fabrikarbeiterinnenlied. Zwar demonstrieren zum Internationalen Frauentag 1911 Millionen in den USA, Deutschland, Österreich und der Schweiz für Frauenrechte. Auch erobern Frauen im Ersten Weltkrieg traditionelle Männerberufe in der Maschinen-, Hütten- oder Chemieindustrie. Doch kaum ist Frieden geschlossen, endet die »Emanzipation auf Leihbasis«, wie die Historikerin Ute Daniel sie nennt.[134] Der Frauentag wird 1933 verboten, die Nationalsozialisten reduzieren die Frau auf ihre Mutterrolle.

Nach dem Zweiten Weltkrieg kämpft die Sozialdemokratin Elisabeth Selbert – eine von nur vier »Müttern« des Grundgesetzes – erfolgreich mit ihrer Partei für die Gleichberechtigung von Mann und Frau in Westdeutschland. Diese soll auch für den Lohn gelten, macht sie während der Verhandlungen zur Verfassung klar. Endlich soll die Unterbezahlung von Frauen aufhören. Im Januar 1949 führt sie im Hauptausschuss des Parlamentarischen Rates aus: »Der Satz der Gleichberechtigung umfasst dies alles, ebenso wie er auch den Anspruch der berufstätigen Frau auf gleichen Lohn bei gleicher Arbeit umfasst. Ich sage das ausdrücklich noch einmal, damit es in die Motive zur Verfassung hineinkommt und ausdrücklich auch im Protokoll festgehalten wird, sodass zu irgendwelchen Zweifeln infolgedessen gar kein Anlass mehr besteht. Wir wollen also das auch darunter verstanden haben.«[135]

Das sind klare Worte.

Entsprechend stellt der Vorsitzende des Hauptausschusses als allgemeine Auffassung fest, »dass der Satz von der Gleichberechtigung für Mann und Frau beinhaltet, dass Mann und Frau bei gleicher Arbeit gleichen Lohn bekommen (Zustimmung). Es ist keine Stimme dagegen.«

Auch das sind klare Worte.

Und trotzdem bleibt die »gemeine und schmachvolle Ungerechtigkeit«, wie bereits Frauenrechtlerin Dohm die Minderbezahlung von Frauen nannte, auch in der Bundesrepublik weiter bestehen.

Erhellung in der Dunkelkammer

Die Legende der Arbeiterinnen, die, unterstützt von Politgrößen wie Willy Brandt, Herbert Wehner und Annemarie Renger, als die Heinze-Frauen in die Geschichte der Bundesrepublik eingehen werden, beginnt 1978 mit einem unerwarteten Fund: In der Dunkelkammer findet eine der Arbeiterinnen einen Lohnstreifen. »Ich weiß nicht, wieso der Kollege dazu kam, auf alle Fälle hat er seinen Lohnstreifen an seinem Arbeitsplatz so hingelegt, dass man sah, was er für Geld hatte. Da geht keiner dran vorbei und guckt nicht drauf«, erinnert sich Erika, damals 20 Jahre alt und seit zwei Jahren im Betrieb. »Die erste hatte geguckt, und dann ging es los: »Haben Sie das gesehen? Was der für Geld hat?«[136]

Das dunkle Geheimnis der Gelsenkirchener Foto-Werke Heinze lautet: Die Laboranten erhalten hohe Zulagen – im Schnitt 1,50 Mark pro Stunde, die Laborantinnen nur zwischen 0,12 und 1,04 Mark. Obendrein verdienen die Männer Nachtzulagen. »So nicht«, hätten sich die Frauen gesagt und seien zum Betriebsrat gegangen, wie die Zeitzeugin Marianne Kaiser im Lesesaal des Instituts für Stadtgeschichte in Gelsenkirchen erzählt. Sie hat über die Jahrzehnte alles gesammelt, was es zu den Heinze-Frauen gibt – und kürzlich der Stadt Gelsenkirchen gespendet, damit die Dokumentation dieses Prozesses erhalten bleibt.

Ein Foto aus ihrem Archiv zeigt offensichtlich gut gelaunte Frauen mit modischen Kurzhaarfrisuren und damals üblichen überdimensionierten Hornbrillengestellen. Gekleidet in gepunktete Blusen oder Ringelpulli zum Rock, sitzen sie um einen langen Biertisch mit schweren Aschenbechern aus Glas – dazwischen zwei unfrisierte Männer mit Vollbart beziehungsweise Schnauzer in Jeans. »In einer Gaststätte trafen sich die Heinze-Frauen mit einem DGB-Rechtssekretär, um die Vorbereitung der Klage zu besprechen«, lautet die Bildunterschrift. Auf solch inoffiziellen Runden hätten sich die Frauen organisiert, berichtet Kaiser. 29 von ihnen beschließen, gemeinsam zu klagen.

Sie treffen damit einen Nerv. Die Schar der Heinze-Frauen-Fans wächst rasant. Zur ersten Instanz in Gelsenkirchen begleiten sie 200 Menschen, erinnert sich Kaiser und notiert dazu nüchtern in ihrer Chronik: »Berichterstattung in örtlicher und überörtlicher Presse. Fernsehinterviews einiger Ehemänner.« Der *Spiegel* kommentiert, man habe gefeiert wie nach einem »Auswärtserfolg von Schalke 04«.[137]

Als sich die Firma gegen den Sieg ihrer Mitarbeiterinnen wehrt und in die zweite Instanz geht, ruft die Gewerkschaft IG Druck und Papier überbetrieblich per Flugblatt zur Solidarität auf. Vier Busse fahren zum Landesarbeitsgericht nach Hamm. Mit dabei ist auch die afrodeutsche Liedermacherin und Friedensaktivistin Fasia Jansen, die schon vor etlichen Werkstoren Streikende singend motivierte und einige Jahre zuvor mit der US-amerikanischen Bürgerrechtlerin Joan Baez auf den Ostermärschen aufgetreten war. Ihr Song für die Heinze-Frauen lautet: »Keiner schiebt uns weg!« Er wird zur Hymne der Klägerinnen für gleichen Lohn:

Wir werden doch gewinnen
Keiner schiebt uns fort
Mann und Frau zusammen
Keiner schiebt uns fort[138]

Dass die Heinze-Frauen in Hamm verlieren, tut in der öffentlichen Wahrnehmung kaum noch etwas zur Sache. Inzwischen rollt die Maschine: Ihr von Kaiser herausgegebenes Buch *Wir wollen gleiche Löhne!* erscheint bei einem renommierten Verlag. Die Zeitschrift *Brigitte* erklärt die Klägerin zu den Frauen des Jahres 1979. Die Ruhrfestspiele führen ein Jahr später das Lustspiel *Frauen sind keine Heinzelmänner* auf. Rund 40 000 Menschen unterzeichnen eine Unterschriftenliste.

»Mütter. Väter. Töchter. Söhne. Kämpfen für die gleichen Löhne« lautet ihr Slogan bei einer Solidaritätsveranstaltung drei Tage vor der Verhandlung am Bundesarbeitsgericht. In der Kasseler Eissporthalle jubeln ihnen dichtgedrängt rund 6000 Menschen zu. Von der Publikumsempore verkünden handgeschriebene Plakate gereimte Parolen: »Für gleichen Lohn geht unser Kampf, nicht nur der Heinze, der kriegt Dampf.« Oder: »Es ist der reinste Hohn, immer noch kein gleicher Lohn.« Und: »Seit 100 Jahren schon geht unser Kampf um gleichen Lohn.«

Was alle besonders erbost: Ursprünglich sind bei Heinze in der Filmentwicklung ausschließlich Frauen tätig. Doch als eine dritte Arbeitsschicht eingeführt wird, braucht der Betrieb Männer, denn nur die dürfen damals nachts arbeiten. Für den Stundenlohn der Frauen – sechs Mark – hätten diese aber ihren Dienst gar nicht angetreten, wird die Firmenanwältin vor dem Bundesarbeitsgericht erklären. Sie hält das ernsthaft für eine gute Begründung, um Mitarbeiterinnen diskriminieren zu dürfen. Die Frauen sind davon weniger begeistert: »Wir haben die angelernt und die haben genau dasselbe gemacht, nur nachts«, empören sie sich, wie sich Kaiser erinnert.

Schließlich urteilt das Bundesarbeitsgericht am 9. September 1981 in der Sache »Beate Berger u.a. gegen Heinze-Fotolabor Betriebe«: Höhere übertarifliche Zulagen für Männer verstoßen gegen das Grundgesetz.

Der Jubel vor den Toren des Bundesarbeitsgerichts ist groß. Alle sind gekommen, auch Fasia Jansen mit Gitarre und der schnurrbärtige Betriebsrat Bodo Murach. Man trinkt Sekt aus Plastikbechern. Ein Foto aus dem Fundus von Kaiser wirkt besonders berührend: Eine Arbeiterin im ärmellosen Etuikleid reißt ihren rechten nackten Arm jubelnd gen Himmel, dabei umklammert ihre Hand die Handtasche wie die amerikanische Freiheitsstatue die Fackel, ihr Mantel baumelt über ihrem linken Ellbogen. Insgesamt stehen den Klägerinnen rund 100 000 Mark zu.

Doch kurz darauf muss die Firma Heinze, auch ohne Rückforderungen ihrer Mitarbeiterinnen völlig überschuldet, Konkurs anmelden. Die Frauen bleiben auf einem erheblichen Teil ihrer Forderungen sitzen. Ihnen bleibt der Verdienst, das Bewusstsein für Equal Pay bundesweit geschärft und ein Präzedenzurteil erreicht zu haben.

Trauriges Fazit

Solidarität unter Frauen gehört damals zum guten Ton. Als gleich eine ganze Abteilung Kabelspulerinnen die Firma Thyssen-Draht wegen schlechterer Eingruppierung verklagt, drängeln sich 1980 bei der Gerichtsverhandlung in Wetzlar Besucherinnen aus Harburg, Gießen, Marburg und Kassel zwischen Transparenten: »Eine berufstätige Frau muss aussehen wie ein junges Mädchen, auftreten wie eine Dame, denken wie ein Mann und arbeiten wie ein Pferd.« Nachdem die 25 Klägerinnen obsiegen und das Gericht ihnen eine Nachzahlung von 900 Mark zuspricht, stimmen sie frohgemut »So ein Tag so wunderschön wie heute« an.[139]

Auch das Bundesarbeitsgericht ist gut besucht, als es 1982 über die schlechtere Vergütung der Packerinnen von Schickedanz befindet. Nicht weniger aufmerksam verfolgt die Öffentlichkeit das Schicksal der »Adler-Frauen« in Frankfurt und der »Honig-Frauen« in Bargteheide. Langnese, Horten und Karstadt wehren sich ebenfalls gegen Equal-Pay-Klägerinnen. Schon damals ist die deutsche Lohnlücke bei Industriearbeitnehmerinnen mit 25 Prozent überdurchschnittlich hoch – in Schweden, Dänemark oder Frankreich beträgt sie nur ungefähr die Hälfte.[140] Auch wenn die Klägerinnen damals Anfeindungen ausgesetzt sind – sich gegen ungleiche Bezahlung notfalls auch vor Gericht zu wehren, gilt in gewerkschaftsnahen Kreisen als gesellschaftsfähig.

Nur die Unternehmen beeindruckt die öffentliche Empörung wenig. Schon früh lernen sie, wie sie Frauen weiterhin übervorteilen können. Als Abschlagsklauseln, die für Frauen pauschal weniger Lohn vorsehen, 1955 für unzulässig erklärt werden – erstritten hatte das die Hilfsarbeiterin einer Stuhlfabrik –, stecken sie Frauen in sogenannte »Leichtlohngruppen«.[141] Nachdem auch diese unter Beschuss geraten, erfinden die Firmen »ein undurchsichtiges System aus Zulagen, Nebenleistungen und Arbeitsbewertungen«, wie der *Spiegel* 1981 feststellt.[142]

Erfolge wie die der Heinze-Frauen machen Vergütungssysteme letztlich offenbar nur komplizierter – und damit schwerer zu durchschauen, auch für Betriebsräte.

Je erfolgreicher die Klägerinnen, desto raffinierter diskriminieren die Arbeitgeber. Ein trauriges Fazit, an dem sich leider bis heute nichts geändert hat.

Marathon durch die Instanzen

Der lang ersehnte zweite Akt des Stücks *Meier für Equal Pay* findet 2018 an einem kühlen Dezembermorgen in dem ganz großen Saal statt, dem für die öffentlichkeitswirksamen Verfahren. Um zehn Uhr will das Landesarbeitsgericht Berlin-Brandenburg »wegen einer behaupteten geschlechtsbezogenen Ungleichbehandlung bei der Vergütung« befinden. Rund 50 Interessierte haben im Halbkreis vor der 16. Kammer Platz genommen, meine Freund*innen, einige Kolleg*innen, Presse und Vertreterinnen der Frauenverbände.

Nach dem Debakel im ersten Akt unterstützt mich mittlerweile die bereits genannte Gesellschaft für Freiheitsrechte (GFF), weshalb in dieser Runde meines inzwischen fast vier Jahre andauernden Hürdenlaufs nun auch Jura-Professorin und GFF-Vorstandsmitglied Nora Markard im Publikum sitzt und protokolliert. Die GFF hält mein Verfahren für sehr gut geeignet, um auf das grundsätzliche Problem mit dem Grundrecht auf gleiche Bezahlung in Deutschland aufmerksam zu machen. Fortan berät sie bei der Prozessführung, trägt das Thema in die Fachöffentlichkeit und spricht auf Podiumsveranstaltungen dazu.

Auf der Empore gegenüber hat die Vorsitzende Richterin Birgitt Pechstein ihre umfangreichen Akten demonstrativ zu einem kleinen Papiergebirge drapiert. Eingangs schwenkt sie nachdrücklich ein Dokument, das sie extra auf DIN-A3-Format hat hochkopieren lassen und trotzdem nicht lesen kann, wie sie moniert. Es ist inhaltlich aber auch völlig irrelevant. Danach führt sie, im Tonfall angenehm sachlich, durch die Verhandlung.

Nur in der Sache wirkt sie so wenig aufgeschlossen wie vor ihr Richter Ernst. Die *Süddeutsche Zeitung* schreibt verwundert mit, was Chris Ambrosi aus meinem Anwält*innenteam vorträgt: Dass gleich zwölf Männer mehr verdienen als ich? Tut nichts zur Sache. Dass ich drei Jahre auf eine Gehaltserhöhung von 250 Euro warten muss, während ein Kollege, der nur ein halbes Jahr vor mir im Betrieb anfängt, 700 Euro mehr verdient?[143] Hat gar nichts zu bedeuten. Dass ein Chef durch frauenfeindliche Äußerungen auffällt und einen Konferenzraum, in dem nur Frauen sitzen, mit den Worten verlässt »Ist ja keiner da«?[144] Reicht nicht.

»Kann man aus Sachen, die nicht in Ordnung sind, folgern, es gibt eine Benachteiligungskultur?«, will Richterin Pechstein wissen. »Da ist die Frage, wie stellt man die fest?«[145]

So geht es stundenlang. Egal was meine Anwält*innen fachkundig vortragen – die Richterin lässt es nicht gelten. Spätestens beim Verfassen des Urteils wird ihr offenbar selbst auffallen, dass hier etwas nicht ganz stimmen kann. Jedenfalls dichtet sie – ob versehentlich oder um das Gehaltsgefüge plausibler erscheinen zu lassen – einem männlichen Kollegen, der nach mir beim ZDF beginnt, zehn Jahre mehr Betriebszugehörigkeit an.[146]

In der Presse hätte man für einen solchen Fauxpas eine Gegendarstellung erwirkt. Schon der erste Richter, Michael Ernst, hatte für einen Juristen erstaunlich fantasievoll, jedenfalls irrtümlich, einem männlichen Kollegen mit fast identischer Betriebszugehörigkeit einen vermeintlich wertsteigernden Studienabschluss in Journalismus bescheinigt, was er auf Antrag im Urteil zu korrigieren hat.[147] Auch Richterin Pechstein muss ihren Patzer berichtigen.[148]

Doch da ist es längst zu spät.

Der Fortgang meines juristischen Dramas macht endgültig klar, dass beim Hürdenlauf zu Equal Pay die Latten schlicht zu hoch gehängt sind.

Das Verfahren ist inzwischen das bundesweit erste nach dem neuen Entgelttransparenzgesetz. Das war im Juli 2017 mit großem Getöse in Kraft getreten, um den Gender Pay Gap endlich zu schließen: Frauen dürfen das mittlere Gehalt vergleichbarer Kollegen erfahren. Hürde Nummer eins, die Lohntransparenz, schien genommen. Nur: Laut Gesetzestext sind die dafür Berechtigten etwa Arbeitnehmende, Verbeamtete oder in Heimarbeit Beschäftigte – nicht aber Fest-Freie wie ich. Die sind aus dem Gesetzesentwurf wieder herausgeflogen.[149]

Krachend reiße ich die Latte zu Boden.

Schon im ersten Praxistest fällt das neue Gesetz kläglich durch.

»Danke an den Gesetzgeber – für nichts«, kommentiert die Reporterin der DuMont-Gruppe, als die 16. Kammer des Landesarbeitsgerichts Anfang 2019 meine Klage abweist.[150] Ich möchte hinzufügen: »Danke an das Gericht – für nichts.« Statt vom ZDF eine plausible Begründung zu verlangen, warum so viele Männer mehr verdienen als ich, dreht es den Spieß um. Jetzt sehe ich Hürde Nummer zwei auf mich zukommen: Ich soll belegen, dass ich weniger verdiene, weil ich eine Frau bin. Daran ist bis dato noch fast jede Frau gescheitert.

Damit das auch so bleibt, lässt das Gericht die Revision nur partiell zu.

Lediglich bei der Frage, ob ich nach dem Entgelttransparenzgesetz erfahren darf, was meine Kollegen verdienen, darf ich die nächste Instanz anrufen – nicht aber überprüfen lassen, ob ich auch gleich verdienen muss. Das widerspricht zwar jeglicher Logik, denn ich will mir die Auskunft ja nicht aufs Kopfkissen sticken, sondern brauche sie, um gleich bezahlt zu werden. Aber indem Richterin Pechstein diesem Wunsch die Revision verwehrt, beerdigt sie ihn auf Jahre. Ihre Entscheidung lässt sich nämlich nur mit einer sogenannten Nichtzulassungsbeschwerde angreifen. Diese wiederum muss besonders strenge formale Kriterien erfüllen, was nur kümmerlichen zwei Prozent der Beschwerden gelingt. Meine gehört leider nicht dazu. Nach Birgitt Pechstein wird sich in diesem Verfahren kein Richter und auch keine Richterin mehr inhaltlich mit der Frage befassen, ob ich diskriminiert wurde.

Ab jetzt geht es nur noch um Formalien.

Das Fiasko hatte sich schon während der Verhandlung abgezeichnet. »Wenn ein so gut dokumentierter Fall wie dieser vor deutschen Gerichten scheitert, ist das ein Skandal und eine Zumutung für jede*n Kläger*in«, wird Nora Markard aus dem GFF-Vorstand später kommentieren.

Mit der Urteilsverkündung setzt das größte deutsche Landesarbeitsgericht nicht nur mir ein klares Zeichen: Offene Rechtsfragen einer Equal-Pay-Klage haben offenbar keine grundsätzliche Bedeutung. Nur dann nämlich darf eine Revision versagt werden. »Herber Rückschlag für Frauen im Kampf für gleiche Bezahlung«, kommentiert der Journalistinnenbund.

Ich bin raus aus dem Spiel.

Vorläufig jedenfalls.

Wichtige Grundsatzurteile

Knapp eineinhalb Jahre später schlägt Regine Winter den Gong zum unerwarteten dritten Akt.

Winter, einst an den Europäischen Gerichtshof abgeordnet, gilt als Kennerin des europäischen Antidiskriminierungsrechts. Persönlich bin ich ihr nie begegnet, allerdings ist sie mir durch ihre Schriften vertraut. »Prinzip ohne Praxis« nennt sie das Equal-Pay-Gebot in Deutschland.[151]

Winter bringt mir den eingangs erwähnten ersten Teilerfolg ein, indem sie und die anderen Richter*innen des Achten Senats des Bundesarbeitsgerichts im Juni 2020 entscheiden, dass das Entgelttransparenzgesetz auch für arbeitnehmerähnliche Beschäftigte wie mich gilt.[152]

So will es das Europarecht.

Ich bin wieder im Spiel.

Obwohl ich doch noch an Hürde Nummer eins, der Transparenz, vorbeiziehe, mauert das ZDF weiter. Das Landesarbeitsgericht Berlin-Brandenburg solle noch prüfen, ob es die für die Auskunft erforderlichen sechs männlichen Vergleichskollegen überhaupt gebe, schlägt der Sender vor. Erst als ich diese selbst recherchiere, geben die Mainzer 2021 klein bei und teilen mir endlich mit: Im Mittel verdienten vergleichbare Männer im Jahr 2017 monatlich rund 800 Euro mehr. Diese stattliche Lücke wächst in den Folgejahren zunächst auf rund 1200 Euro, dann auf gut 1500 Euro an, so meine Berechnungen, die einbeziehen, dass ich schlechter in den Tarifvertrag eingestuft wurde.[153] Obendrein gibt es für Männer Leistungszulagen, was der Personalchef anfangs zu verschleiern versucht. Erst als ich energisch nachfrage, rückt er die Information heraus.[154]

Die Zahlen bestätigen: Es geht um sehr viel Geld.

Nur: Wegen des Pechstein-Urteils kann ich es vom ZDF jetzt nicht einfordern.

Aber da kommt Gabriele Gamroth-Günther ins Spiel.

Und hilft meinem zweiten Teilerfolg auf die Beine.

Zwar steigt sie nach mir in den Rundlauf ein, argumentiert juristisch aber ähnlich wie ich. Dabei überwindet sie gleich zwei weitere Hürden. 2021 erwirkt sie – ebenfalls vor dem Achten Senat des Bundesarbeitsgerichts – ihr sensationelles Urteil zur – Hürde zwei – Beweislastumkehr.[155] Besser noch: Ist das mittlere Männergehalt höher, ohne dass die Firma das begründen kann, entsteht ein Zahlungsanspruch. Das hatte der Gesetzgeber gar nicht so klar ins Gesetz geschrieben. Dabei senken die Richter*innen die Latten von Hürde Nummer drei drastisch ab: Die Rechtfertigung der Unternehmen muss nun strenge Kriterien erfüllen. Sonst wird die Differenz fällig.

Mit diesem Grundsatzurteil ist klar: Die Entscheidung des Landesarbeitsgerichts Berlin-Brandenburg in meiner Sache ist rechtlich falsch. Formal jedoch bleibt sie rechtskräftig, weshalb mir rückwirkend erst einmal kein Gehalt zusteht. Aufheben könnte das nur das Bundesverfassungsgericht.

Der vierte Akt beginnt also in Karlsruhe.

Und endet damit, dass ich im Juli 2022 in die Verlängerung geschickt werde: Eine inhaltliche Entscheidung fällt man nicht.[156] Zuständig sei Karlsruhe nämlich nur, wenn niemand anders die Sache richten könnte. Weil ich mir aber inzwischen bei Hürde eins den Median einklagte und Gabriele Gamroth-Günther bei Hürde zwei die Beweislastumkehr und Hürde drei den Zahlungsanspruch, schicken mich Deutschlands oberste Richter*innen nach sieben Jahren Rechtsstreit wieder zurück auf Los, nicht ohne meine möglichen Gewinnchancen zu unterstreichen.

Ein »halber Sieg«, schreibt korrekterweise die *Süddeutsche Zeitung*.[157] Doch davon kann ich mir immer noch nichts kaufen. Um den ganzen Sieg einzustreichen, muss ich mein Verfahren, als wäre es der Stein des Sisyphos, womöglich noch mal sämtliche Instanzen hinaufbefördern. »Was für ein Ritt für die Klägerin«, kommentiert Micha Klapp vom Bundesvorstand des Deutschen Gewerkschaftsbundes auf Twitter.

Verfahrene Verfahren

Wenn Sie jetzt womöglich doch noch denken, ich hätte einfach Pech gehabt, muss ich Sie leider enttäuschen. Zwar wertet kein einziges Gericht die Verfahren zu Lohndiskriminierung systematisch aus oder erhebt auch nur eine Statistik, ergibt eine Anfrage bei fünf Arbeits-, drei Landesarbeitsgerichten, dem Bundesarbeits- und dem Bundesverfassungsgericht.[158] Vereinzelt heißt es, solche seien sehr selten. Und das Arbeitsgericht Hannover teilt mit: »Verfahren mit Streitgegenständen aus dem Bereich Equal Pay« wurden gar nicht geführt.[159]

Die wenigen bekannten Verfahren aber legen nahe, dass diese besonders beschwerlich verlaufen können. Da ist zum einen die Verfahrensdauer: Miriam Altenberg verbringt rund anderthalb Jahre in jeder Instanz. Astrid Siemes-Knoblich rechnet mit zwei Jahren Wartezeit bis zu ihrer Verhandlung vor dem Verwaltungsgericht Freiburg. Susanne Dumas ist zwar nach zügigen sieben Monaten durch die erste Instanz in Dresden, braucht dann aber – während der Pandemie – weitere zwei Jahre für die zweite. »So häufig, wie sie die Termine schieben – damit spielen die Gerichte den Arbeitgebern in die Hände«, meint Dumas. »Das ist eine Misere.«

Auch ich bin längst unfreiwillige Weltmeisterin im Warten.

Vor allem auf Antrag des ZDF verschieben Gerichte Termine wie Fristen immer wieder, mal wegen »urlaubsbedingter Abwesenheit«, dann wegen »zahlreicher auswärtiger Gerichtstermine oder »starker Belastung mit dringenden termingebundenen Arbeiten und notariellen Amtsgeschäften«.[160] Ruck, zuck verbringe ich jeweils rund zwei lange Jahre in den beiden unteren Instanzen. Das ist ein Vielfaches der Zeit, die andere Kläger*innen erwartet, selbst wenn sich die Akten in der Zwischenzeit überdurchschnittlich füllen und wir zudem ein erfolgloses Güterichterverfahren durchführen (ein freiwilliges Verfahren, um eine einvernehmliche Lösung zu finden): Im Schnitt dauerte ein Verfahren am Berliner Arbeitsgericht damals – vor Corona – gerade einmal dreieinhalb und am Landesarbeitsgericht fünf Monate.[161]

Auch in Karlsruhe kann sich solch ein Verfahren über Gebühr in die Länge ziehen. Eine Equal-Pay-Klägerin wartet mehr als fünf Jahre – und hat sich in der Zwischenzeit außergerichtlich geeinigt, als sich die obersten Richter*innen endlich der Sache annehmen.[162] Das Bundesverfassungsgericht gibt einer Verspätungsbeschwerde statt.

Das lange Warten zermürbt Klägerinnen zusätzlich, findet

etwa Edeltraud Walla: »Ich bin jeden Tag zum Briefkasten gegangen und habe gedacht: Jetzt muss doch mal etwas kommen. Es kam aber nichts und wieder nichts. Das war die schlimmste Zeit.« Dabei brauchen Frauen, die sich diskriminiert fühlen, nicht nur lange, um sich durch die Instanzen zu kämpfen. Sie müssen auch damit rechnen, diese gleich doppelt anrufen zu müssen. Wenn beispielsweise das ZDF und ich uns nicht außergerichtlich einig werden, werde ich wohl ein zweites Mal bis vor das Bundesarbeitsgericht, womöglich gar bis vor das Bundesverfassungsgericht, ziehen müssen.

Barbara Steinhagen, die zwar nicht wegen Lohn-, sondern wegen Beförderungsdiskriminierung klagte, hat die Tortur des mehrfachen Gerichtslaufs schon hinter sich. Die ehemalige Managerin des Musikunternehmens Sony Music Entertainment bekam 2005 zu hören, sie habe sich für das Kind und gegen die Karriere entschieden. Bei einer zuvor versprochenen Beförderung wird sie übergangen. Sie war damals schwanger. »Sie solle sich doch auf ihr Kind freuen«, habe es zur Begründung geheißen.[163] Eigentlich ein klarer Fall, sollte man denken. So sieht es auch die erste Instanz, doch in der zweiten verliert sie. Das Urteil kassieren die Bundesarbeitsrichter*innen und verweisen die Klägerin zurück ans Landesarbeitsgericht.

Dort trifft Barbara Steinhagen auf eine schmollende Justiz. »Ich habe Ihnen doch letztes Jahr schon mal meine Ansicht mitgeteilt«, habe ihr der zuständige Richter erklärt, erzählt sie.[164] Und weiter: »Ich werde sicherlich nicht mein eigenes Urteil verwerfen.« Er weist ihr Anliegen erneut ab. Also muss sie noch einmal vors Bundesarbeitsgericht. »Was machen Sie denn schon wieder hier?«, habe man sie dort verwundert gefragt und festgestellt: »Das geht ja überhaupt nicht.« Sie verweisen sie noch einmal zurück ans Landesarbeitsgericht, dieses Mal aber an eine andere Kammer. Dort gewinnt sie schließlich.

»Todeshieb« für die Karriere

Bis fünf Jahre nach dem letzten Urteil sei die Klage »der absolute Todeshieb« für ihre Karriere gewesen, erzählt Steinhagen. »Auch wenn ich schon mündliche Zusagen hatte, hat man mir am nächsten Tag nur noch Zweizeiler geschickt. Da habe ich genau gewusst: Aha, die haben am Abend noch mal ins Internet geschaut. Zack, damit war die Steinhagen wieder raus.« Immerhin sei sie heute, zwölf Jahre später, beruflich sehr erfolgreich mit einer eigenen Firma. »Es ging mir nie besser.«

Dennoch: »Das hat mir eine Karriere in einer Branche und damit einen Job zerstört, den ich vorher 15 Jahre wirklich sehr geliebt habe und den ich eigentlich auch gerne weitergemacht hätte.« Mit zügigen – und vor allem richtigen – Urteilen der unteren Instanzen wäre Barbara Steinhagen viel erspart worden.

Stattdessen: Fast schon absichtsvoll künstlich in die Länge gezogene Verfahren. Unzutreffende Tatsachenbasis. Urteile, die aus Sicht der Klägerinnen klare Fehlurteile sind.

»Der Weg zu Equal Pay ist viel zu steinig«, schreibt die Juristin Wenckebach im internationalen Diskussionsforum *Verfassungsblog*.[165] Fast scheint es, als erschwerten untere Arbeitsgerichte mutwillig die ohnehin schon belastenden Diskriminierungsverfahren zusätzlich. »Wie heißt es immer so schön: Wenn man will, findet man Wege. Wenn man nicht will, findet man Gründe«, meint Klägerin Edeltraud Walla.

Schlagen sich die Gerichte auf die Seite der Wirtschaft, anstatt Frauen energisch zu ihrem Recht zu verhelfen? Der Bund der Richterinnen und Richter der Arbeitsgerichtsbarkeit tritt dem Vorwurf »entschieden« entgegen – und weist darauf hin, dass »lediglich für Bestandsschutzklagen eine besondere Prozessförderung vorgesehen ist«.[166] Übersetzt heißt das: Gekündigte werden bevorzugt behandelt, weil ihr Job in Gefahr ist. Dagegen ist überhaupt nichts einzuwenden.

Aber warum können lohndiskriminierte Frauen nicht denselben Schutz seitens des Gesetzgebers erwarten?

Warum ist die Politik hier so nachlässig?

Und nicht nur hier?

Schon seit 1976 hätte die Bundesrepublik die frauenfreundliche Richtschnur aus Europa umsetzen müssen, rügen die obersten Arbeitsrichter*innen 2020 in meinem Urteil: Dieser umfassenden Pflicht aber sei Deutschland »nicht einmal ansatzweise« nachgekommen.[167]

Mit diesem Versäumnis erhöht der Staat das Prozessrisiko seiner Bürgerinnen: »Wenn eine Frau ihre Vergütung nicht koscher findet und zur Anwältin geht oder zum Betriebsrat oder zu ihrer Gewerkschaft und fragt: Hey, was kann ich denn tun?, dann wird die Rechtsliteratur gewälzt, um zu schauen, ob und wie der Betroffenen geholfen werden kann. Natürlich gibt es die einen, die sagen, nein, das Europarecht sei schon wunderbar umgesetzt. Die anderen sagen: Wenn es europarechtskonform sein soll, muss man es so auslegen. Aber das steht eben nicht explizit im Gesetz«, erklärt Wenckebach. »Ich finde immer, Recht muss eigentlich so sein, dass man reinguckt und sowohl der Arbeitgeber als auch die Arbeitnehmerinnen wissen: Das ist meine Pflicht und das ist mein Recht. Das finde ich bei diesem Gesetz wirklich sehr wenig erfüllt.« Bislang schien das aber niemanden weiter zu stören.

Der Ausgang meines fünften Akts, der wieder am Berliner Arbeitsgericht spielen wird, bleibt ungewiss.

Kleiner Trost: Richter Ernst ist nicht mehr für mich zuständig.

Das Frauenveräppelungsgesetz

Wer ein Lehrstück lesen will, was beim Gesetzgeber alles schieflaufen kann, ist beim Thema Lohndiskriminierung genau richtig. Lohntransparenz gilt als ein Herzensprojekt der damaligen Frauenministerin Manuela Schwesig: »Wie soll ich als Frau gut verhandeln, wenn ich nicht weiß, was rechts und links von mir bezahlt wird?«, fragt sie 2016. »Die Arbeitgeber sollen sich nicht weiter auf diese Blackbox verlassen können.«[168]
Doch die lassen sich die Firmen nicht so einfach nehmen.

Elke Hannack, die Stellvertretende Vorsitzende des Deutschen Gewerkschaftsbundes, führte damals die Verhandlungen mit der Bundesvereinigung der Deutschen Arbeitgeberverbände (BDA). Dessen Hauptgeschäftsführer, Steffen Kampeter, sei Satz für Satz über das Gesetz gegangen und habe ganze Passagen gestrichen: »Er wollte überhaupt keine Transparenz über Entgelte im Betrieb. Das war ein absolutes Tabu.«[169]

Drei Monate lang hätten sich die beiden regelmäßig im Familienministerium getroffen, um eine gemeinsame, sozialpartnerschaftliche Lösung zu finden, erzählt Hannack. Danach hätten sie die Verhandlungen abgebrochen. Menschen, die es wissen müssen, aber nicht namentlich zitiert werden möchten, berichten, fortan sei die Ministerin intensiv lobbyiert worden – von beiden Seiten. Dazu äußert sich der BDA auf meine Nachfrage nicht konkret, sondern schickt eine alte Stellungnahme aus dem Jahr 2017. Die macht unverblümt klar: Der BDA halte das Gesetz für »insgesamt verzichtbar«.[170]

Die Ministerin sei »aufs Mieseste« behandelt worden, heißt es. Doch sie habe das Gesetz, selbst wenn es sie inhaltlich »einen Dreck« interessiert habe, um jeden Preis gewollt.

Und die Frauen?

Im jüngst zurückliegenden Jahrzehnt kommen ihre Erfahrungen in der öffentlichen Debatte kaum vor. Sie haben entweder besagte Stillschweigevereinbarungen unterzeichnet oder fürchten negative Folgen, wenn sie sich zu Wort melden.

Über 100 Birkenstock-Mitarbeiterinnen gingen seit 2013 gegen den Lieblingshersteller links-alternativ angehauchten Schuhwerks vor. Sie verdienten jede Stunde gut einen Euro weniger als ihre Kollegen. In den Jahren 2010 bis 2012 waren das 8,72 Euro statt 9,86 Euro. Einst hatten die Männer körperlich anstrengendere Tätigkeiten erledigt. Doch auch nach dem technischen Fortschritt blieb die Lohnlücke. Als das ein Manager auf einer Betriebsversammlung auch noch offen zugab, platzte der ersten Frau der Kragen. Zu Recht, befanden die Gerichte und sprachen ihr rückwirkend das Gehalt der Männer zu. Obendrein gab's 6000 Euro Schmerzensgeld, um sie für die Zumutung zu entschädigen. Das wiederum fanden dann auch ihre Kolleginnen attraktiv und zogen nach.[171] Heute heißt es im für Mitarbeitende verbindlichen »Code of Conduct« der Birkenstock Group: »Diskriminierung bei Anstellung und Beschäftigung ist verboten.«[172]

Damals hätte die Ministerin die Siege der Birkenstock-Frauen vor Gericht ins Feld führen können. In die Fernsehkameras aber sprechen die Frauen nicht. Warum? Bitten um ein Gespräch, die ich an den Anwalt des Unternehmens richte, bleiben leider unerhört.

Ich selbst bleibe ein spärliches Zitat in einigen Bundestagsdrucksachen.

Zu groß ist offenkundig der Druck von Seiten des ZDF. Und sein Tarifsystem offenbar zu kompliziert, als dass meine Geschichte für einen politischen Feldzug geeignet scheint. Viele sitzen dem Irrtum auf, die männlichen Kollegen verdienten allesamt besser, weil sie, anders als ich, fest angestellt seien. Dabei vergleiche ich mich von Anfang an auch mit Männern in meinem Tarifvertrag. Doch das Berliner Arbeitsgericht ändert eine in diesem Punkt missverständliche Pressemitteilung erst nach einigen Tagen, und der erste Eindruck lässt sich kaum mehr korrigieren.[173]

Und Schreinermeisterin Edeltraud Walla? Sie spricht mit der Presse, fordert Frauen auf, es ihr gleichzutun. Eine Wucht aber, wie sie einst der Prozess der Heinze-Frauen entfaltete, kann sie nicht entzünden. Und bei ihr gemeldet habe sich auch kaum jemand aus der Politik, erzählt sie. »Es wurde in keinster Weise gefordert: Hier, mach mal Werbung oder geh auf die Barrikaden.«

Die Debatte bleibt blutleer, das Problem abstrakt.

Die USA machen es vor

Dabei hätte schon ein Blick über die Grenzen geholfen, um zu verstehen, dass Lohndiskriminierung nicht bei den einfachen Arbeiterinnen endet, die sich in den 1970er- und 1980er-Jahren öffentlichkeitswirksam wehrten. »*Care less about thigh gaps and more about wage gaps*«, verkündet ein Plakat auf dem *Women's March 2020* in Los Angeles: Mach dir weniger Gedanken über die Lücke zwischen den Oberschenkeln und mehr über die Lücke auf den Gehaltszetteln.

In den USA ist längst eine neue Klagewelle angelaufen.

Nach den Verkäuferinnen im Einzelhandel fordern dort nun die gehobenen Angestellten Gleichstellung: Eine ehemalige Wall-Street-Brokerin verklagt die Bank Goldman Sachs, weil sie sich nach der Geburt ihrer zwei Kinder beim Gehalt und bei Beförderungen benachteiligt sieht. Ihr Anliegen ist Teil einer seit Jahren laufenden Sammelklage mit mehr als 1500 Klägerinnen.[174] Eine Managerin geht gegen Disney vor, nachdem sie herausfindet, dass sie 25 000 Dollar im Jahr weniger verdient als der am schlechtesten verdienende Kollege. Gleich mehrere Verfahren werden gegen Microsoft eingereicht.[175] Auch privilegierte Spitzenverdienerinnen wollen gleich verdienen. »In den Neunzigerjahren gab es das kaum«, sagt die Anwältin Kelly Dermody aus San Francisco im Online-Magazin *Vox*.[176] Sie vertritt die neuen Equal-Pay-Klägerinnen wie die traditionellen, und zwar erfolgreich. 87,5 Millionen Dollar musste die Möbelkette Home Depot zahlen, nachdem Kelly Dermody und andere sie 1998 in einen Vergleich gezwungen hatten. Nun wird vielen klar: Auch wenn Frauen in gut dotierte Männerdomänen vorstoßen, folgt ihnen die Lohnlücke auf den Fersen. »Es gibt jetzt ein sehr viel stärkeres Gefühl der Dringlichkeit, Fehlverhalten am Arbeitsplatz herauszufordern«, erklärt Dermody.

Deutsche Gerichte sehen das anders.

Da das Herz einer jeden Equal-Pay-Beschwerde der Beweis ist, dass die Jobs vergleichbar sind, haben Designerinnen, Projektmanagerinnen oder Professorinnen einen noch schlechteren Stand als Verkäuferinnen oder Industriearbeiterinnen, die zumindest auf standardisierte Jobprofile zurückgreifen. Für alle anderen gilt: Je größer der Gestaltungsspielraum der Jobbeschreibung, desto schwieriger der Vergleich. Und ein Beleg für den Missstand quasi unmöglich.

Akademikerinnen beispielsweise haben nur dann eine echte Chance, wenn der Vergleich mit einem einzigen Kollegen ausreicht. Deshalb sagt der Europäische Gerichtshof: Verdient ein Mann für den gleichen Job mehr als eine Frau, kippt die Beweislast. Unternehmen müssen dann sachliche Gründe für eine unterschiedliche Vergütung vorbringen. Und die müssen strenge Kriterien erfüllen, damit sich Vorgesetzte nicht so einfach davonmogeln können.

Die Wirtschaftslobby zerreibt ein Gesetz

Während der Europäische Gerichtshof in den 1980er-Jahren diesen Goldstandard einführt,[177] unternehmen Österreich und Deutschland erst mal: nichts. Der Oberste Gerichtshof in Wien etabliert die Beweislastumkehr immerhin 1998: Eine »Apple-Anwenderin für Inseraten- bzw. Umbrucharbeiten«, wie es im Urteil heißt, hatte 12723 Schilling verdient – ihr gleichwertiger Kollege fast das Doppelte: 20 000 Schilling.[178] Doch nach dem erstrittenen Grundsatzurteil wird es still. Seither habe es keine weiteren Klagen mehr gegeben, erklärt Sandra Konstatzky, Leiterin der österreichischen Gleichbehandlungsanwaltschaft.[179]

Das oberste deutsche Arbeitsgericht verpasst noch 2014 seine Chance. Edeltraud Walla scheitert wie ich vor den Berliner Instanzen an Hürde zwei: Sie soll beweisen, dass die höhere Eingruppierung des Kollegen »durch das Geschlecht motiviert« gewesen sei.[180] Dabei sieht das Europarecht schon damals die Beweislastumkehr vor. »Das ist ein Politikum, das man nie und nimmer so durchsetzen wird«, so ihre Überzeugung. »Dann würde ja quasi eine Lawine losbrechen, eine Klageflut. Man wollte das nicht.«

Erst sieben Jahre – und etliche juristische Aufsätze und Fachkonferenzen, viele von der GFF organisiert – später wird das Bundesarbeitsgericht 2021 bei der Entscheidung von Gabriele Gamroth-Günther nachziehen.

Bevor dieser erste Meilenstein gesetzt wird, kämpft seinerzeit Ministerin Schwesig mit einer Art hausgemachten Schweigespirale: Weil Europarecht nicht umgesetzt wird, sind Klagen besonders mühsam. Die wenigen, die sie dennoch anstreben, einigen sich irgendwann zermürbt mit ihren Arbeitgebern, um überhaupt Geld zu erhalten. Damit aber fehlen Präzendenzurteile, und nachfolgende Klägerinnen kämpfen mit denselben Grundsatzfragen – der Gesetzgeber will sie offenkundig nicht regeln.

Die Politik zieht den stillen Kuhhandel mit den Unternehmen vor.

Die Wirtschaft wiederum kann den öffentlichen Diskurs ohne große Widerstände nach ihrer Lesart prägen. »Rücksichtslose Symbolpolitik zu Lasten der Sache«, wettert der damalige Arbeitgeberpräsident Ingo Kramer 2016 in der *FAZ*: Unternehmen müssten dafür »sehr viel Papier für Berichte, Pläne und Statistiken« bedrucken, dabei ginge der Gesetzentwurf an den wahren Ursachen der Lohnlücke vorbei.[181]

Und die Vertreter*innen der Beschäftigten? Scheitern an den eigenen Reihen. Vorsitzende der Gewerkschaften, damals in der Regel männlich, machen sich in der öffentlichen Debatte rar. Ihre Unterstützung fehlt.

Auf diese Weise entkernt die Unionsfraktion mit freundlicher Rückendeckung der Bosse den Entwurf für ein Gesetz zur Lohngleichheit: CDU und CSU hätten »darauf gedrungen, die Belastungen für die Wirtschaft so gering wie möglich zu halten«, beruhigt das Monatsmagazin der CDU/CSU-Bundestagsfraktion *Fraktiondirekt* im Mai 2017 seine Leser*innen: »So ist zum Beispiel die Durchführung von Prüfverfahren freiwillig. Auch ist die Verpflichtung entfallen, in Stellenanzeigen künftig das Mindestgehalt anzugeben.«[182]

Am Ende bleibt vom stolzen Projekt Lohngleichheit das EntgTranspG, das die Öffentlichkeit durch seinen bürokratisch-umständlichen Titel einlullt. »Sehr begrüßenswert« findet der BDA den Kurswechsel. »Es wird nicht mehr der irreführende Eindruck erzeugt, als würde dieses Gesetz Lohngerechtigkeit oder auch nur gesamtwirtschaftliche Lohngleichheit erzeugen.«[183]

Was es stattdessen erzeugt?

Ein Auskunftsrecht. Das schon, aber nur ein bisschen.

Statt konkreter Gehälter gilt es einen Mittelwert anzugeben, den sogenannten Median. Vorausgesetzt, der Betrieb beschäftigt mindestens sechs männliche Vergleichspersonen und 200 Arbeitnehmende insgesamt. Unternehmen sollen auch selbst ihre Strukturen überprüfen – aber nur, wenn sie besonders groß sind, und das auch nur freiwillig. Immer weiter schränkt das Kleingedruckte des Gesetzes dessen Geltung ein.

Anwält*innen nennen es »Frauenveräppelungsgesetz«.

Nicht einmal jede zweite berufstätige Frau kann sich auf den Wortlaut berufen.[184]

Zahnloser Tiger

Zu den inhaltlichen Schwächen kommen handwerkliche: Schon der Entwurf habe mehr Fehler enthalten »als ein Straßenköter Flöhe«, kritisiert der Jura-Professor Gregor Thüsing 2017 im Bundestagsausschuss. »Hier wurde erschreckend schlampig gearbeitet.«[185] Im Ergebnis wird es nicht besser: Die Evaluation, mit der die Bundesregierung die Unternehmensberatung Kienbaum beauftragt, fällt 2019 vernichtend aus. Die Rede ist von »zahlreichen Schwierigkeiten«.[186]

Gelöst hat die Politik keine einzige.

Dabei kann jede dieser Schwierigkeiten für Frauen zum handfesten Problem werden. Nur ein Beispiel: Ich möge zusätzlich zum Sender doch auch noch den Personalrat verklagen, argumentiert der ZDF-Anwalt. Schließlich sehe das Gesetz diesen für die Erteilung der Auskunft vor.

Wie bitte?

Wer gleich bezahlt werden will, soll gleich zwei Klagen anstrengen müssen? Eine gegen den Arbeitgeber und eine weitere gegen die Arbeitnehmervertretung?

Natürlich ist das Unsinn, wird sinngemäß später das Bundesarbeitsgericht urteilen, denn der Gesetzgeber will damit »nicht etwa das Verfahren der Auskunftserteilung für die Beschäftigten erschweren«.[187] Doch bis das geklärt ist, müssen meine juristischen Berater*innen viele nervenaufreibende Schriftsätze schreiben. So eröffnet der Staat Firmen reichlich Nebenschauplätze, auf denen sie Mitarbeiterinnen zermürben können.

Edeltraud Walla ist von der Politik enttäuscht. Bei einer Buchvorstellung hat sie die damalige Ministerin Schwesig angesprochen und ihr zu verstehen gegeben, dass das Gesetz gar nichts bringe. Die Ministerin habe ausweichend reagiert: Na ja, man hätte es schon besser machen können, aber es sei ein Anfang. So ungefähr. Wir hätten uns da immerhin auf den Weg gemacht.

Ist es also einfach nur blöd gelaufen?

Nein, meint die Juristin Wenckebach: »Die Hürden sind bewusst eingebaut worden, um das Gesetz ineffektiv zu machen. Man weiß genau, wie die Mechanismen funktionieren. Es kann mir auch keine Politikerin und kein Politiker erzählen, dass sie gedacht hätten, es klappe trotzdem.«

Vom hehren Begehr für Equal Pay zum reinen Machtkampf.

Wer die besseren Ressourcen und Nerven hat, gewinnt.

Und das ist meistens der Arbeitgeber. Mit Gerechtigkeit hat das gar nichts zu tun. DGB-Vize Hannack resümiert.: »Das Gesetz hilft kaum jemandem. Und genau das wollten die Arbeitgeber: dass das Gesetz keine weitgehende Wirkung entfalten kann.«

So war das bis vor Kurzem.

Mittlerweile hat das Bundesarbeitsgericht immerhin die gröbsten Schnitzer des Entgelttransparenzgesetzes ausgebessert.

Doch was bedeutet das?

Fassen wir noch einmal zusammen: Zunächst wertet es in meinem Verfahren 2020 das eigentlich nutzlose Regelwerk enorm auf. Es gelte nämlich über den Wortlaut hinaus. Dieses müsse im Lichte des strengen Europarechts interpretiert werden. Das bedeutet: Wem danach ist, eine der verbleibenden »Schwierigkeiten« auf dem Klageweg auszuräumen, wird wohl spätestens in dritter Instanz Recht bekommen. Das klingt erst einmal zynisch –

ist aber eben doch viel besser als früher. Damit fiel – zumindest im Prinzip – Hürde Nummer eins: Transparenz.

2022 bestätigt das Bundesverfassungsgericht, dass die Beweislast kippt, wenn der Median der Gehälter höher ist.[188] Ein Riesenfortschritt, den nun kein Gericht mehr kassieren kann. Hürde Nummer zwei: die Beweislastumkehr.

Weiter geht's: Ein Jahr vorher haben Deutschlands oberste Arbeitsrichter*innen in Gabriele Gamroth-Günthers Urteil die strengen Anforderungen des Europäischen Gerichtshofs umgesetzt, wie Firmen einen niedrigeren Frauenverdienst rechtfertigen können. In Zukunft werden sie sich nicht mehr so leicht herausreden können. Hürde Nummer drei: die Rechtfertigung. Und Susanne Dumas' Urteil wird hoffentlich den Grund »Der Mann hat besser verhandelt« beseitigen.

Schon jetzt haben die Grundsatzurteile weniger Frauen mehr erreicht als die Politik der vergangenen Jahrzehnte. Unternehmen beginnen umzudenken, so Johanna Wenckebach: »Bei den Verfahren geht es nicht nur um den Einzelfall, sie alarmieren auch die Arbeitgeber. Jetzt kann es sein, dass die sagen: Oh, da müssen wir vielleicht doch erst einmal gucken. Und die negative Publicity möchte ich eigentlich auch nicht.«

So weit, so gut.

Wenn da nicht noch die beiden anderen Hürden wären.

Anders gesagt: Bis hierhin mag Ihnen das Ganze irre vorkommen. Haben Sie sich aber, frei nach der Formel »nach unten ist der Abgrund immer offen«, schon mal gefragt, wie wenig es Firmen kostet, Frauen um viel Geld zu prellen?

Profite aus dem Kleingedruckten

Lilly Ledbetter ist eine amerikanische Ikone. Stolz schaut die inzwischen weit über 80-Jährige vom Cover ihrer Autobiografie *Grace and Grit* – auf Deutsch in etwa »Charme und Schneid«. Ihren blonden Pagenkopf hat sie akkurat gescheitelt, die rechte Hand hält einen riesigen Schraubenschlüssel, und im Hintergrund stapeln sich Autoreifen vor einer Backsteinwand. 2011 wird die einstige leitende Angestellte beim Reifenhersteller Goodyear in die *National Women's Hall of Fame* aufgenommen.

Ihr Verdienst: Für Equal Pay zieht sie bis vor den Supreme Court, den obersten Gerichtshof der USA. Ihre Autobiografie berichtet eindrücklich von den Härten, im tiefsten amerikanischen Süden gegen die Macker-Kultur eines Männerbetriebs vorzugehen. Amerika fiebert mit, ob es eine einfache Frau aus dem Süden schaffen würde, einen internationalen Konzern in die Knie zu zwingen.

Sie schafft es.

Sie sei beim Lohn diskriminiert worden, befinden Amerikas höchste Richter*innen.

Leer geht sie trotzdem aus.

Denn sie hat es verpasst, ihre Ansprüche rechtzeitig geltend zu machen.

Stellen Sie sich vor, Sisyphos hat es mit seinem steinigen Klotz endlich bis zum Berggipfel geschafft und will in Jubel ausbrechen. In diesem Moment taucht Zeus auf und schubst den Felsen wieder den Hang hinunter: »Du hast die Allgemeinen Geschäftsbedingungen nicht gelesen!«, erklärt er, »deswegen zählt diese Runde nicht«.

Ob es sich für eine Frau auszahlt, ihre Verfassungsrechte einzufordern, darüber entscheidet häufig das Kleingedruckte.

In Ledbetters Fall: Fristen.

Kaum eine denkt daran. Sie verstecken sich meist auf den letzten Seiten im Arbeitsvertrag, im Tarifwerk oder im Gesetz. Hinter den harmlos klingenden Begriffen verbirgt sich eine Fallgrube: Selbst wenn Frauen vor Gericht gewinnen, bleibt eigentlich alles beim Alten.
Klägerinnen sehen nur wenig Geld.
Der Großteil des Profits bleibt bei der Firma.
Wie das geht?
Mit Kenntnisfrist und Ausschlussfrist.
So heißt der Doppel-Whopper im Jura-Latein.

Das lähmende Kopfkino

Die Kenntnisfrist setzt genau da an, wo Frauen besonders empfindlich sind: bei ihrer erlernten Hilflosigkeit, die sie im schönsten Kopfkino verstetigen.

Geradezu zwanghaft scheint der Versuch, die Ursache für mindere Verdienste bei sich selbst zu finden – die Selbstbezichtigungen, mit denen Frauen sich den Verdacht auf Minderbezahlung schönreden, können es locker mit den Introspektiven eines David-Lynch-Films aufnehmen. Fast scheint es, als seien sie in einer Art kollektivem Stockholm-Syndrom gefangen.

Und während sie wie gebannt Kopfkino schauen, läuft die Kenntnisfrist unwiderruflich ab: Um den Anspruch auf eine Entschädigung geltend zu machen, haben Mitarbeiterinnen nämlich meist nur einige Monate. Und zwar ab dem Moment, in dem sie von einer Diskriminierung erfahren – etwa durch die hereinflatternde Antwort auf ihre Entgelttransparenzanfrage.

Wenn Beschäftigte den Konflikt mit dem Arbeitgeber fürchten müssen und Frauen darauf geeicht sind, sich ständig zu hinterfragen, können knappe Fristen einem Grundrecht das Genick brechen.

Wer lange täuscht, gewinnt

Nicht minder tückisch wirkt die Ausschlussfrist. Sie regelt, für welchen Zeitraum eine Firma einer Mitarbeiterin rückwirkend Gehalt schuldet. Häufig sind das nur einige Monate.
Stellen Sie sich vor, man stiehlt Ihnen Ihr Auto. Machen Sie den Dieb dingfest, erstattet er Ihnen einen Kinderwagen. Und fährt, völlig legal, weiter mit Ihrem Auto, durch die Gegend.

Je länger es Ihren Vorgesetzten gelingt, Sie über die wahren Gründe Ihres Gehalts zu täuschen, desto lukrativer wird es für die Firma – den größten Schaden tragen Sie. Was nichts anderes als knallharter Lohnraub ist, genießt offenbar staatlichen Segen. Wer Beschäftigte etwa um ihren Mindestlohn prellt, muss diesen über viele Jahre rückwirkend zurückzahlen. Für Mitarbeiterinnen, die aufgrund ihres Geschlechts schlechter bezahlt werden, hat der Gesetzgeber keine entsprechenden Vorkehrungen getroffen. Deshalb fordern Fachkundige wie Elke Ferner von UN Women Germany, die Mindestlohnregel auch auf Equal-Pay-Angelegenheiten auszuweiten. »Dann wird der Druck einfach auch größer«, sagt sie 2022 auf der Tagung der Friedrich-Ebert-Stiftung (FES).

Damit sind wir bei Hürde Nummer vier: Sanktionen.

Setzt der Staat mit Strafen einen Anreiz, dass Firmen gleich bezahlen? Wird es für Unternehmen also teuer, wenn sie beim Diskriminieren erwischt werden? Drohen Vorgesetzten gar Strafen? – Die europäische Gleichbehandlungsrichtlinie ist hier eindeutig. Sie fordert Sanktionen, die »wirksam, verhältnismäßig und abschreckend« sind. Dazu kann auch Schmerzensgeld gehören.

Doch damit tut sich der deutsche Gesetzgeber ganz offensichtlich genauso schwer wie die Gerichte. Sanktionen gibt es nicht, stattdessen belohnt der Staat Firmen, die sich per Ausschlussklausel von Zahlungen freisprechen.

Und Schmerzensgeld?

In den USA werden – aus deutscher Sicht – geradezu horrende Summen fällig. Schon die Ehrverletzung an und für sich kostet. In Deutschland aber kann von abschreckenden Schmerzensgeldern keine Rede sein. Die 6000 Euro, die die Gerichte den Birkenstock-Klägerinnen zusprechen, sind nach Europarecht wohl deutlich zu mickrig.

Sie finden, dass all das so klingt, als wolle der deutsche Staat Frauen mit Hilfe des Kleingedruckten von ihrem Recht abhalten?

Amerikas bekannteste Supreme-Court-Richterin hätte Ihnen vermutlich beigepflichtet. Als ihre Kollegen Lilly Ledbetters Klage durchfallen ließen, verfasst die inzwischen verstorbene Ruth Bader Ginsburg einen ihrer berühmten *Dissents* – ein Sondervotum, dem sich drei Kollegen anschließen: »Das Gericht versteht nicht oder steht dem gleichgültig gegenüber, wie heimtückisch Lohndiskriminierung auf Frauen wirken kann«, sagt Richterin Ginsburg.

Was vor Gericht noch eine Minderheitenmeinung ist, wird sich zwei Jahre später als mehrheitsfähig herausstellen. Nach ihrer Niederlage lobbyieren Ledbetter und Ginsburg gemeinsam das politische Washington, D.C. 2009 schließlich, frisch an der Macht, unterzeichnet Präsident Barack Obama den *Lilly Ledbetter Fair Pay Act*. Die tückischen Fristen werden abgeschafft.

Ledbetter verhilft das nicht zu einer Zahlung.

Sie lebt heute von ihrer kärglichen Rente in Alabama.

Der Reifenhersteller Goodyear hat sich noch nicht einmal bei ihr entschuldigt, sagt sie. Ob sie wütend ist oder enttäuscht, frage ich sie Anfang 2020 am Telefon. »Als ich die Klage einreichte, habe ich nie erwartet, viel Geld zu bekommen. Die andere Seite hat so viel Geld, die haben viel mehr Ressourcen. Damit kämpfen sie dich nieder, sie verschleißen dich. Aber es war richtig. Das ist jetzt in den Geschichtsbüchern, und ich bin sehr stolz auf mich und meine Familie, dass wir das geschafft haben.«

Immerhin kommt ihre Geschichte nun in die Kinos, mit Patricia Clarkson in der Hauptrolle – und prominentem Support von Wegbereiterin und Hollywood-Star Meryl Streep.

Diskriminiert und gemaßregelt

Eigentlich dürfte es dieses Kapitel gar nicht geben. Schließlich ist es Aufgabe des Staates, Frauen vor Widrigkeiten zu schützen, wenn sie ihr Verfassungsrecht auf gleichen Lohn einfordern. Weil er aber auch bei der folgenden und letzten Hürde versagt, ist die Antwort auf die Frage, welchen Preis Frauen dafür zahlen, wenn sie gleichen Lohn begehren, nichts für sanfte Gemüter.

Maßregelung – so heißt im Gesetz, was Frauen widerfahren kann, die gleichen Lohn begehren. Hinter dem scheinbar nüchternen Begriff verbergen sich drastische Erfahrungen von Frauen: Mobbing, Zwangsversetzung oder Kündigung. Eigentlich sind solche Vergeltungsmaßnahmen verboten – in der Praxis gilt das aber nur auf dem Papier. Denn immer muss eine Frau belegen, dass ihre Beschwerde ursächlich ist für die negative Reaktion. Eine Firma aber wird immer andere, vermeintlich sachliche Gründe aufführen. Und ihre Beschwerden womöglich mit zwei Worten abtun.

Hysterisch. Zänkisch.

Mir wirft das ZDF in den Schriftsätzen vor, ich würde Streit mit Kollegen suchen und einen ehemaligen Vorgesetzten anfeinden – freilich ohne jeglichen Beleg und im Widerspruch zu meinen Arbeitszeugnissen, denen zufolge ich »von Vorgesetzten wie Kolleg*innen gleichermaßen geschätzt« werde. Wohl aber mit beträchtlichem Effekt auf den weiteren Verlauf der Dinge.

Der Vorwurf, ein Verhalten würde den Betriebsfrieden nachhaltig stören oder aber das Vertrauensverhältnis sei zerrüttet, kann nämlich eine Kündigung rechtfertigen. Richter*innen wie Michael Ernst scheinen nur auf die Gelegenheit zu warten, ein Verfahren mit einem Vergleich abschließen zu können. Sie sind erstens von Berufs wegen dazu angehalten – und zweitens müssen sie dann keine Urteilsbegründung schreiben. »Darüber habe ich auch schon nachgedacht«, sagt Richter Ernst, als der ZDF-Anwalt mir eine Vertragsauflösung nahelegt.[189] Selbst wenn eine Angestellte vor Gericht gewinnt, kann ihr Arbeitsverhältnis danach als zu belastet gelten, um es fortzusetzen.

Für die Klägerin eine klassische Lose-lose-Situation.

»Drohungen, Einschüchterungen, Verlust der Existenz«, kommentiert die Reporterin der DuMont Redaktionsgemeinschaft das Ansinnen, das der ZDF-Anwalt im Gerichtssaal vorträgt. »Wer sich diese Konsequenzen vor Augen führt, wird sich gut überlegen, ob die vage Aussicht auf Gerechtigkeit das Risiko einer Klage wert ist.«[190]

Fehlt es den Frauen also an Mut?

Oder sind die Fehler im System angelegt?

Splitterbombe

Beschwerden auf gleichen Lohn scheinen zumindest in der westlichen Welt dasselbe Muster hervorzurufen: Mehr oder minder zufällig erfahren Frauen, dass sie weniger verdienen als vergleichbare Männer. Eigentlich streben sie eine friedliche Lösung an. Doch eine interne Beschwerde in sachlichem Tonfall setzt eine Dynamik in Gang, die eine Frau nicht mehr lenken kann. Es sei denn, Gesetze schützen sie.

Befolgt sie jedoch in Deutschland genau die Schritte, die das Gesetz fordert, löst sie damit einen Mechanismus aus, bei dem auf jedem Meter des Parcours die Hindernisse erhöht werden. Hat sie es geschafft, Hürde eins bis vier zu nehmen, scheitert sie spätestens an Hürde Nummer fünf: die Maßregelung. »Es ist sehr bedauerlich, dass es Firmen so oft misslingt, eine Beschwerde oder gar Klage als Gelegenheit zu sehen, gemeinsam das Problem zu lösen«, bestätigt Anwältin Dermody, »sondern sie stattdessen als existentielle Bedrohung einstufen, die mit Gewalt und allerlei hinterhältiger Taktik platt gemacht werden muss. Sie würden eher Leute zerstören, die die Wahrheit sagen, als zu akzeptieren, dass man das Problem auch angehen könnte.«

Nicht immer muss es so kommen, aber viel zu oft geschieht genau das. Seit Jahren verfolgt eine gute Freundin kopfschüttelnd mein Verfahren. Seinen Arbeitgeber auf Equal Pay zu verklagen, sei, wie eine Splitterbombe in eine Jauchegrube zu werfen, sagt sie: »Ständig spritzt etwas hoch.«

Emotionalisieren statt argumentieren

»Er hat mir gedroht. Also, er hat mir wirklich gedroht: Gehen Sie ja nicht zum Personalrat«, habe der einstige Dekan sie angewiesen, als sie ihn auf ihren Diskriminierungsverdacht anspricht, berichtet Schreinermeisterin Edeltraud Walla, die damals in einer Universität angestellt ist. Umgehend wendet sie sich an die Mitarbeitendenvertretung: »Das kann ja wohl nicht sein!«

Das stimmt.

Der nachfolgende Dekan hat sie dann immerhin in ihrem Anliegen bestärkt und sie konnte danach normal weiterarbeiten, sagt sie. Nicht immer läuft es schief.

Aber viel zu häufig.

Mir verkündet das ZDF schon 2015, also gleich zu Beginn meiner Klage, mein Verhalten noch »arbeits- und ggf. strafrechtlich« zu bewerten. Anstatt die Vorwürfe zu prüfen, kriminalisiert man mich frühzeitig: Ich hätte mir Geschäfts- und Betriebsgeheimnisse beschafft. Nach energischem Protest meines Anwalts nimmt das Haus die Ansage, die ich als Einschüchterung empfinde, wieder zurück. Es gebe für eine solche Prüfung nun doch keinen Anlass. Rund sechs Monate später weist mich der Justiziar auf wechselseitige »Belastungen des Beschäftigtenverhältnisses« hin, wenn ich statt eines für mich unvorteilhaften Vergleichs einen langjährigen Rechtsstreit riskiere.[191]

Die gekränkte Ehre der anderen

Wie sie es für möglich halte weiterzuarbeiten, will »Mr Boss« von Miriam Altenberg wissen. Sie habe schließlich das »Vertrauen des Teams missbraucht«. Dabei hat ihn die Softwarearchitektin, wie sie erzählt, lediglich darauf hingewiesen, dass sie – anders als ihr besser verdienender Kollege – schon in der Vergangenheit eine für den Job relevante Position bekleidet habe.

Susanne Dumas, die Außendienstbeschäftigte aus Dresden, muss sich von ihrem damaligen Vorgesetzten erklären lassen, wie sehr sie ihn enttäuscht habe: Immer habe er sie anständig behandelt, und überhaupt würde er niemanden diskriminieren. »Was ich doch für einen Vertrauensbruch begangen habe, warf er mir vor! Er fühlte sich total gekränkt«, erinnert sie sich.

An der Ehre der Chef*innen kommt frau nur schwer vorbei.

Entweder fühlen Vorgesetzte sich erwischt, weil sie Frauen bewusst um viel Geld prellen. Oder aber es hat sich bei ihnen noch nicht herumgesprochen, dass auch unbewusste Stereotype eine Diskriminierung bewirken können, dass also gar kein Vorsatz im Spiel sein muss. Doch viele Vorgesetzte reagieren so emotional wie ihre Mitarbeiterinnen, wenn diese das erste Mal erfahren, dass sie offenkundig unbegründet weniger verdienen. Ein Chef lässt zwei ehemaligen Mitarbeiterinnen sogar über seinen Anwalt ausrichten, dass eine gütliche Einigung für ihn nicht infrage komme, »da bei ihm, was die Klage angeht, wohl starke Emotionen im Spiel sind«.[192]

Mit diesem Aufruhr beginnt die Eskalation.

Verunglimpfung

Einmal angestoßen, entfaltet eine Beschwerde ihre ganze Wucht. Sie arbeite weniger selbstständig und sei auch nicht so kompetent wie die Männer in ihrem Team, habe sich Miriam Altenberg von der Personalabteilung anhören müssen, erzählt sie. Sie versucht, das nicht persönlich zu nehmen.

Als Patricia Escárcega, die erste Latinx-Restaurantkritikerin der *Los Angeles Times*, erfährt, dass sie rund ein Drittel weniger verdient haben soll als ihr männlicher weißer Kollege, teilt ihr, wie sie sich erinnert, die größte Tageszeitung der Stadt mit: Sie schreibe lediglich als Juniorkritikerin und bringe der Zeitung überdies kein Prestige. Sie macht ihrem Ärger auf Twitter Luft: »Zum emotionalen Preis und Schmerz der Diskriminierungserfahrung kamen Monate der eiskalten Gleichgültigkeit und missbräuchliches Verhalten meiner ehemaligen Manager, das gut dokumentiert ist.« Ihr Kollege Bill Addison unterstützt ihr Anliegen: »Wir sind Co-Kritiker, wir machen denselben Job, wir sollten gleich bezahlt werden.« Die Zeitung bestreitet die Vorwürfe ihrer Kolumnistin.[193]

Den Chef des amerikanischen Fußballverbands kostet seine Unverschämtheit immerhin den Job: Es sei wissenschaftlich erwiesen, dass Fußballerinnen Fußballern unterlegen seien. Das Spiel im Männerteam erfordere mehr »Können« und »Verantwortung«. Drei Tage nachdem das öffentlich wird, tritt er zurück. Fans und Sponsor*innen sind über derlei offenen Sexismus entsetzt.[194]

In Deutschland kann man mit so etwas durchkommen.

Als »Leistungsträgerin«, die ihre Aufgaben »stets zur vollsten Zufriedenheit« erledigt, weisen mich lediglich meine Arbeitszeugnisse des ZDF aus. Vor Gericht liest sich das lange anders: Meine Beiträge in einem Jahr etwa, erfahre ich, »waren eher kurz bzw. umfassten kaum komplexe Themen«. Über die besser verdienenden Männer hingegen ist der Sender voll des Lobes: Diese beschäftigten sich beispielsweise mit »mehreren hochkomplexen Themen aus dem Bereich Verbraucherschutz und Wirtschaft (...) insbesondere zu Versicherungsthemen«.

Auch mein Werdegang ist dem ZDF nicht gut genug, wie die Schriftsätze zeigen: Angeblich habe ich weder ein journalistisches Studium abgeschlossen noch meine »ersten Berufserfahrungen« in den »Bereichen Politik, Wirtschaft und Verbraucherschutz« gesammelt. Scheinbar habe ich vor 2013 auch gar keine Dokumentationen erstellt.

Mal abgesehen von den Fakten: Wieso sollte das relevant sein?

Ziemlich schief wendet der Sender auch die Kriterien an: Während für mich nur solche Beiträge sprechen sollen, die ich allein, also ohne Co-Autor*innen, fertigte, führt der Sender für seine Position ständig solche auf, die Männer gemeinsam mit Kolleg*innen fertigten. Mal verzählt er sich bei der Anzahl von Beiträgen zu meinen Ungunsten, mal macht er aus einem dienstlich veranlassten Dreh in Paris einen »Kurzurlaub«.

Weise ich auf meine Erfolge hin, renommierte Journalistenpreise aus dem Bereich Wirtschaft zum Beispiel, sollen Letztere nach Ansicht des ZDF lediglich das Ergebnis von Teamarbeit sein. Für einen besser verdienenden Mann hingegen sollen auch Journalistenpreise im Team zählen – sogar dann, wenn er einen solchen gar nicht erhielt, sondern nur dafür nominiert wurde.

»Gehts dir gut?«, will ein Mitglied aus meinem Anwält*innen-Team von mir wissen, als ein weiterer dieser Schriftsätze hereinflattert. »Ich konnte zwischenzeitlich nicht weiterlesen, weil es so grotesk ist.«

»Gut« wäre zu viel gesagt. Dass sich der Sender zwar einerseits gerne mit meinen Erfolgen brüstet – sie andererseits aber schlechtmacht, um sich vor gleicher Bezahlung zu drücken, sorgt nicht gerade für gute Stimmung. Unter Maßregelung läuft das juristisch aber noch lange nicht. Erst nach vielen Jahren wird das ZDF auch vor Gericht erklären, es habe »die Leistungen der Klägerin nie in Abrede gestellt« – damit also zugeben, dass es solche überhaupt gibt.[195]

Weibliche Leistung wird herabgewürdigt, männliche hochgejubelt.

Frau darf nicht gut sein, denn sonst müsste sie mehr verdienen.

Carrie Gracie, die Leitfigur des britischen Equal-Pay-Protests, vermittelt nicht den Eindruck, als ließe sie sich schnell aus der Fassung bringen. Jahrelang berichtet die ehemalige Korrespondentin über das Unrechtsregime in China. Nach ihrer Chemotherapie moderiert sie mit einem Flaum auf dem Kopf.

Doch als sie 2018 vor dem Ausschuss für Digitales, Kultur, Medien und Sport im britischen Unterhaus aussagt, verliert sie fast die Fassung. »Ich werde emotional«, unterbricht sie kurz ihre Aussage.

Den erstaunten Abgeordneten erzählt die damals 55-jährige Journalistin, wie das BBC-Management ihr gegenüber begründete, warum sie rückwirkend nur Ausgleich für einige Jahre erhalten soll: Die ersten drei Jahre als China-Korrespondentin habe sie sich noch »in der Entwicklung« befunden.

Im Video der Anhörung ist ungläubiges Gelächter zu hören. »Das macht das Ganze noch weit schlimmer«, kommentiert Gracie. »Es ist nicht akzeptabel, so mit gestandenen Frauen zu sprechen. Nie wäre ich zu diesen Konditionen nach China gegangen. Ich habe von Anfang an Equal Pay gefordert.«

Ihr Kampf für gleiche Bezahlung sei härter gewesen als der gegen ihren Brustkrebs, schreibt sie: ein »Zermürbungskrieg«.[196] Ihre Autobiografie *Equal*, die von ihr und ihren Kolleginnen erzählt, lese sich wie ein »gequälter Liebesbrief an einen missbräuchlichen Partner«, kommentiert die *Financial Times*.

Gaslighting – manipulativer Psychoterror

Als »Gaslighting« bezeichnen die BBC-Frauen, die Gracie unterstützen, die Taktik: manipulativer Psychoterror. Verantwortliche bringen Mitarbeiterinnen dazu, zu glauben falschzuliegen, obwohl sie eigentlich Recht haben. Ständig müssen sich Beschwerdeführerinnen hinterfragen. »Wir wurden angelogen, sowohl auf individueller Ebene als auch kollektiv«, schreibt eine Journalistin anonym in der Tageszeitung *Guardian*. »Wenn man Frauen fortlaufend erzählt, dass es keine Ungleichheit gebe, glauben sie irgendwann, sie hätten sich etwas eingebildet. Wissen ist Macht.«[197]

Aus gutem Grund gelten »Abwertung der Person und ständige Kritik« sowie »falsche Bewertung der Arbeitsleistung« zu den Methoden strategischen Mobbings, wie die Bundestagsfraktion von Bündnis 90/Die Grünen 2017 schreibt.[198]

In seriösen Unternehmen gelten sie als verpönt.

Warum also gilt denselben Unternehmen dasselbe Vorgehen zur Abwehr von Equal-Pay-Beschwerden als legitim?

Wieder einmal geht es um ein Tabu. »Wer sich mit Kollegen vergleichen muss, gilt schnell als Kollegenschwein«, schreibt die Juristin Nora Markard im *Tagesspiegel*.[199] Es ziemt sich nicht, schon gar nicht als Frau. Von ihr wird eher gefügige Teamfähigkeit erwartet denn unnachgiebiges Messen mit Männern.

Der Staat könnte hier ganz einfach Abhilfe schaffen. Etwa eine staatliche Stelle gründen, die weiß, wie mit den heiklen Vergleichen zu verfahren ist, und dafür ein nüchternes Sachverständigengutachten erstellen lassen kann.

In Deutschland gibt es diesen Service nicht.

Stattdessen schichtet sich Latte um Latte auf Hürde Nummer fünf.

Vertane Chance

Bevor eine Equal-Pay-Beschwerde endgültig ins Schreckensszenario abdriftet, bietet sich womöglich eine letzte Ausstiegschance: Die Firma bietet einen Vergleich an.

Das Problem ist nur: Wenn Frauen sich erst einmal dazu durchgerungen haben, ihr Anliegen zu artikulieren, hat sich bei ihnen in aller Regel so viel Groll angestaut – und die entgangenen Gehälter sich entsprechend summiert –, dass ein Arbeitgeber jetzt klotzen muss, um den Frieden wiederherzustellen. Der jedoch tendiert zu kleckern. Vielleicht hat er den Ernst der Lage noch gar nicht erkannt.

45 000 Pfund mehr im Jahr bietet die BBC ihrer ehemaligen China-Korrespondentin Gracie – auf den ersten Blick ein stolzes Plus von 33 Prozent. Allerdings sind das immer noch 20 000 Pfund weniger, als ihr vergleichbarer Kollege im Bundesdistrikt Washington verdient. Der Nerv ist getroffen: »Es ging mir nicht darum, mehr Geld zu verdienen – sondern gleich viel. Das war keine Lösung«, erklärt Carrie Gracie in der *Woman's Hour* auf BBC Radio 4.[200]

Auch das ZDF und ich verhandeln immer mal wieder – und immer erfolglos. Mal soll ich auf alle rückwirkenden Ansprüche verzichten und nur in der Zukunft mehr verdienen – aber immer noch schlechter als vergleichbare Kollegen. Dann soll ich dem ZDF-Justiziar schriftlich bestätigen, dass sämtliche Vorwürfe vollständig ausgeräumt seien, bevor er sich überhaupt mit mir an einen Tisch setzt. Und dann gibt es noch das Angebot mit Maulkorb.

Astrid Siemes-Knoblich verhandelt ebenfalls lange mit der Stadt Müllheim, deren Bürgermeisterin sie einst war, ein ganzes Jahr. Anfang 2021 bietet man ihr schließlich rund ein Zehntel der entgangenen Gehälter – sowie ideelle Unterstützung bei ihrem Anliegen, Frauen zu fördern. Sie schlägt das Angebot aus.

»Ja, was willst du denn?«, habe sie daraufhin der Vertreter der Stadt verständnislos gefragt, erzählt sie. »Ich will gleiches Geld für gleiche Arbeit, nicht mehr und nicht weniger«, habe ihre Antwort gelautet. »Dieser Satz ›Was willst du denn?‹ hat mir gezeigt, dass die noch immer nicht verstanden haben, worum es eigentlich geht.«

Mit anderen Worten: Zwei Welten prallen aufeinander.

Helfen würde abermals eine staatliche Stelle, die frühzeitig fachkundig schlichten könnte – der Antidiskriminierungsstelle des Bundes fehlt dafür leider die Befugnis.

Gibt es jetzt keine einvernehmliche Lösung, kränkt das beide Seiten nur noch mehr. Die Mitarbeiterin fühlt sich übervorteilt – die Firma denkt, sie bekommt den Hals nicht voll.

Von nun an wird richtig eskaliert.

Wird nämlich der heikle Vergleich mit den Kolleg*innen vor Gericht verhandelt, rutscht die Latte schon wieder ein Stückchen höher. Gerichte wollen Beweise für die Tätigkeitsvergleiche sehen, zum Beispiel Zeugenaussagen von Kolleg*innen. Die Firma aber wird geneigt sein, Vorgesetzte zu benennen, die das Gegenteil behaupten – womöglich fallen auch andere Kolleg*innen darunter. Die Rhetorik juristischer Schriftsätze trägt dazu bei, dass die Fronten nur noch schneller verhärten.

Naiv wäre es, zu glauben, dass das toxische Narrativ nicht in den Arbeitsalltag sickerte. Wieso sollten Vorgesetzte und Personalverantwortliche, die vor Gericht bezeugen wollen, eine Mitarbeiterin verdiene begründet weniger, noch an deren Erfolg interessiert sein?

Zerreißproben

Im Mai 2016 lädt die Chefin den Lieblingskollegen und mich zum Mittagessen ein. Sie wolle einen Rechercheerfolg feiern, lässt sie den Kollegen zuvor wissen. Später heißt es jedoch, Spannungen im Team seien der Anlass gewesen. Nach einem Lob kommt sie zur Sache: Es gebe eine »erhebliche Missstimmung« in der Redaktion. Kollegen hätten sich über uns beschwert: Wir würden als »exklusives Recherche-Doppel« auftreten, nebenher aber zu wenige kurzfristig realisierbare Beiträge produzieren. So entstünde der Eindruck, wir fühlten uns »als etwas Besseres«. In Zukunft sollen wir nebenher mehr kurzfristige Beiträge fertigen.[201] Dieser Darstellung widerspricht das ZDF in den Schriftsätzen.

Der Lieblingskollege und ich sind irritiert. Denn die geforderten Beiträge liefern wir schon, und die Chefin hatte uns eigens mit einer aufwändigen Recherche betraut.

Schnell kommt sie zu einem weiteren Thema: Die Klage sei »das eigentliche Problem«. Und dann folgt ihre unverhohlene Warnung vor »Krieg« in der Redaktion. Sie entschuldigt sich dafür, dass sie uns den »schönen Tag verdorben« habe, steht auf und zahlt die Pizzen.[202]

So erinnern sich der Lieblingskollege und ich an das Gespräch. Das ZDF bestreitet den Verlauf vor Gericht.

Nach diesem »schönen Tag« produziere ich die gewünschten kurzen Beiträge, die später in den ZDF-Schriftsätzen auftauchen und gegen mich verwendet werden. Im Sommer nehme ich ein mehrwöchiges, unbezahltes Sabbatical. Ohne Unterstützung des Personalrats scheint mir das die beste Option, um die Lage wieder zu beruhigen.

Geht eine Frau, die sich wegen Diskriminierung beschwert, nicht freiwillig, helfen Firmen schon mal aktiv nach. So wie bei

Lilly Ledbetter. Nachdem sie sich wegen Diskriminierung beschwert hat, werden ihr ganz andere Tätigkeiten als bisher zugewiesen. Mit über 60 Jahren soll sie plötzlich schwere LKW-Reifen heben. »Sie haben mir das Leben schwer gemacht, weil sie mich zur Kündigung drängen wollten. Ich habe 19 Jahre dort gearbeitet. Es war schrecklich.«[203] Sie verabschiedet sich in den Vorruhestand, auch wenn das ihre ohnehin schon kleine Rente weiter schmälert.

Susanne Dumas, die Außendienstlerin aus Dresden, habe eine Abmahnung kassiert, erzählt sie. Angeblich habe sie sich ungerechtfertigt krankgemeldet: »Da haben sie mir unterstellt, ich hätte einfach blaugemacht.« Und während der Pandemie habe sie jeden Tag knapp 30 Kilometer ins Büro nach Meißen fahren müssen – ein Meißener Kollege aber habe aus dem Home-Office arbeiten dürfen: »Das habe ich dann schon als Mobbing empfunden.«

In Frankreich wird Mobbing mit Gefängnis oder hohen Geldstrafen geahndet.[204]

In Deutschland raten Anwält*innen von solchen Klagen ab.

Zu geringe Erfolgsaussichten.

Weiterarbeiten trotz Klage

Einerseits im Job vollen Einsatz zeigen und nach außen gut gelaunt die Firma vertreten, »so zu tun, als sei alles in bester Ordnung« – andererseits aber die Feierabende und Wochenenden damit verbringen, auf immer wieder hereinflatternde Schriftsätze zu antworten, mit denen dieselbe Firma vor Gericht durchsetzen will, dass man weiterhin schlechter verdient. »Das war eine Zerreißprobe«, sagt Dumas.

Hinzu kommt die Angst vor einem Versehen: »Über jeder Reisekostenabrechnung saß ich fünfmal länger als vorher. Ich wollte sichergehen, dass mir kein auch noch so kleiner Fehler unterläuft. Privat habe ich auf meinem Dienstrechner keine einzige Internetseite mehr geöffnet, weil ich dachte: Daraus drehen sie mir mal einen Strick, oder?«

Schließlich geht auch sie aus freien Stücken. Zwar verdient sie im neuen Job schlechter als vorher – aber immerhin genauso viel wie die Kollegen. An die Reaktion im alten Betrieb erinnert sie sich heute lachend: »Mein Chef war so erleichtert. Der hat mich am nächsten Tag freigestellt, obwohl ich eigentlich noch in der Kündigungsfrist hätte arbeiten müssen. Was war der froh, dass ich ihn mit dem Thema nicht mehr auf den Keks gehe! Fast hätte er mich umarmt. Dass das Unternehmen Ausfälle hat, weil sie noch keinen Ersatz gefunden haben und nun ein Außendienstler fehlt – die Bedenken hatte der gar nicht, so zumindest mein Eindruck.«

Der emotionale Stress, der mit Klagen im laufenden Arbeitsverhältnis einhergeht, ist ohnehin schon »immens hoch«, sagt Cornelia Möhring von den Linken, als sie mein Verfahren im Bundestag zitiert. »Das Verhältnis zum Arbeitgeber ist doch kein hierarchiefreies Verhältnis, es ist ein Abhängigkeitsverhältnis.«[205]

Deshalb fordert sie 2017 – wie schon viele vor ihr – das Verbandsklagerecht für Equal-Pay-Angelegenheiten. Erst das zieht eine Mitarbeiterin aus der Schusslinie.

Und mal wieder bleibt die Frage: Warum haben wir das nicht schon längst?

Die lieben Kolleg*innen

Schließlich gelten Equal-Pay-Klagen noch aus einem anderen Grund als delikat: Stellen sich Vorgesetzte gegen eine Mitarbeiterin, verlagert sich die Front in den Arbeitsalltag. Wer eine Klägerin unterstützt, stellt sich damit gegen die Chef*innen.

Kommt eine Mitarbeiterin bis hierhin, ficht sie im Nahkampf den Konflikt aus, den die große Politik mit den Arbeitgebern scheute. Dabei geht es immer auch um den besten Platz am Napf.

Wer sich auf die Seite der Firma schlägt, kann punkten. Das ist einer der fiesesten Mechanismen, die eine Beschwerde auf gleichen Lohn auslösen kann.

Kurz nachdem Carrie Gracie im Unterhaus auftritt, wird die Aufnahme eines Gesprächs zweier Kollegen durchgesteckt. »Ich habe bereits mehr abgegeben, als du f*ing verdienst«, erklärt John Humphrys, einer der am besten bezahlten Moderatoren der BBC, auch nachdem er mehrfach freiwillig Gehaltskürzungen hingenommen hatte. »Aber ich verdiene immer noch mehr als irgendjemand anders, und das scheint mir auch vollkommen gerecht.« Nachdem das öffentlich wird, entschuldigt er sich.[206]

Wo es Diskriminierungsverliererinnen gibt, gibt es auch Gewinner. Zumindest einige verstehen eine Beschwerde als Angriff auf eigene Pfründe.

»Ex-Uni-Mitarbeiter fühlt sich als Opfer im Kampf der Geschlechter«, titeln die *Stuttgarter Nachrichten* 2018 und meinen damit den Rentner Martin Hechinger. Mit ihm vergleicht sich einst die Schreinermeisterin Edeltraud Walla. »Der Stachel sitzt tief. Immer noch«, beginnt der Artikel. Die »Kränkung« habe in seiner Seele »Wut und Unruhe« hinterlassen. Denn als die Medien über Wallas Kampf berichteten, hätten sie aus ihm einen »fachlichen Zwerg« gemacht, sagt Martin Hechinger der Zeitung, fast wie »ein Schurke, der von der Unterdrückung der Frau profitiere«, beschreibt es das Blatt. Dass seine Kollegin nicht ihn persönlich verklagte, sondern die Universität Stuttgart, und er in der Presse stets anonym blieb, vermag ihn nicht zu trösten. »Sie gibt sich unter dem Deckmantel der Gleichberechtigung als Kämpferin der Entrechteten, aber das ist sie nicht«, erklärt er dem Lokalblatt. »Ich fühle mich für ihre Zwecke instrumentalisiert.«

Er sei kein Raffzahn, »ich habe mir alles ehrlich und redlich verdient!«[207]

Neben die Herausforderung durch die gekränkte Männlichkeit tritt die durch verunsicherte Kolleginnen. Diese müssen sich nun fragen, ob sie nicht auch die Initiative ergreifen sollten. Einige mögen sich, stets duldsam und loyal, unfair behandelt fühlen, wenn die Aufmerksamkeit plötzlich einer in ihren Augen renitenteren Kollegin gilt. »Das Thema ist sehr belastend und schwierig für Frauen. Ein Opfer von Diskriminierung wird von anderen Frauen nicht unterstützt oder aber sogar ›angegriffen‹«, meint Miriam Altenberg. »Es gibt einen besonderen Ort in der Hölle für Frauen, die anderen Frauen nicht helfen«, stellte die inzwischen verstorbene US-Außenministerin Madeleine Albright nicht ohne Grund fest.

Solidarität

Nur die Solidarität anderer Kolleg*innen kann in einer solchen Situation helfen. »Gleicher Lohn für gleiche Arbeit für Feste, Freie – Frauen und Männer!« heißt es auf der sogenannten Schnitzelpiste, dem Weg in die Mainzer ZDF-Betriebskantine. Nach dem Eklat in der ersten Gerichtsverhandlung hat die Gewerkschaft Vereinigung der Rundfunk, Film- und Fernsehschaffenden (VRFF), Plakate aufgehängt: »Vor allem die Drohung mit der ›Beendigung‹ muss vom Tisch (...) Einschüchtern ist keine moderne Personalführung.« Schließlich beschwichtigt der damalige Intendant, Thomas Bellut, in der Lokalpresse, mein Vertrag sei nicht bedroht: »Der ZDF-Anwalt habe lediglich, wie in arbeitsrechtlichen Verfahren üblich, Lösungsmöglichkeiten für einen einvernehmlichen Vergleich sondiert.«[208]

Vielen habe ich es zu verdanken, dass ich weiter große Recherchen durchführen kann, mit denen ich mit Kolleg*innen während des laufenden Rechtsstreits drei renommierte Auszeichnungen gewinne. So kann das Narrativ von der Frau, die weniger schafft, nicht wirklich überzeugen.

Doch die Solidarität hält meist nicht ewig. Zeigen zu viele ihre Unterstützung, kann das nämlich erst recht zum Problem werden. Und eine Palastrevolte gilt es aus Sicht der Firmen auf jeden Fall zu unterbinden. Selten zahlen sie nur einer Mitarbeiterin schlechter. Eine Kettenreaktion aber könnte Millionen kosten, wie Klagen in den USA und Großbritannien zeigen. Ein Vergütungssystem sei wie das Kinderspiel *Jenga*, bei dem Kinder Klötzchen zu einem Gebäude stapeln, erklärt die ehemalige BBC-Korrespondentin Carrie Gracie: Ruckelt der erste Stein, zittert das ganze Gebäude. Deshalb würden Arbeitgeber versuchen, »die Klägerin zu isolieren. Vorzugsweise unterzeichnet sie dann eine Verschwiegenheitserklärung. (...) Dann bleibt es oft ruhig und die Angelegenheit ist erledigt.«[209]

Divide et impera – teile und herrsche

Divide et impera – wörtlich »teile und herrsche«, heißt das uralte Erfolgsrezept gegen aufkeimende Solidarität. Kurz: Wer sich untereinander bekriegt, hat keine Zeit, am Thron des Kaisers zu sägen.

In der Praxis bedeutet das: Wer kooperiert und sich loyal verhält, wird gefördert. Nichts unterminiert so gründlich wie Trittbrettfahrer*innen. Eine Equal-Pay-Beschwerde bietet vielen eine Chance – nur nicht der Klägerin.

All das, weil eine Frau gleich bezahlt werden möchte?

Kann passieren.

Anwältin Dermody drückt es so aus: »Diskriminierungsklagen sind blutiger als andere.« Verantwortliche würden einzelne Klägerinnen regelmäßig als inkompetent, faul oder verrückt diskreditieren: »Charaktermord«. Warum auch einer Frau beispringen, wenn der Wahrheitsgehalt ihrer Aussage infrage steht? Rufmord untergräbt Hilfsbereitschaft auf eine besonders hinterhältige Art und Weise, weil die Gerüchte nie einzufangen sind.

Wo es nichts gibt, wird notfalls nachgeholfen. Connie Jeffries, eine ehemalige Marketingmanagerin aus dem südkalifornischen Long Beach, erzählt, wie Kollegen sogar versuchten, sie auszuspionieren und ihr Schmutz anzuhängen, als sie eine Baufirma auf gleichen Lohn verklagt. Im Nachhinein sagt sie aber auch: »Eigentlich müsste ich meinen Peinigern einen Dankesbrief schreiben. Jede einzelne ihrer Schikanen war ungefähr 50 000 Dollar wert.«[210]

Bei amerikanischen Jurys hat es sich inzwischen herumgesprochen, dass Equal-Pay-Klägerinnen häufig abgestraft werden. Sie billigen das nicht und verhängen hohe Schmerzensgelder. Hinzu kommt: In den USA können sich Klägerinnen zusammenschließen. »Die Schönheit von Sammelklagen liegt darin, dass es sehr schwer ist, Rufmord zu betreiben bei Hunderten oder Tausenden Menschen«, erklärt Dermody. Diffamierungen werden so gut wie unmöglich.

Und Deutschland?

Kennt keine Sammelklagen. Zwar gibt der Bundestag die Sicht von Sachverständigen richtig wieder, Equal-Pay-Klägerinnen müssten im Job »mit negativen Auswirkungen rechnen«.[211]

Aber was er vorhat, dagegen zu unternehmen, sagt er nicht.

Kündigung

Viele Institutionen jubeln, wenn eine ihrer Beschäftigten ein Fellowship am renommierten *Thomas Mann House* ergattert. Stolz verkünden sie per Pressemitteilung den Aufenthalt am Gästehaus der Bundesregierung in Los Angeles.

Als ich auserkoren werde, das Fellowship anzutreten, möchte das ZDF das Stipendium offenbar nutzen, um mich endlich aus der Vorzeige-Redaktion *Frontal21* zu entfernen. Die gummiartigen Begründungen, die der Sender mir in dieser Causa mitteilt, veranschaulichen, warum es so schwierig ist, gegen Maßregelungen vorzugehen.

In einem knapp dreistündigen Mitarbeitergespräch attestiert mir die Redaktionsleiterin, dass ich einige Ziele nur »teilweise« erreicht hätte. Sie gibt vor, für meine geplante sechsmonatige Abwesenheit keinen geeigneten Ersatz zu finden – es sei denn, ich räume meinen Posten ganz. Der damalige Chefredakteur, Peter Frey, bemüht auf Nachfrage unter anderem »Chancen und Entwicklungsmöglichkeiten«, die sich mir angeblich eröffneten, würde ich nach mehr als einem Jahrzehnt im Berliner Hauptstadtstudio nur endlich die »Abläufe und Strukturen in der Mainzer Zentrale« aus der Nähe kennenlernen.

Meine Position bei *Frontal21* wird mit einem Mann besetzt.

Immerhin kann ich das Home-Office durchsetzen.

Doch investigatives Arbeiten auf bisherigem Niveau ist unmöglich, da mir nicht die gleichen Ressourcen zur Verfügung gestellt werden. Statt eine prestigeträchtige Dokumentation, die ich mit vorschlug, fertige ich nun einen anderen Film für geringeres Budget und weniger Reichweite. An Redaktionskonferenzen darf ich regulär nicht teilnehmen, auch wenn man mir das nicht begründen kann. Dienstvorgänge, so mein Eindruck, werden verschleppt.

Stattdessen beschäftigt man mich mit Schriftverkehr rund um Home-Office-Ausstattung, Nebentätigkeitsgenehmigungen für ehrenamtliche Posten und womöglich verloren gegangene Büroschlüssel. Dass es sich hierbei nicht etwa um eine ungünstige Verkettung von Versehen handeln kann, legt beispielsweise eine E-Mail nahe, die mir 2021 versehentlich zukommt. Darin fordert die zuständige Personalverantwortliche eine Mitarbeiterin auf, von mir wiederholt eine Begründung zur Kostenübernahme eines Corona-Schnelltests vor einer Dienstreise in Höhe von 35 Euro (!) zu verlangen: »Dann ist der Ball erst mal wieder bei ihr, sie hat mehr Arbeit (...) und wir haben eine Begründung für die Akte, falls wir uns doch noch zur Erstattung entschließen.« Als ich den Vorgang anspreche, folgt nicht etwa eine Entschuldigung, sondern die Aufforderung, die fehlgeleitete E-Mail »unverzüglich zu löschen«. Immerhin, die 35 Euro werden schließlich erstattet.

Zahlt das ZDF von Rundfunkgebühren lieber drei Akademikerinnen, die über die Erstattung von Kleinstbeträgen streiten, als eine Mitarbeiterin gleich zu vergüten? Nach 15 Jahren Tätigkeit für das ZDF bin ich völlig isoliert. »Die Birte Meier wurde in Mainz am Ende des Flurs kaltgestellt«, laute der Sprech auf dem Mainzer Lerchenberg, trägt man mir zu.

Später finde ich heraus, dass dort auch das mittlere Gehalt der männlichen Kollegen signifikant niedriger ist als in Berlin. Womöglich hofft das ZDF, mit der Versetzung noch Geld zu sparen, sollte ich jemals vor Gericht gewinnen.

Für eine Maßregelungsklage fehlt mir die Energie.

Noch einmal vor Arbeitsrichter Ernst? Vielen Dank.

Intern lassen sich die Vorgänge leider auch nicht klären. Der damalige Chefredakteur drückt sich anscheinend vor einem Gespräch: Mal ist er in Urlaub, mal »eng terminiert«, dann »aufgrund von Dienstreisen und anderer Gründe nur unregelmäßig im Büro«, zwischendurch wieder Urlaub, danach hat sich die Corona-Lage »mittlerweile wieder deutlich verschärft«. So teilt es mir über den Verlauf von knapp anderthalb Jahren sein Referent mit: »Vielleicht melden Sie sich einfach wieder, wenn sich die Lage im neuen Jahr hoffentlich irgendwann entspannt hat.«

Der Sender setzt allen Mitarbeiterinnen ein deutliches Zeichen, was ihnen blüht, wenn sie es wagen, eine Equal-Pay-Beschwerde einzureichen.

Sehen Sie, wie sich Hürde Nummer fünf zu unüberwindbarer Höhe aufbaut?

It's never the crime, it's the cover up

It's never the crime, it's the cover up, lautet eine amerikanische Redewendung seit Watergate, auf Deutsch: »Es geht nie um das Verbrechen, sondern um dessen Vertuschung.« 1972 brechen Handlanger aus dem Umfeld der republikanischen Wahlkampagne ins Hauptquartier der Demokraten ein, um dieses zu verwanzen. Weil er die Tat nicht aufklärt, sondern Ermittlungen behindert, muss der damalige US-Präsident Richard Nixon 1974 zurücktreten.

Ähnlich verhält es sich oft bei Lohndiskriminierung. Würden Unternehmen einfach die Ungleichbehandlungen ausgleichen, wenn man sie darauf hinweist, müsste die Situation nicht derart eskalieren.

»Man macht leicht den Fehler, auf ein Problem hinzuweisen und zu denken, indem man es klar und mit Nachdruck artikuliert, lasse es sich auch lösen«, erzählt Carrie Gracie dem Observer. »Ich habe auf die harte Tour gelernt, dass das nicht funktioniert.« Man könne die besten Argumente der Welt haben. Aber gegen Menschen, die mächtig seien, reich und einen gewissen Status genössen, komme man mit Beweisen nicht an.[212]

Längst müssen auch die ZDF-Verantwortlichen erkannt haben, dass bei der Bezahlung bei *Frontal21* etwas nicht stimmte. Nachdem ich Klage einreiche, werden gleich mehrere Berliner Redakteurinnen, die meine Anwält*innen als im Vergleich zu einem Mann grundlos schlechter bezahlt aufführen, entweder angestellt, sind also nach Ansicht des Hauses nicht mehr vergleichbar, oder aber ihr Honorar wird erhöht. Dabei bestreitet der Sender vor Gericht noch vehement eine mögliche Benachteiligung von Frauen.

Heute schaut es ganz so aus, als würde hier eine Altlast beseitigt und die Akten vom Diskriminierungsverdacht bereinigt.

Auch in Mainz werden Gehälter angepasst, erklärt mir Ingeborg Feilhauer. 2020 gründet sie im ZDF mit engagierten Kolleginnen ein internes Netzwerk, das eine Frauenliste für die Personalratswahl aufstellt. Spontan gewinnen sie vier Sitze – das reicht erstmals für Parität – und verdrängen so die ehemalige Altherren-Liga. Inzwischen sitzt sie auch im Personalratsvorstand. Mit Folgen: »Seit durch deine wegweisende Klage und dem Urteil klar geworden ist, dass das Bestreben, geschlechtergerecht zu bezahlen, leider nicht immer gelingt, gucken wir zweimal hin.« Sukzessive lasse sich der Personalrat die Personallisten offenlegen. Das Ergebnis? »Es ist gut, dass wir Fragen stellen. Häufig werden Mitarbeitende schon von Anfang an zu schwach eingestuft. Das setzt sich dann über das ganze lange Leben im ZDF weiter fort.«[213]

Mit offenen Worten beschreibt die Redakteurin, seit Jahrzehnten im ZDF beschäftigt, die traditionelle Mainzer Firmenkultur so: »Es gab einfach ein Grundvertrauen ins ZDF. Das wird schon alles richtig laufen. Tatsächlich aber hat der Sender 60 Jahre lang eine patriarchale Kultur gepflegt.«

Auch auf dem Lerchenberg schnappt die klassische Zuverdienerinnenfalle zu. »Da spielt viel Anekdotisches hinein«, erklärt Feilhauer, »nach dem Motto: Das ist zwar eine Frau, und sie macht die gleiche Arbeit wie ein Mann, was ja schon erstaunlich ist, aber die hat doch ganz gute familiäre Verhältnisse. Sie braucht gar nicht so viel. Das war keine schlechte Absicht oder gar Vorsatz. Sondern es gab diese Vorurteile: Die bekommt irgendwann Kinder und wer weiß, ob sie dann wiederkommt. Wenn wir ihr jetzt eine gute Stelle geben – wie sollen wir dann eine qualifizierte Vertretung finden, wenn wir dem Mann nichts Festes anbieten können? Da hat man vermutlich einfach gedacht: Ach, das mit der Frau, das wird sich schon irgendwie lösen, die macht nachher eh Teilzeit oder so.«

Klare Aussagen von einer, die das Haus von innen kennt.

Schon »ein knappes Dutzend« grundlos schlechter bezahlte Frauen habe man im vergangenen Jahr anheben können. Manchmal biete das Haus sogar rückwirkend Gehaltserhöhungen – vielleicht auch, um einer Klage vorzubeugen.

Trotzdem bleibt der Intendant Norbert Himmler dabei: alles in schönster Ordnung. So jedenfalls interpretiere ich, was er 2022 auf einer internen Veranstaltung erklärt: Die Details meines Verfahrens kenne er nicht. Aber »das ZDF hat, wenn ich es richtig verstanden habe, bisher alle Arbeitsgerichtsprozesse gewonnen. Oder jedenfalls ist uns da nicht bescheinigt worden, dass wir grundlegend im System etwas falsch gemacht haben. Das muss man auch mal hören und festhalten.«

Seine Aussage erstaunt umso mehr, als der Sender gleich zwei Niederlagen vor Gericht kassierte: einmal vor dem Bundesarbeitsgericht und ein Anerkenntnisurteil vor dem Landesarbeitsgericht. Auf meine Nachfrage erklärt dazu das ZDF, man werde »mit Rücksicht auf den beim Arbeitsgericht Berlin anhängigen Rechtsstreit keine Stellung« nehmen.

Für einen öffentlich-rechtlichen Sender, der sich als demokratisches Bollwerk gegen Fake News positioniert, erscheint der Umgang mit Fakten recht kreativ, wenn es darum geht, sich selbst in gutem Licht dastehen zu lassen.

Wieso gibt man das Problem nicht einfach zu und löst es umfassend?

»Das ZDF reagiert auf Angriffe immer mit Abwehr«, erklärt Ingeborg Feilhauer. »Ein öffentliches Eingeständnis, das ist nicht in unserer Kultur. Würde man nur den Ansatz eines Fehlers zugeben, fürchtet man, dass die Feinde des öffentlich-rechtlichen Systems reingrätschen und rufen: Wir haben es schon immer gewusst, das System ist marode und muss sofort verändert werden. Es ist die Angst, dass man dann nicht mehr Herr der Situation wäre.«

Es muss dieser verbohrte »Strukturfetischismus« sein, den Jan Böhmermann in seiner Sendung über die öffentlich-rechtlichen Sender meint, der das ZDF dazu veranlasst, sämtliche Werte, die es zu repräsentieren vorgibt – Menschenwürde, Wahrhaftigkeit, Pluralismus und Fairness – links liegen zu lassen.

»Wir bedauern ihre Entscheidung, da wir eine wertvolle Mitarbeiterin verlieren«

Auch wenn ich im Juni 2022 kündige: Das Kalkül – als ein solches empfinde ich es jedenfalls –, mich zu isolieren und klein zu halten, geht nicht auf. Die Lieblingskolleg*innen und ich gehen gemeinsam. »RTL wirbt ein angesehenes Rechercheteam für seine Newsabteilung von der öffentlich-rechtlichen Konkurrenz ab«, kommentiert *Spiegel Online* den Wechsel.

Mit nur einem Quäntchen weniger Renommee, Netzwerk und Robustheit säße ich wohl noch heute auf dem Mainzer Elefantenfriedhof.

Warum verlangt der Staat von seinen Bürgerinnen, über alle Maßen strapazierfähig zu sein, wenn sie ihr Verfassungsrecht einfordern?

Und was glaubt er, wie das weniger privilegierte Frauen schaffen sollen?

Der ZDF-Personalchef wünscht zum Abschied »weiterhin viel Erfolg und persönlich alles Gute«. Und: »Wir bedauern ihre Entscheidung, da wir eine wertvolle Mitarbeiterin verlieren«, steht in meinem abschließenden Arbeitszeugnis. Wertvoll – für gleiche Bezahlung aber offenbar nicht wertvoll genug.

Das Reich des Möglichen

Hätte sich Oliver Bierhoff jemals träumen lassen, dass ihn einmal ein Bundeskanzler besucht, um den DFB zu ermahnen, Fußballerinnen dieselben Prämien zu zahlen wie Fußballern? Hätte Rom damit gerechnet, dass das Weltreich einmal zerfallen und seine Nachkommenschaft als die Bankrotteur*innen Europas gelten würde? Oder Griechenland?

Wahrscheinlich nicht.

Nur weil eine Machtstruktur lange währt, muss sie nicht ewig halten. Eine unlängst veröffentlichte Anthologie lädt unter dem Titel *Unlearn Patriarchy* offen dazu ein, den Säulenheiligen vom Sockel zu stoßen. Und für Frauen, die sich – wie ich – schon zu lange darüber ärgern, dass sie kaum eine Möglichkeit hatten, gleichen Lohn für gleiche Arbeit einzufordern, gibt es jetzt gute Nachrichten.

Brüssel tüftelt gerade am Equal-Pay-Turbo.

Das ist, vor dem traurigen historischen Hintergrund, viel.

Die geplante neue Lohntransparenzrichtlinie sieht neben Sanktionen und mehr Transparenz nämlich vor, dass rückwirkendes Gehalt jahrelang eingefordert werden kann. Obendrein gibt's Schmerzensgeld. Natürlich sieht der EU-Vorgang mit der Nummer »2021/0050 (COD)« auch ein Verbandsklagerecht vor.[214]

Endlich könnte auch das deutschsprachige Europa international anschlussfähig werden.

Im Dezember 2022 einigen sich EU-Rat und Parlament überraschend auf die Details. Die Botschafter der EU-Staaten segnen diese in Windeseile ab. Die Zustimmung des Parlaments gilt als Formsache. Dann tritt der Turbo hoffentlich im Frühjahr 2023 in Kraft. Auch wenn sich die Koalition in Berlin nicht zu einer Zustimmung durchringen konnte, bleiben dann nur noch drei Jahre, um die EU-Richtlinie in deutsches Gesetz umzusetzen. Nach dem jahrzehntelangen Reformstau, den sich Deutschland wie auch Österreich bei der Lohnlücke erlaubten, könnte die neue Richtlinie durchs Land fegen wie ein Jane-Fonda-Aerobic-Video durch einen Rückengymnastik-Kurs.

Wenn nicht die Jungs aus dem Turnverein das Ganze schon im Vorfeld sabotieren und Jane Fonda den Ton abdrehen. So wie seinerzeit beim Entgelttransparenzgesetz. Das sollten wir unterbinden.

Der Arbeitgeberverband Gesamtmetall ist bereits in Alarmstimmung. »Um diese und weitere kritische Regelungen möglichst abzuwenden«, versprechen die Lobbyist*innen ihren Mitgliedern im Geschäftsbericht 2020/21 ganz unverblümt, dass sie in das nationale Umsetzungsverfahren »intensiv die Interessen der Metall- und auch Elektroindustrie« einbringen werden.[215] Auch der darauffolgende Bericht stimmt seine Mitglieder schon einmal auf das dräuende Schreckensszenario ein: keine Ausnahmen für tarifgebundene oder kleine Unternehmen, eine »›gemeinsame Entgeltbewertung‹ mit den Arbeitnehmervertretern« schon ab einer internen Lohnlücke von 2,5 Prozent, Sanktionen und eine Verschärfung des Entgelttransparenzgesetzes »absehbar«.[216]

Bis vor Kurzem war so etwas unvorstellbar.

Auch die deutsche Politik groovt sich auf das europäische Equal-Pay-Fitnessprogramm ein. Beim CDU-Wirtschaftsflügel spricht man so routiniert wie einfallslos von einem »Bürokratie-Tsunami«.[217] Die Juristin und SPD-Politikerin Heide Pfarr kennt das Argument: Bei geplanten Gleichstellungsgesetzen werde »das Bürokratiemonster beschworen und mit großem Tamtam vor der jeweils drohenden Klageflut gewarnt. Immer ist diese ausgeblieben – schade, aber vorhersehbar«.[218]

Mehr Bürokratie – wenn die Mythen nicht mehr ziehen, ist das

das letzte Argument der Arbeitgeber. Als ob es auch nur annähernd geeignet wäre, Frauen von der Wahrnehmung ihres Grundrechts abzuhalten. Man stelle sich einmal vor: »Die Würde des Menschen ist antastbar – alles andere wäre zu viel Aufwand.« Oder: »Freiheit? Gilt nur für die Stärkeren – wir kommen mit der Strafverfolgung nicht hinterher.«

Undenkbar.

Machen wir es den Firmen doch nicht so einfach.

Unsere Chancen stehen besser denn je.

Schon der Versuch der Konservativen, die Abstimmung im Europäischen Parlament zu verschieben, scheitert 2022. Dann regiert in Berlin eine Ampel, die sich im Koalitionsvertrag zu mehr Lohntransparenz verpflichtet hat. Bei den Gewerkschaften sitzen Frauen in den Vorständen, für die Equal Pay – hoffentlich – nicht nur ein Lippenbekenntnis ist.

Der politische Wind beginnt sich zu drehen.

#MeToo, die Berichte über den Machtmissbrauch des mittlerweile verstorbenen Star-Regisseurs Dieter Wedel sowie das sehr viel selbstbewusstere Einfordern gleicher Rechte von jüngeren Frauen und auch Männern – all das hat dazu beigetragen, die Forderung nach Equal Pay salonfähig zu machen.

Nutzen wir also die Gunst der Stunde und kontern wir die Argumente derjenigen, die versuchen, ein ordentliches Gesetz zu verhindern.

Schon einmal tat sich Deutschland schwer bei einer frauenpolitischen Selbstverständlichkeit. Es ging darum, Vergewaltigung in der Ehe zu verbieten: 25 Jahre lang scheiterte eine Gesetzesverschärfung an dem Scheinargument der Konservativen, die Justiz müsse aus dem Ehebett ferngehalten werden. Erst 1997 wird das Sexualstrafrecht geändert. »Ein Vierteljahrhundert hat Bonn gebraucht, um dieses eine, kleine Gesetz zu ändern. Die Ostverträge waren nichts dagegen«, kommentiert damals die *Zeit*.[219]

Wäre es nicht schön, wenn es diesmal schneller ginge?

Nehmen wir den Unternehmen ihre Stammtischhoheit ab. Schließlich zeigen uns ja schon viele Staaten, wie es gehen kann.

Gute Ideen aus dem Ausland

Eingängige Parolen in bester Empowerment-Rhetorik, demonstrativ guter Wille und vor Kraft strotzende Mitarbeiterinnen, die mit Kaufhausmusik untermalter weiblicher Superpower vor die Kameras treten – zum Weltfrauentag geben sich Firmen nicht nur in Großbritannien alljährlich ergriffen: »*Strong Women, May we know them. May we be them. May we raise them*« schreibt eine walisische Krebsstiftung auf Twitter: »Starke Frauen. Sie kennen. Sie sein. Sie fördern.«

2022 reicht das nicht mehr aus.

Zumindest nicht, wenn die Unternehmen ungleich bezahlen.

»In dieser Organisation verdienen Frauen im Mittel jede Stunde 35,9 Prozent weniger als Männer«, steht nun auf Twitter unter der walisischen Ode an die starke Frau.[220] Und unter dem Tweet von Goldman Sachs – »Von San Francisco bis Bengaluru feiern wir die Goldman-Sachs-Frauen, die Dinge möglich machen.« – informiert Twitter über den Gender Pay Gap von 36,8 Prozent.[221] Nackte Zahlen konterkarieren die Heuchelei.

Möglich macht es, wie die *Süddeutsche Zeitung* berichtet, ein Bot.[222]

Die Software kommentiert Tweets mit dem Hashtag #IWD2022 für den *International Women's Day* automatisch mit den Lohnlücken der Firmen. Wer sie programmiert hat, ist unbekannt.

Warum der Bot so präzise Daten vermelden kann?

Dank einer Gesetzesänderung.

Seit 2017 sind britische Firmen mit mehr als 250 Beschäftigten verpflichtet, ihre internen Lohnlücken zu veröffentlichen. Kaum tritt das Gesetz in Kraft, beherrschen die Statistiken wochenlang die Nachrichten: »Wir haben damit gerechnet, dass die Ergebnisse unangenehm würden, und so war es auch«, schreibt die damalige Premierministerin Theresa May.[223] Dass krasse Missstände im Finanz- und Bausektor sichtbar würden, war zu erwarten gewesen. Wer aber hätte gedacht, dass eine Firma für Damenunterwäsche eine interne Lohnlücke von über 75 Prozent aufweist?

Das ist dann sogar den Unternehmen peinlich.

Der damalige Chef des Billigfliegers easyjet – Gender Pay Gap über 50 Prozent – verzichtet auf 34 000 Pfund seines Gehalts und verdient danach so viel wie seine Vorgängerin.

Der Effekt, den diese Veröffentlichungen auf die Lohnlücke ausüben, ist messbar, wenngleich gering, zumal die Lohnlücke sich schon vorher verkleinerte. Aber Firmen beschäftigen sich nun strukturierter mit Gleichstellung.[224] Und Frauen meiden Arbeitgeber mit bekanntermaßen hohen Lohnlücken – sogar dann, wenn sie dafür Gehaltseinbußen in Kauf nehmen müssen, belegt eine Studie der London School of Economics (LSE).[225]

Naming and Shaming

Naming and Shaming ist international seit rund zehn Jahren eine gängige Strategie, wenn es um Missachtung von Equal Pay geht. Laut OECD setzen mittlerweile viele der Mitgliedsstaaten auf dieses Prinzip: In jedem zweiten Mitgliedsstaat müssen Firmen ihre internen Lohnlücken veröffentlichen, in der Regel alle ein bis zwei Jahre.[226] Informationen über die Löhne zu teilen eröffne nicht nur unterbezahlten Mitarbeiterinnen bessere Verhandlungschancen, stellt die OECD fest, sondern lasse Firmen auch in einem schlechten Licht dastehen: »Es wird schwierig, Talente, Kunden und Shareholder für sich zu gewinnen. Das könnte das

Management dazu bewegen, Maßnahmen gegen die Lohnlücke zu ergreifen.«[227]

Zumal wenn, wie in Frankreich, Dänemark und Schweden, jenen empfindliche Geldstrafen drohen, die die Lücke nicht dokumentieren wollen.[228] Französische Firmen mit mehr als 50 Beschäftigten sind beispielsweise verpflichtet, eine Software zu installieren, die ungleiche Bezahlung aufdeckt. Zusammen mit anderen Faktoren müssen sie einen Gleichstellungsindex veröffentlichen. Weigern sie sich, zu hohe Werte zu reduzieren, sind Sanktionen fällig: bis zu einem Prozent des gesamten Gehaltsaufkommens.[229]

Equal-Pay-Zertifikate

State of the Art beim Kampf gegen ungleiche Löhne bietet Island. Gleichstellung komme nun einmal »nicht von allein, das geht nicht von unten nach oben«, erklärt Rósa Guðrún Erlingsdóttir, im Sozialministerium für Gleichheitsfragen zuständig, 2018 dem britischen *Guardian*: »Wenn Politiker warten, bis es überhaupt keinen Widerstand gegen ein Gesetz gibt, passiert nie etwas.«[230]

Die isländische Regierung nimmt die Herausforderung an.

Sie lässt seitdem Firmen überprüfen, ob sie Frauen grundlos schlechter bezahlen und ob ihre Kriterien geschlechtsneutral sind. Verdient eine (oder auch einer) zu wenig, wird das angepasst – nur dann gibt es ein sogenanntes Lohngleichheits-Zertifikat, das Firmen vorweisen müssen. Können sie das nicht, sind Sanktionen fällig: pro Tag bis zu rund 350 Euro. Da ist es günstiger, Frauen von Anfang an gerecht zu bezahlen.

In immerhin zehn OECD-Ländern müssen Unternehmen ein Audit absolvieren, sich also prüfen lassen, ob sie gleich bezahlen – so beispielsweise in Finnland, Norwegen, Portugal und Irland.[231]

Diejenigen in die Pflicht zu nehmen, die für ungleiche Vergütung verantwortlich sind – und nicht die, die darunter leiden, nimmt offenbar effizient die Hürden vom Platz.

Booster für die Wirtschaft

In Deutschland offenbaren bis jetzt noch nicht einmal jene Firmen, deren Dependancen oder Tochterfirmen dies im Ausland tun, interne Lohnlücken. Volkswagen zum Beispiel: Bei der Volkswagen Financial Services UK verdienen Frauen im Jahr 2021 jede Stunde im Schnitt 23 Prozent weniger als Männer. Die BMW Financial Services GB Limited schüttet Mitarbeiterinnen im Schnitt nur knapp den halben Bonus ihrer Kollegen aus. Lidl Great Britain Limited hingegen gibt an, Frauen im Schnitt »nur« rund zehn Prozent weniger zu zahlen.[232] Diese prozentuale Einordnung wäre auch für Mitarbeiterinnen in deutschen Firmenstandorten interessant gewesen. Doch weil es noch keine Berichtspflichten gibt – Audits und Zertifikate sind bislang freiwillig –, bleiben hiesige Maßnahmen hinter denen führender Industrienationen zurück, kritisiert die OECD.[233]

Seit Jahrzehnten spielt man hierzulande dasselbe Spiel. Jedes Mal, wenn strengere Regeln gefordert werden, ruft die Wirtschaft: Jetzt passt es gerade nicht. Krise. Corona. Krieg. Zusätzliche Belastungen? Bitte wann anders.

Ein absurder Abwehr-Reflex deutscher Lobbyist*innen.

Ist Equal Pay denn wirklich so eine Bürde?

Just in den Krisenjahren preschen die Spanier*innen mit strengen Lohngleichheitsregeln voran und verschärfen Gesetze mitten in Finanzkrise und Pandemie. »Um uns von dieser Notfallsituation zu erholen, müssen wir als Frauen für gleiche Arbeit auch das Gleiche verdienen wie die Männer«, sagt die spanische Gleichstellungsministerin Irene Montero 2020. Firmen müssen nun Gehaltstabellen offenlegen, aufgeschlüsselt nach Geschlecht. Wer ungleich bezahlt, zahlt bis zu 187 000 Euro Strafe. »Wenn wir politisch nicht gegensteuern, wird die Krise wieder auf Frauen zurückfallen, und vor allem werden sie auf Jahre hinaus daran gehindert werden, ihre Rechte effektiv wahrzunehmen«, erklärt Montero.[234]

Wenn Frauen besser verdienen, kurbelt das den Konsum an und schafft Anreize, weiterzuarbeiten und so zum Bruttoinlandsprodukt beizutragen. Equal Pay leistet aber noch viel mehr, wie die OECD unterstreicht: »Höhere Gehälter für Frauen können zu einer ausgewogeneren Erwerbsbeteiligung beitragen, Familieneinkommen verbessern, das gesamtwirtschaftliche Einkommen erhöhen und neue, innovative Ideen fördern«, heißt es in einer jüngeren Studie. Eine kleinere Lohnlücke könne auch soziale Vorteile bringen, zum Beispiel häusliche Gewalt reduzieren.[235]

Anstatt sich nun diesen gesamtgesellschaftlichen Nutzen zu sichern oder Frauen wenigstens zu ermöglichen, sich dank besserer Gehälter aus Abhängigkeiten zu befreien, setzt Deutschland weiter auf den Wirtschaftsstandort traditioneller Prägung.

Staatliche Aufträge nur bei Equal Pay

Gewöhnlich pumpt der Staat in Krisenzeiten Geld in die Wirtschaft wie sonst nie. Für die US-Regierung wäre das ein Grund, ganz genau hinzuschauen. Das Office of Federal Contract Compliance Programs, kurz OFCCP, schützt Steuerzahlerinnen in den USA davor, als Mitarbeiterinnen diskriminiert zu werden, wenn ihre Arbeitgeber staatliche Aufträge erhalten. Das sind rund ein Fünftel der amerikanischen Werktätigen.

Hier prüft die OFCCP – und klagt gegebenenfalls. Selbst eine gütliche Einigung kann teuer werden: Die Mitarbeiterinnen von IBM etwa erhielten im vergangenen Jahr 350 000 US-Dollar von dem IT-Konzern, weil dieser in Washington Mitarbeiterinnen aufgrund des Geschlechts diskriminiert haben soll. Die Nachrichtenagentur Thomson Reuters zahlte 550 000 US-Dollar und der Pharmakonzern AstraZeneca 560 000 US-Dollar – beiden Unternehmen war neben geschlechtsbedingter auch rassistische Lohndiskriminierung vorgeworfen worden.

Selbst die konservative Schweiz überwacht, ob Auftragnehmende im öffentlichen Beschaffungswesen gleich bezahlen. Rund 30 Unternehmen nimmt sich das Eidgenössische Büro für die Gleichstellung von Frau und Mann im Jahr vor. Jedes fünfte passt danach Gehälter an. »Die Kontrolle hat Bewusstsein für das Problem geschaffen. Die Löhne aller Frauen wurden aufgestockt«, zitiert die Behörde eine von der Wirksamkeit dieser Maßnahme offenbar nachhaltig beeindruckte Firma.[236]

Warum lässt Deutschland zwar akribisch die Einhaltung von Pausenzeiten kontrollieren und ob die Wasserkocher im Büro funktionieren – nicht aber, ob Firmen für gleiche Arbeit auch gleich bezahlen? Nicht einmal dann, wenn sie im Auftrag des Staates tätig sind? Das fragt sich auch Christa Randzio-Plath, ehemals Vorstandsmitglied der Arbeitsgemeinschaft Sozialdemokratischer Frauen, wie der *Spiegel* berichtet: »Warum sollte es nicht möglich sein, auch unsere Konjunktur- und Arbeitsförderungsprogramme mit der Auflage zu verbinden, dass etwas für die Frauen getan wird?«[237]

Klingt aktuell. Doch das Zitat stammt von 1978.

Noch mehr vertane Chancen

Die Palette der Möglichkeiten ist bunt. Belgien beispielsweise setzt auf kollektive Lösungen: Seit 2012 verpflichtet das Gesetz Tarifpartner dazu, Stereotype bei der Eingruppierung von Stellen aus ihren Verträgen zu verbannen.[238] Mit verblüffendem Effekt: Obwohl hier vergleichsweise viele Frauen erwerbstätig sind, halbiert sich die unangepasste Lohnlücke in zehn Jahren fast und liegt nun bei rund fünf Prozent.[239]

Sogar entlegene Ski-Orte im amerikanischen Bundesstaat Colorado kommen am Trend in Richtung gleiche Löhne nicht mehr vorbei. Stellenanzeigen müssen seit 2021 aufführen, innerhalb welcher Gehaltsspannen die Jobs vergütet werden. Kalifornien und New York ziehen nach. »Wir kommen an den Punkt, an dem sich eine Stellenanzeige ohne Gehaltsangabe anfühlen wird wie ein Gang durch den Supermarkt, ohne einen Preis an einer Dose Nudelsuppe zu sehen«, prophezeit der Leiter der zuständigen Abteilung im Landesarbeitsministerium im Gespräch mit der Nachrichtenagentur *Bloomberg*.[240]

Die Liste der internationalen Gesetze gegen Lohndiskriminierung ließe sich fast beliebig verlängern. Nur Deutschland liefert bisher nicht.

Mit der Gesetzgebung machen Staaten deutlich, wessen Rechte und Pflichten sie stärken wollen – und wessen nicht. »Zumindest setzt sie die Messlatte dafür, was kulturell angemessen ist«, sagt Anwältin Dermody aus San Francisco. Frauen schlechter zu bezahlen und sie dafür abzustrafen, wenn sie sich dagegen wehren, ist in Deutschland gesellschaftlich akzeptiert.

Durch den Staat vertreten

Und Österreich?

Formal stehen Frauen hier besser da als in Deutschland: Bevor es vor Gericht geht, können sie sich an die Gleichbehandlungsanwaltschaft (GAW) wenden, eine unabhängige Dienststelle im Bundeskanzleramt. Diese schreibt die Firmen an. Zeigen selbige sich dann nicht einsichtig, landen sie zügig vor der Gleichbehandlungskommission, einer weiteren Dienststelle im Bundeskanzleramt. Die prüft den Vorfall, fordert Unterlagen an, interviewt

Zeug*innen und kann sogar ein Gutachten über die heikle Frage der Vergleichbarkeit erstellen lassen. Das Ganze endet im optimalen Fall in einer Schlichtung: eine diskrete Lösung ohne öffentliche Gerichtsverhandlung – und ohne dass für die Petentinnen Kosten entstehen.

Erst wenn all das nicht funktioniert, müssen Frauen vor Gericht ziehen. Auch dabei entstehen ihnen in der Regel keine Kosten. Rechtsschutz garantiert die Arbeiterkammer, die gesetzliche Interessenvertretung der Arbeitnehmenden in Österreich. Die Kammern klagen stellvertretend für die Frauen – ähnlich wie es in Deutschland der Koalitionsvertrag vorsieht.

Klingt bis hierhin ziemlich gut gelöst? Auf jeden Fall!

Hinzu kommt: Seit 2011 müssen Firmen ihre Lohnlücken erfassen. Zumindest in größeren Betrieben kennt der Betriebsrat dadurch anonymisierte, aggregierte Zahlen. Die allerdings haben einen Pferdefuß. Der Betriebsrat darf nicht initiativ auf eine schlechter bezahlte Kollegin zugehen, erklärt Katharina Mader von der österreichischen Arbeiterkammer die eigensinnige Konstruktion: denn über die internen Transparenzberichte gelte es Verschwiegenheit zu wahren. Nur wenn Arbeitnehmer*innen keine Vertretung haben, erhalten sie selbst Einsicht in die Bücher.

Immerhin hätten die dazu geführt, dass sich mehr Frauen beraten ließen, erzählt die Leiterin der GAW, Sandra Konstatzky.

Und doch ist die Lohnlücke höher als in Deutschland.

Nur 40 Frauen, so Konstatzky, die den Verdacht hegen, aufgrund ihres Geschlechts schlechter vergütet zu werden, berät die GAW – im Jahr.

Warum?

»Ich habe den Eindruck, dass in Österreich wenig über Einkommen und Vermögen geredet wird. Das machen noch nicht einmal die gut bezahlten, gut ausgebildeten Frauen untereinander. Da herrscht Geheimnistuerei«, erklärt Mader. »Da haben wir in

Österreich ganz stark die Tendenz, so zu tun, als wäre ohnehin alles in Ordnung.«

Die Gesetze sind da. Und doch fehlt noch etwas.

Aufholen im Turboverfahren

Damit Frauen endlich nicht mehr für ihre niedrigeren Verdienste verantwortlich gemacht werden, braucht es eines: einen Kulturwandel. Erst dann werden wir – in Österreich wie in Deutschland – akzeptieren, dass viele nicht nur weniger verdienen, weil sie angeblich schlechter verhandeln oder Kinder und Karriere vereinbaren. Sondern auch, weil sie Frauen sind.

Erst dann werden wir anerkennen, dass es legitim ist, sich dagegen zu wehren.

Bleibt die Frage, wie wir dahin kommen.

Viele hoffen auf kollektive Maßnahmen, die Frauen den mühsamen Weg durch die Instanzen ersparen. Britische Berichtspflichten in etwa oder isländische Zertifikate. Doch sie scheinen dabei eins zu übersehen: In jenen Ländern, die sie als Vorbilder nennen, gelten schon seit den 1960er- beziehungsweise 1970er-Jahren einfache Equal-Pay-Gesetze. Das eröffnet Frauen den Weg vor Gericht.

Und der Öffentlichkeit die Chance zu lernen, was schiefläuft, wo Gesetz oder Rechtsprechung den Lebensbedingungen hinterherhinken. So erst kann der notwendige öffentliche Druck entstehen, damit sich Gesetze zugunsten von Frauen ändern. Bestes Beispiel: Lilly Ledbetter, die sich nach ihrer Niederlage vor dem Supreme Court mit Richterin Ginsburg zusammentut. Die Fristen-Hürde, an der ihre Klage scheitert, wird per Gesetz abgeschafft.

In Deutschland aber herrscht Debatten-Rückstand.

Kaum eine Frau hat in den vergangenen Jahrzehnten geklagt.

Antidiskriminierungsgesetze kommen hier nicht etwa zustande, weil Politik und Gesellschaft einen Missstand sehen und dessen Abschaffung angehen – sondern weil die EU es verlangt. 1983 muss die Kommission die Bundesrepublik sogar vor dem Europäischen Gerichtshof verklagen – woraufhin Deutschland die wegweisenden Richtlinien für Frauen nur widerwillig und mangelhaft umsetzt.[241]

Im Turboverfahren müssen wir jetzt aufholen, damit sich bei der neuen EU-Richtlinie für transparente Löhne die Blockaden aus der Vergangenheit nicht wiederholen.

Was wir tun können, damit die Politik endlich handelt

Wie also gelingt der Kulturwandel?

Die erprobten Mittel ergreifen, um die Politik zum Handeln zu bewegen: Petitionen starten oder unterschreiben. Einer Frauenorganisation beitreten, die sich mit dem Kleingedruckten im Juristischen auskennt, wie der deutsche Juristinnenbund. An einen Antidiskriminierungsverband spenden oder an die Gesellschaft für Freiheitsrechte (GFF), weil sie, wie bei mir, wegweisende Verfahren im Bereich Equal Pay und Diskriminierungsschutz unterstützt. Sind Sie Mitglied einer Gewerkschaft oder eines Berufsverbandes, können Sie dort intern Druck machen. Und geben Sie Ihren Abgeordneten zu verstehen, dass Sie Ihre Stimme von deren Engagement für Equal Pay abhängig machen.

Kurzum: Lassen Sie sich von dem britischen Gender-Pay-Gap-Bot inspirieren, und sorgen Sie dafür, dass die Politik, Gewerkschaften und Unternehmen stetig an eines erinnert werden: Sie sind den Frauen noch ziemlich viel schuldig.

Fragen Sie also nach, wenn Ihnen das nächste Mal jemand wie Franziska Giffey »Gute Kita«-Plätze gegen die Lohnlücke verspricht, es aber in ihrer dreijährigen Amtszeit nicht schafft, die

Leitung der Antidiskriminierungsstelle zu besetzen.[242] Sie können dabei die erstaunlichsten Antworten erhalten.

Pflegen Sie ruhig Ihren Fragenkatalog, sei er auch noch so ernüchternd.

Was es beispielsweise mit den von Minister Hubertus Heil angekündigten »Alltagshelfern« auf sich hat, will ich wissen. Im Herbst 2022 teilt das Bundesarbeitsministerium mit: Man plane, die »Alltagshelfer« über eine »Plattform/App« abzuwickeln. Derzeit – also ein halbes Jahr nachdem Heil die Helfer*innen zum Equal Pay Day versprach – würden »die Voraussetzungen geprüft, die für die Entwicklung der Plattform/App erfüllt sein müssen«.[243]

Man darf gespannt sein, woran es nächstes Jahr hapert.

Und was soll auf die Erkenntnis von Frauenministerin Lisa Paus folgen, das Entgelttransparenzgesetz sei ein »zahnloser Tiger«? Auf meine Nachfrage teilt das Ministerium im November 2022 immerhin mit, die aktuellen Regelungen seien »ausbaufähig«. Bevor es aber dazu kommt, muss erst noch das Gesetz – ein weiteres Mal – evaluiert werden.[244] Dann kommt hoffentlich die neue EU-Richtlinie – und bis 2024 der Entwurf für ein neues Transparenzgesetz. Wieso lässt das Ministerium Frauen weitere zwei Jahre im Regen stehen?

Der Sache dienlich wäre, wenn in Zukunft nicht Frauen, die für ihre Rechte eintreten, durch die sozialen Medien getrieben würden, als hätten sie etwas Unerhörtes unternommen – sondern statt ihrer Politiker*innen, die auf Versprechen keine Taten folgen lassen, öffentlich zur Rechenschaft gezogen werden.

Wie Sie Unternehmen auf die Sprünge helfen

Wo der deutsche Sozialstaat auf Betriebsräte und Gleichstellungsbeauftragte zählt, setzen amerikanische Aktivist*innen auf selbst erzeugte Transparenz und die Kontrolle der Kapitalmärkte.

Nicht immer braucht es einen Hackerangriff wie bei Sony, um Missstände sichtbar zu machen: Rund 1200 Beschäftigte des Google-Konzerns geben 2017 ihre Löhne in einer internen Tabelle preis. Mit der Sammlung der Daten hatten sie zwei Jahre zuvor begonnen, diese sollen bei Gehaltsverhandlungen helfen. Als der *New York Times* die Tabelle vorliegt, berichtet sie: Mitarbeiterinnen verdienten auf fast allen Hierarchieebenen weniger. Damals bestreitet der Konzern Gehaltsunwuchten. Bis er sich mit seinen Mitarbeiterinnen auf die 118 Millionen Dollar einigt, auf die der Vergleich hinausläuft, vergehen zwar noch Jahre, aber immerhin.[245]

Die energische Forderung für gleiche Gehälter kommt nicht nur von unten. »Vielfalt ist ist keine Wohltätigkeit«, erklärt der ehemalige US-Präsident Barack Obama 2019 auf einer Firmenveranstaltung: »Wir haben alle blinde Flecken«, fährt er fort, »wenn keine Frauen bei Ihnen mit am Tisch sitzen, haben Sie das Ziel verfehlt.«[246]

Die Investor*innen von Arjuna Capital aus Boston üben seit 2015 auf Aktionärsversammlungen gezielt Druck aus. Ihre wissenschaftlich fundierte Überzeugung: Diversität steigert Gewinne. Sind Frauen und Angehörige von Minderheiten im Team, wachsen die Chancen auf höhere Renditen. Wer sie jedoch ungleich bezahlt, kann sich nicht auf ihre Loyalität verlassen. So wird die interne Lohnlücke zum Lackmustest: »Wenn die Zahlen öffentlich sind, gibt es Transparenz und eine ehrliche Buchführung. Dann managen die Firmen das besser«, sagt die Mitgründerin von Arjuna Capital, Natasha Lamb. »Man managt, was man messen kann.« Inzwischen machen 25 Firmen mit, sagt sie, darunter Apple, Amazon und Microsoft.[247]

Mit einem Online-Editor für Tabellen wie etwa Google Spreadsheet, Smartsheet oder Zoho Sheet Gehälter sammeln oder auf der Aktionärsversammlung eine Firma zur Offenlegung interner Lohnlücken auffordern – so etwas ließe sich auch in Deutschland realisieren.

Was Männer tun können

Ein Junge und ein Mädchen sollen rosa und blaue Bälle nach Farbe getrennt in Vasen füllen. Von dieser einfachen Aufgabe, die mehrere Kinderpaare eifrig erledigen, handelt ein Video der norwegischen Gewerkschaft Finansforbundet zum Weltfrauentag 2018. Junge wie Mädchen machen denselben Job gleich gut – doch am Ende erhält er als Belohnung mehr Süßigkeiten als sie. Weil sie ein Mädchen ist, erklärt die Trainerin im Versuch. Die Reaktionen sind eindeutig: »Was?«, fragt ungläubig ein Junge und »das ist so seltsam«, kommentiert ein Mädchen. »Das ist so unfair«, empört sich ein weiteres und ein drittes bringt es auf den Punkt: »Wir haben denselben Job gemacht, aber nicht dasselbe bekommen!«[248]

Am Ende teilen die Jungs selbstverständlich ihre Süßigkeiten mit den Mädchen. Das einfache Beispiel zeigt, dass Männer sich ganz unkompliziert solidarisieren können. Zumal sie im echten Leben noch nicht einmal etwas abgeben müssen – schließlich ist es an der Firma, dafür zu sorgen, dass die Frauengehälter entsprechend aufgestockt werden.

Als die Erste Flötistin Elizabeth Rowe das Boston Symphony Orchestra 2018 verklagt, weil sie rund 70 000 Dollar weniger im Jahr verdient als der erste Oboist, weiß sie sich dessen Unterstützung sicher: »Ich betrachte Elizabeth als ebenbürtig und gleichwertig, sie hat es mindestens genauso verdient wie ich, das bezahlt zu bekommen, was ich erhalte«, erklärt John Ferrillo vor Gericht und dem *Boston Globe* per Statement.[249] So erschwert er es der Orchesterleitung, die Erste Flötistin schlechtzuschreiben. Ein Jahr später einigen sich Flötistin und Orchester einvernehmlich.

Das Mindeste, was ein Mann tun kann, ist, offen über sein Gehalt zu sprechen.

Wie alle anderen mitmachen können

Es müssen nicht gleich alle auf die Barrikaden gehen. Hilfreich wäre schon, wenn alle – die weniger Mutigen, die Männer und die Mächtigen – dazu beitrügen, dass Frauen angstfrei ihr Verfassungsrecht auf gleichen Lohn einfordern könnten. Wenn sie – so wie ich selbst es lange erlebt habe – ihren Kolleginnen den Rücken stärkten und klarmachten, dass gleicher Lohn für gleiche Arbeit keine Einzel-, sondern eine gesellschaftliche Aufgabe ist. Kurzum: wenn sie durch ihr Verhalten dafür sorgen, dass Demütigungen der Nährboden und Vergeltungsakte die gesellschaftliche Akzeptanz entzogen wird.

Quasi Schutzwall statt Hürde.

Gewöhnen wir uns einfach an die Idee und starten den Kulturwandel: Die Forderung nach Equal Pay ist Bürgerrecht, kein Tabubruch.

California Dreamin'

Der Balkon im ersten Stock der modernen Villa in 1550 North San Remo Drive eröffnet einen weiten Blick über Palmen und das satte Grün von Pacific Palisades. Am Horizont, am Ende der sich zerfasernden Stadt Los Angeles, schimmert ein Streifen Pazifik. Ein Aufenthalt im ehemaligen Exil der Familie von Thomas Mann ist die wohl glamouröseste Auszeichnung, die die Bundesrepublik zu vergeben hat. Nebenan lebt das Schauspiel-Paar Goldie Hawn und Kurt Russell, einige Straßen weiter Adam Sandler.

Der Weg von Arbeitsrichter Michael Ernst, der mich 2016 abkanzelt wie eine ungezogene Göre, zum *Thomas Mann Fellow 2020/21* war mühsam – und zeigt doch, dass wir bei der Forderung von gleichem Lohn für gleiche Arbeit ein erhebliches Stückchen weitergekommen sind. So ist es mir eine besondere Freude, ausgerechnet im ehemaligen Schlafzimmer des großen deutschen Patriarchen – und seiner Frau Katia – zu Equal Pay zu forschen.

Kalifornien ist, aus deutscher Sicht, ein Equal-Pay-Schlaraffenland: Transparenz. Beweislastumkehr. Rechtfertigung. Sanktionen. Maßregelungsverbot. Vieles, was Europa noch plant, ist hier schon Realität. Die Debatten, die Deutschland und Österreich noch bevorstehen, wurden hier längst geführt.

Ja, auch hier ist nicht alles perfekt. Wer in Kalifornien zu wenig Ressourcen hat, um den Weg vor Gericht zu gehen, leidet meist auch unter einer besonders hohen Lohnlücke. Latinx- und Schwarze Frauen beispielsweise. Doch eines haben die Kalifornier*innen geschafft: Das Stigma ist weitgehend ausdiskutiert.

»An alle Frauen, die jemals Leben geschenkt haben, an alle Steuerzahler und Bürger dieser Nation, wir haben für alle anderen für gleiche Rechte gekämpft«, schreit die Schauspielerin Patricia Arquette 2015 bei der Oscar-Verleihung fast vom Podium. »Es ist an der Zeit, gleiche Löhne zu bekommen, jetzt und für alle Zeiten!«[250]

In der ersten Reihe jubeln Meryl Streep und Jennifer Lopez geradezu ekstatisch.

»Die moderne Frau spricht über Geld«

Begonnen hat es mit Humor, dann wurde es ernst. Offenbar hatte die Hollywood-Komödie *The Interview* den Diktator Kim Jong Un erbost. Sie handelt von einem Mordkomplott gegen Nordkoreas Staatsoberhaupt.[251] Und so soll es laut amerikanischer Geheimdienste 2014 angeblich Nordkorea gewesen sein, das mit dem berühmten Sony-Hack für eine Transparenzinitiative der ganz eigenen Art gesorgt habe. »Ich wusste es. Wir wussten es alle, aber wir haben nicht darüber geredet«, erklärt Schauspielerin Reese Witherspoon. Das Leak offenbart das ganze Ausmaß des Problems: Gigantische Lohnlücken bis hin zu siebenstelligen Summen.

Hannah Minghella, damals Co-Präsidentin der Sony-Tochter Columbia Pictures, bekam im Jahr 2013 rund eine Million Dollar weniger als Co-Präsident Michael de Luca.[252] Von den Profiten des Blockbusters *American Hustle* gehen zwei Prozentpunkte weniger an die Stars Amy Adams und Jennifer Lawrence als an ihre Co-Stars Christian Bale, Bradley Cooper und Jeremy Renner. »Der Sony-Hack offenbarte so viele Gehälter, dass die Diskussion danach sehr viel öffentlicher wurde«, fährt Witherspoon in *Entertainment Weekly* fort.[253]

Die Folgen sind rasch spürbar: Als Charlize Theron erfährt, dass sie für ihre Hauptrolle in *The Huntsmen* weniger als ihr Co-Star Chris Hemsworth bekommt, verhandelt sie erbost nach. »Die haben sich nicht gewehrt. Vielleicht ist das die Message: dass wir einfach nur mit dem Fuß aufstampfen müssen«, erklärt sie der britischen *Elle*. »Mädchen müssen wissen, dass es gut ist, Feministin zu sein. Es bedeutet nicht, dass du Männer hasst. Es bedeutet: gleiche Rechte.«[254]

Erst wenn Gehaltsdaten kein Herrschaftswissen mehr sind, kann die aufgedeckte Ungerechtigkeit ihre politische Wucht entfalten. So wird es einige Jahre später auch in Großbritannien laufen, als die BBC ihre Spitzenvergütungen offenbaren muss. Inzwischen ist in den USA das Gespräch über Gehälter, das lange als zu wenig feminin oder zu krass verpönt war, unter Frauen salonfähig. »Vergiss Gespräche über unser Sexleben«, schreibt 2020 eine Autorin der *New York Times*, »die moderne Frau spricht über Geld.«[255]

2015 nutzen Politikerinnen in Sacramento die Gunst der Stunde und drücken nach dem Sony-Hack ein neues Gesetz durch: Der *California Fair Pay Act* verschiebt die Regeln drastisch zugunsten von Frauen.[256] Jedes Jahr werden die Kontrollmechanismen nachgeschärft. Die Mammut-Hürden sind dort längst vom Platz geräumt oder auf eine überwindbare Höhe getrimmt.

Firmen dürfen ihren Beschäftigten nicht mehr verbieten, über Gehälter zu sprechen (Hürde Nummer eins). Bei der Beweislastumkehr ist Kalifornien schon seit Jahrzehnten auf dem Stand, den Deutschland erst 2021 erreicht (Hürde Nummer zwei). Auch Fragen nach dem vorherigen Gehalt im Bewerbungsgespräch sind nicht mehr erlaubt. Sonst hätten Frauen kaum eine Chance, je mit den Männern aufzuschließen. Wenn Neueinsteiger Jack also »gut verhandelt«, müsste das Unternehmen der langjährig beschäftigten Jane folglich eine Gehaltserhöhung geben, wenn ihre Jobs vergleichbar sind und kein anderer Grund für Jacks höheres Gehalt spricht. Alles andere kann die Firma nicht mehr rechtfertigen (Hürde Nummer drei).

Und bei Sanktionen und Maßregelungsverbot (Hürden Nummer vier und fünf) hängen die Latten tiefer. Von der Sammelklage bis zu hohen Schmerzensgeldern bietet Kalifornien alles, was das Equal-Pay-Portemonnaie begehrt.

Es geht aber noch weiter: Weil Lohndiskriminierung oft unsichtbar bleibt, müssen Firmen nun anonymisierte Gehaltsdaten melden, aufgeschlüsselt nach Jobkategorie, Geschlecht und Ethnie. Können sie Lohnlücken nicht erklären und verweigern einen Vergleich, geht es vor Gericht. Hier kann der Staat anstelle der Frauen klagen. Die »energische Durchsetzung« des Gesetzes habe »Priorität«, verkündet das Landesarbeitsministerium stolz, als es im Sommer 2021 den Hersteller des Computerspiels *World of Warcraft* auch auf Equal Pay verklagt.[257]

Wenn Kalifornier*innen hören, was Deutschland alles unternimmt, um die Vereinbarkeit von Familie und Beruf zu erleichtern, kommen ihnen fast die Tränen. Ein Rechtsanspruch auf einen Kitaplatz oder die Pflicht, Beschäftigte für die Pflege von Angehörigen einige Tage bezahlt freizustellen – das ist in den USA völlig undenkbar. Trotzdem sank die Lohnlücke seit 2000 stärker als in Deutschland.[258]

Deutschland setzt auf staatliche Fördermaßnahmen, bezahlt aus Steuergeldern. Kalifornien setzt auf Druck und nimmt die Firmen in die Pflicht, gleich zu vergüten. Tun sie dies nicht freiwillig, wird geklagt. Und zwar am laufenden Band.

»A Girl's Best Friend is Equal Pay«

Für deutsche Firmen ein Horrorszenario.

Was sagen die Unternehmen in Kalifornien dazu?

Im Mission District, wo San Francisco noch wuselig wirkt, mexikanische Burrito-Restaurants neben Hipster-Kneipen stehen und über allem der Duft von Weed weht, treffe ich Heidi Schlegel. Gerade eben hat sie noch »das Handbuch« für eine Motorradwerkstatt ausgedruckt. So etwas hätten alle kleineren Unternehmen, um sich vor Klagen zu schützen. Im Wesentlichen dokumentiere es, was die Firmen alles unternehmen, um die Gesetze zu erfüllen. Ein großes Unternehmen habe die Ressourcen, sich gegen eine Diskriminierungsklage zu verteidigen. Für ihre Klientel hingegen könne sie den Ruin bedeuten. Davor habe man Respekt.

Schlegel berät Firmen ohne eigene Personalabteilung: Restaurants, einen gemeinnützigen Verein und eben die Motorradwerkstatt. Genau solche kleinen und mittelständischen Betriebe, auf deren angebliche Nöte – Bürokratie-Tsunami, Klagewelle – Deutschland gerne hinweist, um schärfere Regeln zu verhindern.

Und Schlegels Kunden?

Regen sie sich über die kalifornischen Equal-Pay-Pflichten auf?

Schlegel schaut mich ratlos an, als habe sie über die Frage noch nie nachgedacht, und schüttelt dann den Kopf: »In Kalifornien darf niemand benachteiligt werden wegen des Geschlechts, der Hautfarbe, der Ethnie, des Alters, der sexuellen Orientierung oder weil jemand gerade eine Geschlechtsumwandlung vornimmt«, sagt sie. »Warum auch? Hauptsache, jemand macht seinen Job gut. Wieso sollte man die eine Person anders behandeln als die andere? Wegen eines Identitätsmerkmals?« Nein. In Wallung brächte ihre Kunden eher eine neue Regelung, die nach vier Stunden eine unbezahlte Mittagspause vorsieht. Die würde nur zu Problemen führen. Aber Equal Pay?[259]

Um Klagen zu vermeiden, lassen Unternehmen vorsorglich ihre Vergütungsstrukturen untersuchen und passen sie notfalls diskret an.

Europäische Länder wie Island haben die Lösung für Equal Pay mit ihren Zertifikaten verstaatlicht, Kalifornien hat sie privatisiert. Beide Methoden kommen zum selben Ergebnis: Unternehmen überprüfen ihre Bezahlpraxis. Am Ende verdienen mehr Frauen so viel wie Männer.

2018 räkelt sich Popstar Miley Cyrus auf der Gästecouch von Jimmy Fallons *Tonight Show* und interpretiert den Weihnachtsklassiker *Santa Baby* neu. In den 1950er-Jahren hatte Eartha Kitt in der Originalversion noch Geschenke gefordert, Schecks, ein

Cabriolet, eine Jacht – ein braves Mädchen bittet um Belohnung für züchtiges Betragen. Ganz anders Miley Cyrus: »Ich brauch deine Geschenke nicht (...) Ich kann mir meine eigenen Sachen kaufen« heißt es bei ihr.

Oder, wie sie auch singt: »*A Girl's Best Friend is Equal Pay.*«[260]

Win-win

Den Song hätte ich damals, an einem Berliner Abend vor dem zweiten Akt meines juristischen Dramas, gerne abgespielt. Die gute Freundin kommt zu Besuch. Sie ist unerschütterlich, seit sie nach deren Zeugung ihre inzwischen volljährigen Zwillinge allein großzieht. Während ich am offenen Fenster rauche, fläzt sie sich aufs Sofa, entkorkt eine Flasche Rotwein und sagt: »Ich weiß gar nicht, was du hast. Kann doch nichts schiefgehen: Entweder du gewinnst, dann ist ohnehin alles gut. Oder du verlierst, dann wirst du die Königin der Herzen. Win-win.«

Im Prinzip hat sie Recht behalten.

»Deine Geschichte funktioniert deshalb so gut, weil alle wissen, wie sehr du leiden musst«, erklärt mir sinngemäß eine in feministischen Anliegen äußerst versierte Journalistin. Wahrscheinlich hat sie Recht, und genau das ist Teil des Problems: Nach wie vor werden aufbegehrende Frauen nur dann akzeptiert, wenn sie dafür einen hohen Preis zahlen müssen. Lilly Ledbetter beispielsweise. Oder Marie Curie. Noch hat das Schicksal der aufmüpfigen Frau der Dramaturgie des klassischen Dramas zu folgen: Am Ende muss sie für die Folgen ihrer Tat büßen.

Das ist natürlich wenig attraktiv.

Wie lange soll das denn noch so gehen?

In Kalifornien hätten den Kulturwandel drei Sachverhalte befördert, sagt Anwältin Dermody: Die *#MeToo*-Bewegung führt allen drastisch vor Augen, dass Gerechtigkeit zwischen den Geschlechtern noch nicht erreicht ist. Mehr Journalistinnen in den Redaktionen sorgen dafür, dass über die Ungerechtigkeiten auch berichtet wird. Schließlich, das hält Dermody für »wirklich phänomenal«: Männer nähmen sich des Anliegens an, insbesondere die *Millennials*.»Im Fokus der Diskussion steht jetzt, dass das alte System nicht funktioniert hat. Also müssen wir etwas ändern. Wir sollten uns nicht mehr darauf verlassen, dass Frauen das Problem in individuellen Verhandlungen lösen können – sondern Arbeitgeber auffordern, die Gesetze einzuhalten und die Daumenschrauben anziehen, bis sie es tun.«

Und in Deutschland?

Wohl kaum etwas verkörpert die alte Bundesrepublik so sehr wie der Mainzer Lerchenberg. Die ZDF-Zentrale samt Neubau aus den Siebzigerjahren, Springbrunnen und Fernsehgarten erstreckt sich wie ein extraterritoriales Gebilde über die Äcker am Rande der Stadt. Rote, blaue oder metallicfarbene Klein- und Mittelklassewagen reihen sich an manchem Morgen auf der Ausfahrt der A60 hintereinander: Die Zuverdienerinnen steuern ihre Jobs im Zweitwagen an. Das betriebliche Rollenbild scheint sich lange an den verschwiemelten Klischees der eigenen Vorabendserien zu orientieren.

Doch auch hier ist einiges ins Wanken geraten.

»Durch deine Klage ist ein Austausch entstanden. Das macht man nicht, man klagt nicht gegen das ZDF, meinten die einen. Und dann gab es eine sehr große Gruppe, die gesagt hat: Das ist berechtigt, hier muss etwas passieren. Gut, dass da jemand mal so hart bleibt«, erzählt Personalrätin Feilhauer.»Das hat einen Kulturwandel ausgelöst und bei vielen den Verdacht befördert: Vielleicht ist mir auch nicht Gerechtigkeit widerfahren? Da gucke ich jetzt mal genauer hin, damit ich die nächsten Jahre nicht auch mit dem Gefühl lebe, schlechter bezahlt zu werden. Inzwischen haben sich schon etliche mehr gemeldet, als das sonst der Fall gewesen wäre. Es gibt ein gewisses Empowerment.« Und auch wenn

der Sender sich ihrer Ansicht nach bemühe, Fehler aus der Vergangenheit für die Zukunft zu berichtigen, sei »das Thema noch lange nicht zu Ende. Noch lange nicht.«
Der Anfang ist gemacht.

Wenn selbst das ZDF, traditionell verwurzelt im katholisch geprägten Provinzialismus der alten Bonner Republik, den ersten – wenngleich bislang eher stillen und heimlichen – Schritt zu gleichen Löhnen schafft, kann das der Rest der Republik auch. »Ich glaube nicht, dass in 20 Jahren irgendjemand auf der Gegenseite stolz auf sich sein wird«, prognostiziert die BBC-Journalistin Jane Garvey über den Equal-Pay-Streit bei ihrem Arbeitgeber. »Wir werden zurückblicken und uns fragen: Wie konnte irgendjemand denken, dass das okay war? Es ist so lachhaft, wie seine Kinder zu einer öffentlichen Hinrichtung mitzunehmen.«[261]

Womöglich sind wir dieser Erkenntnis schon näher, als wir denken.

Equal Pay Now! ist auch ein Experiment: Ob einer Frau verziehen wird, wenn sie Sexismus im Job anprangert? Ob Deutschland in den vergangenen acht Jahren in puncto Equal Pay tatsächlich spürbar weitergekommen ist?

Unversehens ist die Geschichte meines Aufbegehrens nun leichtherziger geworden, als ich es nach all den Jahren und Mühen für denkbar gehalten hätte. Denn sie zeigt, dass Frauen, auch wenn sich der Weg für sie persönlich finanziell nicht auszahlt, eine ganze Menge erreichen können. Dass sie wirkmächtig sind. Dass Hilflosigkeiten aller Art häufig eben auch genau das sind: ein vorübergehender Mangel, den man beheben kann.

Ob sie noch einmal klagen und die jahrelange, letztlich erfolglose Prozedur bis zum Europäischen Gerichtshof für Menschenrechte auf sich nehmen würde, möchte ich von Edeltraud Walla wissen. Mit ihrer Antwort zögert sie keine Sekunde. »Natürlich«, sagt sie, »nur schon viel früher.« Ich kann sie verstehen: Wer einmal das Kopfkino verlassen hat, tut sich schwer damit, es erneut zu betreten.

In der Villa der Familie Mann in Los Angeles lässt sich das leichter schreiben als vor dem nächsten Termin am Berliner Arbeitsgericht. Hier, unter der kalifornischen Sonne und zwischen Palmen, passt ein Wort, das wir der Großmutter von Thomas Manns Frau Katia, der Frauenrechtlerin Hedwig Dohm, verdanken: »Glaube nicht, es muss so sein, weil es so ist und immer so war. Unmöglichkeiten sind Ausflüchte steriler Gehirne. Schaffe Möglichkeiten!«

Gut zu wissen

Wie finden Sie heraus, ob Sie diskriminiert werden?

Was ist zu tun, wenn Sie ahnen, dass Sie grundlos weniger verdienen als ein Mann?
Bislang galt: gar nichts. Wer aufmuckt, fliegt.
Ganz falsch ist das auch heute nicht.
Besser aber ist: ab zur Rechtsberatung oder zum Betriebsrat. Denn auch wenn sich der Weg mühsam gestalten kann – aussichtslos ist er nicht mehr. Sie zögern? Dann hier noch einmal ein kleiner Mutmacher: Gerichtsverfahren zeigen, wie wir gesehen haben, dass monatliche Lohndefizite zwischen knapp 500 bis 1000 Euro keine Seltenheit sind. Dazu kommen bei Angestellten die Arbeitgeberanteile zu den Sozialversicherungen, sodass auch ihre persönliche Rentenlücke sinken dürfte. Obendrauf gibt's Zinsen in Höhe von fünf Prozent über dem Basiszinssatz seit Fälligkeit.

Machen Sie sich also klar, worauf Sie womöglich verzichten.

Und spielen Sie probeweise den Gedanken, sich zu beschweren, einmal durch.

Der Drei-Stufen-Test

Zuallererst sollten Sie sich fragen: Ist Ihre niedrigere Vergütung legal?

Um das herauszufinden, hilft ein einfacher Drei-Stufen-Test. Die ersten beiden Fragen müssen mit Ja beantwortet werden. Folgt auf die dritte ein Nein, gibt es einen handfesten Verdacht auf Lohndiskriminierung.

1) Macht der Kollege einen vergleichbaren Job?
2) Wenn ja: Verdient er mehr als Sie?
3) Wenn ja: Gibt es dafür einen guten Grund?

Können Sie die dritte Frage auch mit »Ja« beantworten, ist alles okay. Lehnen Sie sich beruhigt zurück.

Wenn nicht: Herzlichen Glückwunsch! Ihnen könnte viel Geld zustehen. Leider auch viel Ärger bei dem Versuch, es sich zu holen. Und da der Drei-Stufen-Test in der Praxis natürlich ein wenig komplizierter ist, schadet es nicht, wenn Sie sich mit einigen Details vertraut machen: Wo eine Lohnlücke ist, ist immer auch ein mitunter sogar Jurist*innen verborgenes Spezialwissen. Schauen wir uns also den Drei-Stufen-Test genauer an.

Macht der Kollege einen vergleichbaren Job?

»*Same same but different*« hört auf dem Markt in Thailand, wer mit dem Kauf einer gefälschten Markenuhr liebäugelt, oder in einem indischen Restaurant, wenn das abgebildete Curry gerade nicht erhältlich ist, dafür aber ein anderes, sehr ähnliches. Ins Deutsche übersetzt heißt die Redewendung in etwa: »Genauso, nur anders.« Sie kann fundamental unterschiedliche Sachverhalte bezeichnen – oder auch sehr ähnliche. Herauszufinden, wie gleich sie tatsächlich sind, bereitet Tourist*innen in der Regel viel Freude. Bei einer Equal-Pay-Beschwerde läuft es ähnlich – macht aber viel weniger Spaß.

Um die Frage, ob die Tätigkeit der Klägerin mit der eines besser verdienenden Mannes vergleichbar ist, wird gefeilscht wie auf dem Jahrmarkt. Am Ende gilt: Knapp daneben ist auch vorbei. Dabei definiert das Gesetz gleiche und gleichwertige Tätigkeiten klar nach den europäischen Vorgaben: »Weibliche und männliche Beschäftigte üben eine *gleiche Arbeit* aus, wenn sie an verschiedenen Arbeitsplätzen oder nacheinander an demselben Arbeitsplatz eine identische oder gleichartige Tätigkeit ausführen.«[262]

Das bedeutet: Der Job muss nicht identisch sein.

Auch auf die Leistung kommt es hier nicht an. Sondern auf die Art der Arbeit und den Arbeitsplatz. Wenn Paul Pflaumenkuchen backt, verrichtet er vermutlich die gleiche Tätigkeit wie Mary, die in derselben Küche den Teig für Apfelkuchen rührt. Als Faustregel gilt: Wenn Mitarbeitende füreinander einspringen können, machen sie wahrscheinlich den gleichen Job. Ob das Produkt beziehungsweise die Tätigkeit etwas anders ausschaut, weil eben Mary statt Paul Hand anlegte, ist irrelevant.

Und wenn etwas anderes in den Verträgen steht?

Macht nichts.

Eine Firma kann sich nicht einfach vor gleicher Bezahlung drücken, indem sie Arbeit umetikettiert, also etwas anderes in die Verträge schreibt, als tatsächlich geleistet wird. Vielmehr gilt: »Es ist von den tatsächlichen, für die jeweilige Tätigkeit wesentlichen Anforderungen auszugehen, die von den ausübenden Beschäftigten und deren Leistungen unabhängig sind.«[263]

So steht es im Entgelttransparenzgesetz.

Und wenn kein Kollege im Team ist, der einen vergleichbaren Job verrichtet?

Macht auch nichts.

Ziehen Sie einfach einen aus der Vergangenheit hinzu. Ein sogenannter Paarvergleich darf auch über einen Zeitraum hinweg angestellt werden, hat der Europäische Gerichtshof bereits 1980 entschieden.[264]

Auch gleichwertige Tätigkeit muss gleich entlohnt werden

Es wird aber noch besser. Das Equal-Pay-Gebot gilt auch für *gleichwertige Arbeit*. Das können völlig unterschiedliche Tätigkeiten sein, die von IT-Beratern und Bibliothekarinnen beispielsweise oder von Gärtnern und Heilmasseurinnen. Letztere kommen jüngst bei einem Wellness-Unternehmen in Österreich zu mehr Geld: Traditionell unterscheidet das interne Lohnschema zwischen Arbeiter*innen und Angestellten. Masseur*innen etwa – fast immer Frauen – hat die Firma besonders niedrig einsortiert, nämlich auf Stufe vier des Angestelltenschemas. Gärtner*innen hingegen – meist Männer – landen bei den Arbeiter*innen und dort in Stufe eins. Völlig selbstverständlich bewertet die Firma männliche Tätigkeiten als Facharbeit – die der Frauen aber, trotz einschlägiger Ausbildung, nicht. Faktoren, die zu ihren Gunsten hätten sprechen können, zählen einfach nicht, weder unregelmäßige Arbeitszeiten am Wochenende noch Sprachkenntnisse oder Verantwortung für Barbeträge. Nachdem sich der Betriebsrat beschwert, verdienen Masseur*innen so viel wie Gärtner*innen.[265]

In Deutschland gilt bei der sogenannten Gleichwertigkeitsprüfung: »Zu den zu berücksichtigenden Faktoren gehören unter anderem die Art der Arbeit, die Ausbildungsanforderungen und die Arbeitsbedingungen.«[266]

Wenn also der Job im Büro eine ähnliche Ausbildung erfordert wie der des Hausmeisters, inhaltlich ähnlich fordernd und ansonsten genauso stressig ist – dann stehen die Chancen gut, dass den Sekretärinnen ein Hausmeistergehalt zusteht. Vorausgesetzt natürlich, sie arbeiten im selben Betrieb. Und wenn die Männer Zulagen erhalten, stehen solche auch den Bürokräften zu, wenn beispielsweise ihr Job so nervenaufreibend ist wie der der Hausmeister körperlich anstrengend.[267]

Dabei, und das ist das Allerbeste, muss ihre Ausbildung gar nicht tatsächlich vergleichbar sein. Es reicht, wenn die *Anforderung* an sie vergleichbar ist. Wenn also die Stellenausschreibung eine dreijährige Ausbildung fordert, können Sie sich wahrscheinlich auch dann mit einem Kollegen vergleichen, der zusätzlich promoviert oder aber einen Lkw-Führerschein erworben hat.

Schlicht verboten ist auch die gemeinhin übliche Praxis, weiblich dominierte Tätigkeiten – etwa die der Sekretärin – per Tarifvertrag schlechter zu vergüten als männlich dominierte – wie Hausmeister. Zumindest, wenn sie beim selben Arbeitgeber erfolgt.[268]

Einfacher kann es mit dem Entgelttransparenzgesetz gehen

Arbeiten Sie in einer größeren Firma und diese zahlt nach Tarif? Dann erleichtert das Entgelttransparenzgesetz die Prüfung. Vorausgesetzt, Sie gehören zu den gut 40 Prozent der werktätigen Frauen, für die der individuelle Auskunftsanspruch gilt. Nämlich dann, wenn Ihr Betrieb mindestens 200 Mitarbeitende beschäftigt, davon sechs oder mehr vergleichbare Kollegen. Mit »Betrieb« ist übrigens nicht etwa die Firma als Ganzes gemeint, sondern Ihr Betriebsort, also beispielsweise eine eigenständige Filiale. So jedenfalls urteilt 2021 das Landesarbeitsgericht Hessen.[269]

Gilt in dieser Filiale ein Tarifvertrag, vergleichen Sie sich nun mit allen Kollegen in Ihrer Vergütungsgruppe.[270] Diese richtet sich in der Regel nach der Funktion. Die Stufe hingegen, die sich häufig auf Berufserfahrung oder Betriebszugehörigkeit bezieht, spielt keine Rolle.

Der Vorteil?

Wer korrekt eingruppiert ist, braucht kein aufwändiges Gutachten, um festzustellen, ob er oder sie einer vergleichbaren Tätigkeit nachgeht.

Der Nachteil?

Häufig diskriminieren genau diese Eingruppierungen. Beschäftigte in Frauenberufen verdienen dann weniger als Kollegen in Männerberufen. In diesem Fall versagt das Entgelttransparenzgesetz. Denn verglichen werden darf nur innerhalb eines Tarifvertrags und innerhalb derselben Vergütungsgruppe.

Das aber widerspricht nach Ansicht vieler Expert*innen dem Europarecht. Schon vor über einem Vierteljahrhundert erklärte

der Europäische Gerichtshof: Ein Arbeitgeber kann ungleiche Bezahlung nicht damit rechtfertigen, dass vergleichbare weibliche und männliche Tätigkeiten unterschiedlich ins Tarifgefüge einsortiert werden.[271]
Ob Sie damit vor den Arbeitsgerichten durchkommen?
Das weiß niemand.
Sicher ist: Sie brauchen einen sehr langen Atem dafür.

Verdient der Kollege mehr als ich?

Fragen Sie in Sachen Gehalt doch einfach mal nach. Meine Erfahrung: Nicht alle Kollegen werden antworten. Aber Sie werden sich wundern, wie viele dann doch Auskünfte geben.
Was aber, wenn der Kollege zögert, die ganze Wahrheit preiszugeben?
Auch hier gibt es eine Lösung, zumindest in der Theorie: Er muss gar keine exakte Zahl benennen. Zunächst reicht es, in Erfahrung zu bringen, ob er mehr verdient als Sie. Zum Beispiel mit folgender einfacher, leichter zu beantwortenden Frage: »Ich verdiene soundso viel Euro – du verdienst mehr, oder?« Und vor Gericht müssen Sie erst einmal nur vortragen, dass ein vergleichbarer Kollege mehr verdient. Will er die präzisen Zahlen nicht ausplaudern, ist das nicht schlimm. Notfalls müssen Arbeitgeber sie vor Gericht selbst preisgeben, das kann erzwungen werden – zumindest theoretisch. Leider fehlen in der Praxis hier noch die Präzedenzurteile.
Erstaunlich häufig wissen auch die Kolleg*innen, was die anderen im Team verdienen. Auch hier gilt: Im Zweifelsfall fragen. Nicht alle wollen unbedingt selbst in die Bütt – helfen aber gerne mit Informationen, wenn sie auf diese Weise ihren Teil dazu beitragen können, einen Zustand zu beseitigen, der auch sie ärgert.

Darf ich das überhaupt: Gehälter erfragen?

Falls Sie sich fragen, ob Sie sich überhaupt nach dem Gehalt der anderen erkundigen dürfen, gibt es eine eindeutige Antwort.

Ja, Sie dürfen.

Der Kollege darf auch antworten.

Wahrscheinlich sogar dann, wenn Ihre Verträge Verschwiegenheit vorschreiben. Denn Ihr Recht auf diskriminierungsfreie Bezahlung wiegt schwerer als das Bedürfnis Ihres Arbeitgebers, Gehälter diskret zu behandeln. Ihr Wunsch ist ein unabdingbares Grundrecht. Ihre Firma will lediglich Geheimniskrämerei betreiben.

Das Gespräch mit Kollegen ist sogar unerlässlich, wie schon 2009 das Landesarbeitsgericht Mecklenburg-Vorpommern entschied: »Eine Klausel, wonach der Arbeitnehmer verpflichtet ist, über seine Arbeitsvergütung auch gegenüber Arbeitskollegen Verschwiegenheit zu bewahren, ist unwirksam, da sie den Arbeitnehmer daran hindert, Verstöße gegen den Gleichbehandlungsgrundsatz im Rahmen der Lohngestaltung gegenüber dem Arbeitgeber erfolgreich geltend zu machen.«[272]

Deshalb muss die Abmahnung, die ein Mitarbeiter erhielt, nachdem er sich mit Kollegen über Gehälter ausgetauscht hatte, aus der Personalakte entfernt werden.

»Über Gehalt spricht man nicht? Doch! Und zwar selbst dann, wenn in euren Arbeitsverträgen pauschal steht, dass ihr das nicht dürft«, twittert 2022 sogar das ZDF. »Gewagter Post für eine Rundfunkanstalt, die selbst nach jahrelangen Gerichtsverfahren von @birtemeier und den @freiheitsrechte zur Auskunft über Gehälter gezwungen werden musste«, antwortet eine feministische Juristin.[273]

In der Praxis gilt natürlich: Wer sich Verschwiegenheit zusichern lässt, erwartet sie auch. Ihre Vorgesetzten reagieren womöglich gereizt, wenn Sie in der Kantine eine Gehaltsumfrage starten. Im Zweifel also auch hier den Rat von Expert*innen einholen und den Wortlaut Ihrer Verträge überprüfen lassen.

Wie stelle ich eine Anfrage nach Entgelttransparenzgesetz?

Gehören Sie zu den Privilegierten, die das Entgelttransparenzgesetz nutzen dürfen, weil Ihr Betrieb die richtige Größe hat? Dann können Sie erfragen, wie hoch das mittlere Gehalt der Kollegen ist. Ob Sie diese Anfrage (anonym) an den Betriebsrat oder an die Personalabteilung richten, entscheidet Ihre Firma. Sollten Sie hier versehentlich die falsche Stelle anschreiben, macht das vor Gericht keinen Unterschied.[274]

Einmal gefragt, muss das Unternehmen Ihnen das mittlere Gehalt der Vergleichskollegen mitteilen. Gibt es einen Tarifvertrag, sind das die Männer in Ihrer Vergütungsgruppe. Gibt es keinen, benennen Sie mindestens sechs Kollegen – besser noch mehr, Ihre Firma könnte auf die Idee kommen, einige zu streichen, weil sie angeblich einen völlig anderen Job machen. Sind die Kollegen benannt, muss das Unternehmen die Gehälter der Männer der Höhe nach aufreihen – oder auch der Personalrat nach Einsicht in die Gehaltslisten. Das mittlere Gehalt entspricht dem Median. Bei sieben Gehältern ist es also das vierte. Sind es nur sechs, wird der Schnitt zwischen dem dritten und vierten Mann gebildet.

Fragen Sie sich schon lange, wie der Kollege den Neuwagen finanziert, mit dem er neuerdings zur Arbeit braust?

Genießen Kollegen eine zusätzliche Altersvorsorge?

Bekommen sie Kita-Zuschüsse?

Auch hier hilft das Entgelttransparenzgesetz. Denn Sie dürfen nach Zulagen fragen. Die entsprechende Formulierung im Gesetz ist bereits überholt, sie erlaubte Auskünfte nämlich nur über insgesamt zwei Zulagen. Herauszufinden, welche genau das sein könnten – ob Sie also eher nach einem Leistungsbonus fragen oder dem Zuschuss für eine Lesebrille –, glich einer Partie »Schiffe versenken«: Man ließ Sie im Trüben fischen.

Seit dem Urteil des Bundesarbeitsgerichts in meiner Sache aber steht fest: Sie können zusammengefasst nach allen leistungsabhängigen und -unabhängigen Zulagen fragen.[275] Das erhöht die Wahrscheinlichkeit, einen Treffer zu landen, also eine Zulage zu finden, die ein mittlerer Kollege erhält – nicht aber Sie.

Wichtig: Eine solche Anfrage nach Median und Zulagen dürfen Sie alle zwei Jahre stellen. Ändern sich die Umstände, zum Beispiel, weil Sie versetzt werden, schon vorher.

Gibt es einen guten Grund für das höhere Männergehalt?

Wer es bis hierhin geschafft hat, steht kurz vor dem Siegerpodest des Drei-Stufen-Tests. Können Sie die dritte Frage mit »Nein« beantworten, stehen Ihre Chancen auf ein gleiches Gehalt gut.

Doch was genau ist ein guter Grund?

Das Schöne ist: Sie müssen Frage drei gar nicht beantworten, sondern im Ernstfall das Unternehmen, das Sie beschäftigt. Das ist neu. Das Bundesarbeitsgericht hat – erinnern Sie sich an Hürde drei, die Rechtfertigung? – den Spieß umgedreht und ihn noch ordentlich angespitzt.

Es setzt um, was der Europäische Gerichtshof schon lange vorsieht: Die Gründe für ein höheres Gehalt müssen auf »einem *legitimen Ziel*« beruhen und die Mittel, dieses Ziel zu erreichen, »*geeignet und erforderlich*« sein.[276] Ein Entgeltsystem, also in etwa ein Tarifvertrag oder eine betriebliche Vereinbarung, muss die Art der Tätigkeit *objektiv* berücksichtigen und insgesamt *transparent* sein.[277] Es reicht auch nicht mehr, in der Vitrine auf dem Weg in die Kantine eine Willensbekundung auszuhängen oder einen Verweis auf das vertraglich Vereinbarte. Sondern geschlechtsneutrale Kriterien müssen von Männern und Frauen gleichermaßen *gelebt* werden. All das muss eine Firma nun *beweisen* – und so vortragen, dass ein Gericht es auch überprüfen kann.

Zugegeben, das klingt alles sehr technisch.

Konzernjurist*innen aber wissen, was das heißt.

Deshalb mein dringender Rat: Spätestens wenn Sie in Ihrem

Gedankenspiel bis hierhin gekommen sind, suchen Sie sich bitte Hilfe bei spezialisierten Anwält*innen, lassen sich bei der Antidiskriminierungsstelle des Bundes beraten, bei Ihrer Gewerkschaft oder einer anderen fachkundigen Person. Für den Parcours zu Equal Pay brauchen Sie zwingend Profis an Ihrer Seite.

Aus diesen Gründen dürfen Männer mehr verdienen

Natürlich gibt es sie: Gründe, aus denen Männer besser bezahlt werden dürfen als Frauen und Frauen besser als Männer. Das Entgelttransparenzgesetz nennt »insbesondere arbeitsmarkt-, leistungs- und arbeitsergebnisbezogene Kriterien«, sofern sie verhältnismäßig sind.[278]

Spricht ein Bewerber also beispielsweise fließend Mandarin oder beherrscht eine seltene Programmiersprache, die eine Firma dringend benötigt, darf diese ihn mit einem hohen Lohn zum Wechsel animieren, ohne eine Mitarbeiterin im selben Job gleichzustellen.

Auch höhere Leistungen dürfen zu besserer Vergütung führen. Zum Beispiel, wenn nach Akkord entlohnt wird. Boni sind ebenfalls grundsätzlich zulässig. Voraussetzung ist aber, dass für alle die gleichen Kriterien gelten. Zuschüsse, die willkürlich verteilt werden oder von denen deutlich mehr Männer profitieren, sind heikel.

Bei Monatslöhnen stellt sich die Angelegenheit anders dar.

In der Regel vergütet das Grundgehalt die Arbeitszeit. Dann können eine längere Berufserfahrung oder Dienstalter höhere Löhne rechtfertigen. Denn diese ermöglichen Beschäftigten in der Regel, ihre Arbeit besser zu verrichten. Aber auch solche Kriterien der Anciennität sind kein Persilschein, stellt das Bundesarbeitsgericht fest.

Gelingt es nämlich einer Mitarbeiterin, Zweifel aufkommen zu lassen, dass ein höher vergüteter Kollege tatsächlich bessere Ergebnisse liefert, weil dieser schon länger im Betrieb arbeitet, gerät das Unternehmen unter Rechtfertigungsdruck. Wenn also beispielsweise Klaus' Leistung mit zunehmendem Alter erheblich nachlässt, ihm die Firma aber trotzdem noch die Bezüge erhöht, muss sie belegen, dass das höhere Gehalt sachlich begründet ist.[279]

Strittig ist, ob Beschäftigte länger auf Beförderungen warten müssen, wenn sie wegen Elternschaft aussetzen. Auf der einen Seite steht das Europarecht: Die Elternurlaubsrichtlinie verbietet, Rückkehrerinnen aus der Elternzeit zu benachteiligen, schreibt die Antidiskriminierungsstelle des Bundes. Andererseits entscheidet das Bundesarbeitsgericht 2011: Der öffentliche Dienst dürfe beim Stufenaufstieg die Berufserfahrung honorieren. Und die kann während der Elternzeit nicht zunehmen. Hier also gilt abermals: fachkundigen Rat einholen.[280]

Wie viel Geld bekomme ich und welche Fristen muss ich beachten?

Seit Lilly Ledbetter wissen wir: Augen auf bei der Fristenfalle.

Normalerweise verfällt Ihr rückwirkender Anspruch auf gleiche Bezahlung nach drei Jahren, das Jahr der Entstehung nicht mitgerechnet. Erfahren Sie also im Jahr 2023, dass Sie schon seit Langem zu wenig verdienen, können Sie die Differenz in der Regel rückwirkend seit 2020 geltend machen. Ob Ihr Vertrag gültige kürzere Ausschlussfristen enthält, sollte ein*e Anwält*in klären.

Die erste Frist, auf die Sie achten müssen, ist die Kenntnisfrist. Das Allgemeine Gleichbehandlungsgesetz (AGG) verlangt, dass Sie Ihre Ansprüche beim Arbeitgeber innerhalb von zwei Monaten geltend machen.[281] Es sei denn, Ihr Tarifvertrag regelt das anders. Häufig haben Firmen dafür eigene AGG-Stellen eingerichtet. Sonst wenden Sie sich an die Personalstelle oder die Unternehmensleitung. Weitere drei Monate später – unabhängig davon, ob Ihre Beschwerde schon beantwortet wurde – müssen Sie Klage einreichen.

Entspannter ist es, wenn Richter*innen anerkennen, dass die Lohndiskriminierung einen sogenannten *Dauertatbestand* darstellt. So urteilt beispielsweise das Landesarbeitsgericht Rheinland-Pfalz bei den Birkenstock-Frauen: Weil der niedrigere Lohn jeden Monat aufs Neue gezahlt wird, löst jede Zahlung die Frist erneut aus.

Aber Vorsicht!

Erhalten Sie eine Lohnerhöhung, löst diese die Diskriminierung womöglich ab. Dann haben Sie nur noch zwei Monate, um Ihre Ansprüche für die Vergangenheit geltend zu machen, da der Dauertatbestand ein Ende gefunden hat.[282]

Und Schmerzensgeld?

Ein solches könnte Ihnen theoretisch zustehen. Versuchen Sie ruhig, es für den immateriellen Schaden geltend zu machen – also für die Ehrverletzung.

Was ist die mittelbare Diskriminierung?

Bisher war fast immer von der sogenannten unmittelbaren Diskriminierung die Rede. *Mittelbare Diskriminierung* ist etwas komplizierter – aber genauso verboten. Sie liegt vor, wenn vermeintlich geschlechtsneutrale Regeln Frauen benachteiligen. Verboten ist beispielsweise die Geschäftspraxis, Teilzeitbeschäftigte pro Stunde schlechter zu bezahlen als Vollzeitbeschäftigte, ohne dass ein sachlicher Grund vorliegt – zumindest dann, wenn in einer Firma deutlich mehr Mitarbeiterinnen ihre Arbeitszeit reduzieren als Mitarbeiter.

Natürlich kommen Benachteiligungen im Alltag selten sortenrein daher. Sie brauchen aber kein Profi im Antidiskriminierungsrecht zu werden. Wichtig ist: Auch was auf den ersten Blick nicht wie eine verbotene Benachteiligung aussieht, muss noch lange nicht legal sein.

Was ist die Beförderungsdiskriminierung?

An einem Märzmorgen 1970 reckt auf der Titelseite des amerikanischen Wochenmagazins *Newsweek* eine nackte Frau ihre rechte Faust gen Himmel. Der Titel: *Women in Revolt* – Frauen in Aufruhr. Was die Blattmacher nicht wissen: Noch am selben Vormittag werden 46 ihrer Mitarbeiterinnen eine Pressekonferenz geben. Sie haben gegen das angesehene Magazin eine Diskriminierungsklage eingereicht. Denn Frauen dürfen damals die Redaktionspost verteilen, Recherchearbeiten erledigen oder werden vielleicht als Reporterin eingesetzt. Ihnen wird erzählt, dass Frauen bei *Newsweek* nicht schreiben. Sie liefern Informationen und Textabsätze, aber der Ruhm und die *byline*, die Verfasserzeile, gehen so gut wie immer an die Männer.

Die Geschichte ihres Sieges hat der Streamingdienst Amazon Prime 50 Jahre später unter dem Titel *Good Girls Revolt* verfilmt. Im echten Leben, so viel sei verraten, gewinnen die *Good Girls*.

Wenn der Drei-Stufen-Test bei Ihnen negativ ausfällt, muss das nicht automatisch heißen, dass Sie nicht diskriminiert werden. Sondern vielleicht geht es bei Ihnen – wie bei den New Yorker *Good Girls* – nicht um Lohn-, sondern um *Beförderungsdiskriminierung*.

Der Unterschied ist ganz einfach: Wird vergleichbare Arbeit ohne sachlichen Grund unterschiedlich vergütet, liegt Lohndiskriminierung vor. Häufig verdienen Frauen aber weniger, nachdem sie, so wie Barbara Steinhagen, die ehemalige Sony-Music-Managerin, bei einer Beförderung übergangen wurden. Eine solche Benachteiligung ist nicht minder ärgerlich – rechtlich aber fällt sie meist nicht unter den Begriff Lohndiskriminierung. Denn steigt der Kollege auf, verrichtet die Mitarbeiterin danach in der Regel keinen vergleichbaren Job mehr. Auch Beförderungsdiskriminierung, bei der eigene Regeln greifen, ist laut AGG verboten.

Wie so häufig gilt auch hier: schleunigst ab zur Rechtsberatung, wenn Sie den Verdacht hegen, als Frau bei einer Beförderung übergangen worden zu sein. Wahren Sie die Fristen nicht, drohen Ihre Ansprüche zu verfallen.

Fünf beliebte Tricks der Arbeitgeber

Vieles, was Sie nun lesen, dreht sich um Hürde Nummer drei – die Rechtfertigung. Aber inzwischen hat das Bundesarbeitsgericht die Latten hier deutlich tiefer gehängt. Danach dürfte weniges von der oft verunsichernden Chef*innen-Prosa noch Bestand haben. Was Unternehmen trotzdem nicht von miesen – und ganz legalen – Tricks abhält.
Schauen wir uns die fünf fiesesten an.

Trick eins: Malen nach Zahlen

Als die Softwarearchitektin Miriam Altenberg endlich die Antwort auf ihre Transparenzanfrage erhält, ist sie mehr als erstaunt: Angeblich verdient sie gar nicht weniger als ihre Kollegen – sondern sogar mehr.

Wie kann die offizielle Firmen-Gehaltsauskunft der der Kollegen widersprechen?

Ganz einfach: Arbeitgeber rechnen sich die Vergleichsgruppen schön.

Altenbergs Firma habe ihre letzte Beförderung einfach ignoriert, erzählt sie. Die Auskunft beziehe sich auf eine Position, die die Softwarearchitektin ihrer Ansicht nach längst hinter sich gelassen hat. Zudem habe ihr Betrieb einen besser verdienenden Kollegen aus der Bezugsgruppe entfernt – und die Lücke mit einem schlechter verdienenden aufgefüllt. So habe die Firma den Median künstlich kleingehalten.

Ja, Sie verdienen weniger – aber gar nicht sooooo viel weniger!

Eine Variation von Trick Nummer eins erlebt Gabriele Gamroth-Günther. Zuerst erklärt man ihr, sie verdiene »nur« 223,60 Euro im Monat weniger als die Kollegen. »Das kam mir komisch vor«, erklärt sie dem *Spiegel*.[283] Beim zweiten Blick fällt ihr dann auf: Die Auskunft bezieht sich nicht auf alle männlichen Vergleichskollegen, sondern nur auf solche, die im selben Jahr wie sie eine Führungsaufgabe übernehmen.[284] Erst im nächsten Anlauf rückt die VGH-Versicherung mit der vollen Wahrheit heraus.

Offenkundig sabotieren die Arbeitgeber die gesetzliche Pflicht zur Transparenz.

Kommen sie damit vor Gericht durch?

Nein, sollten sie nicht. Nicht mehr.

Denn inzwischen stellte das Bundesarbeitsgericht fest, wie vergleichbare Tätigkeiten zu definieren sind: Es komme »für die Feststellung von gleicher oder gleichwertiger Arbeit alleine auf die tatsächlichen Anforderungen der Tätigkeit an«.[285]

Und nicht etwa auf Eigenschaften der einzelnen Beschäftigten wie etwa das Jahr ihrer Beförderung.

Schauen Sie also genau hin, mit wem man Sie vergleicht. Auf eine besondere, man möchte fast sagen, Finte verfällt beispielsweise das ZDF: Ja, schon, gibt der Sender nach einigen Jahren Streit sinngemäß zu, ich würde unterdurchschnittlich verdienen. Aber nur »geringfügig«.[286] Als ich 2007 als Online-Redakteurin beginne, seien es gerade mal acht Prozent weniger Honorar gewesen als bei den freien Redakteur*innen im Team. Schon für sich genommen erstaunt das Argument: Auch angeblich nur »geringfügige« Summen addieren sich über die Jahre. Warum sollte eine Klägerin darauf verzichten?

Erst auf den dritten Blick entdecke ich den Kniff: Das ZDF arbeitet offenbar mit Phantomkolleg*innen: Einer, den der Sender in der Gruppe aufführt, hat 2007 noch gar nicht für *Frontal21* gearbeitet. Einen weiteren Namen habe ich noch nie gehört. Gleich mehrere Kolleg*innen muss ich fragen, bis sich jemand an die ominöse »Anja« aus dem ZDF-Schriftsatz erinnert (die in Wirklichkeit anders heißt): Sie war seinerzeit vier Tage lang als Aushilfe in der Redaktion tätig.

Ein »Übertragungsfehler«, wie der Anwalt der Rundfunkanstalt später einräumt.

Lassen Sie sich also nicht ins Bockshorn jagen, wenn man Ihnen mit seltsamen Durchschnittswerten aus noch seltsameren Vergleichsgruppen kommt. Diese werden Ihr Anliegen immer in schlechtem Licht erscheinen lassen. Die Firma weiß ja, wer wie viel verdient, und sortiert die Belegschaft dementsprechend – ein bisschen wie beim Kinderspiel *Malen nach Zahlen*. Notfalls dichtet sie den einen oder die andere Mitarbeiter*in hinzu.

Trick zwei: Die falsche Rechtfertigung ex post

Man macht vor Gericht Ihre Arbeit schlecht?

Willkommen im Club. Das Kleinschreiben einer Mitarbeiterin gehört zum Standardprozedere von Equal-Pay-Klagen. Kommt eine Firma damit nicht durch, wird sie es – denken Sie an Carrie Gracie – mit ihren Leistungen aus der Vergangenheit versuchen.

Regen Sie sich bloß nicht auf. Womöglich weiß Ihre Firma Sie sehr wohl zu schätzen – will bloß nicht gleich zahlen. Solche Verunglimpfungen sind mit der Rechtsprechung des Europäischen Gerichtshofs in den allermeisten Fällen ohnehin nicht vereinbar. Es sei denn, es handelt sich beispielsweise um Akkordlohn.

Diese Klarstellung haben wir Susanna Brunnhofer zu verdanken. Die einstige Angestellte der Österreichischen Postsparkasse AG zieht 2001 vor den Europäischen Gerichtshof. Das Ergebnis: Verdient ein Mann schon von Anfang an mehr, kann eine Firma dies in der Regel nicht damit begründen, dass er danach mehr leistet. Denn wie gut oder schlecht sich jemand im Job macht, kann bei Vertragsabschluss noch niemand wissen.[287]

Trick drei: Wir haben doch einen Tarifvertrag!

Tarifverträge, das güldene Wappen der Arbeitgeber. Fast jede*r zweite Beschäftigte arbeitet in einem Betrieb mit Tarifvertrag.[288]
Aber auch ein Tarifvertrag hat seine Achillesferse.
Das ZDF schafft es, einerseits vor Gericht auf eine angebliche Tarifautomatik zu verweisen. Und dann wieder zu schreiben: »Müsste die Beklagte freie Mitarbeiter nach einem starren Vergütungssystem auswählen, könnte sie im publizistischen Wettbewerb um die besten Köpfe u. U. nicht bestehen.«[289] Sprich: Um einen Mann abzuwerben, kann man schon mal tiefer in die Tasche greifen.

Zum Glück gilt nach europäischem Recht: Ein Tarifvertrag kann eine Ungleichbehandlung nicht einfach so rechtfertigen. Wer gleiche Arbeit ungleich vergüten will, braucht demzufolge häufig einen besseren Grund.[290]

Trick vier: Wir haben eine Mitarbeiterin, die besser verdient als ein Mann!

Sieh an, sieh an, ist man geneigt zu sagen, wer hätte das gedacht – und meint damit die dümmste Verteidigung der Unternehmen: Es gibt eine Frau in der Belegschaft, die verdient besser als ein Mann! Oder gar mehrere! Deshalb können wir gar nicht diskriminieren. Wenn Sie jetzt also schlechter verdienen, muss das an Ihnen liegen – nicht aber an einem strukturellen Problem im Haus.

Das ZDF beispielsweise erlaubt sich diesen Hinweis auf eine höher vergütete Kollegin.

Dabei entbehrt das Argument jeglicher Logik. Diskriminierung stellt immer eine individuelle Rechtsverletzung dar und keine Sippen- beziehungsweise Geschlechterhaft. Eine Firma kann von 100 Mitarbeiterinnen 99 gerecht vergüten – und trotzdem die hundertste schlechter stellen. Wenn diese sich beschwert, läuft ab da der Drei-Stufen-Test – unabhängig davon, was die anderen 99 verdienen.

Sonst nämlich könnte sich ein Betrieb Vorwürfen leicht entziehen, indem er immer eine Joker-Frau gerecht bezahlt – die anderen aber nicht. Von 100 Frauen würden dann 99 benachteiligt. Das hat mit Gleichbehandlung gar nichts zu tun.

Trick fünf: Die Pirouette

Erst wer klagt, erfährt, wie geduldig Papier wirklich ist.

Mit dem ZDF über Rechtfertigungen zu streiten, ähnelt dem Versuch, einer Hydra den Kopf abzuschlagen: Kaum ist ein Argument entkräftet, steht im nächsten Schriftsatz ein neues. Einerseits sollen Honorare freier Mitarbeiter*innen im Rahmen des Tarifvertrags »frei verhandelbar« gewesen sein. Andererseits aber soll auch Seniorität zählen.[291] Unklar nur, welche genau: Immer wieder neue Sorten trägt der Sender vor. Mal ist es die Berufserfahrung insgesamt, mal die Betriebszugehörigkeit, dann eine ominöse »Funktionswahrnehmung«, später auch die Berufserfahrung beim ZDF »bzw. anderen öffentlich-rechtlichen Rundfunkanstalten im Bereich des Magazin-Journalismus«.[292] Schließlich hat fast jeder besser verdienende Kollege seine eigene Kategorie.

Nur für mich findet sich offenbar keine.

»Erst bei einem Blick auf das Ganze fällt auf, dass es immer nur Entscheidungen zugunsten der Männer gibt und dass jene sachlichen Gründe, die zu einer positiven Wirkung für Frauen führen könnten, nicht Grundlage von Entscheidungen oder Regelungen werden«, schreiben mein ehemaliger Anwalt Klaus Bertelsmann sowie die Juristin und einstige hessische Staatsministerin Heide Pfarr schon 1989.[293] Diskriminierend ist dann die »entschlossene Blindheit« gegenüber frauenspezifischen Belastungen – oder, wie im ZDF, gegenüber allem, was für eine Klägerin sprechen würde. Dressurreiter*innen mögen damit punkten, wenn ihr Pferd sich formvollendet im Galopp auf der Hinterachse dreht. Bei Firmen, die sich gegen den Vorwurf der Lohndiskriminierung wehren, sorgt die Pirouette für weniger Applaus.

Immer wieder neu: nachgeschobene Gründe

Eigentlich müsste vor Gericht eine weitere Regel gelten: Eine Firma muss sofort eindeutig begründen können, warum eine Entscheidung nicht diskriminiert. Sonst wäre das Benachteiligungsverbot nicht durchsetzbar, befindet 1993 das Bundesverfassungsgericht, als eine Bewerberin für einen Job abgelehnt wird.[294]

Ähnlich argumentiert 2012 das Bundesarbeitsgericht. Eine türkischstämmige Sachbearbeiterin sah sich aufgrund ihrer Herkunft diskriminiert, nachdem die Unfallversicherung, bei der sie beschäftigt war, ihren Arbeitsvertrag nicht entfristete. Dass die Firma dafür wechselnde oder widersprüchliche Gründe nannte, wertete das Gericht als mögliches Indiz für eine Diskriminierung. »Ein nicht erläutertes Auswechseln von Begründungen für ein Verhalten lässt nach allgemeiner Lebenserfahrung den Schluss zu, dass die zunächst gegebene Begründung unzutreffend war«, heißt es im Urteil.[295]

Merke: Je stärker Firmen im Zickzackkurs argumentieren, desto wahrscheinlicher ist es, dass sie tatsächlich diskriminieren.

Für Lohndiskriminierung fehlt ein entsprechendes oberstes Urteil bislang.

Ich bin nicht damit durchgekommen. Aber vielleicht gelingt es Ihnen!

Survival-Tipps für mutige Frauen

Ich soll mich schikanieren lassen, Job und Wohlbefinden riskieren, um gleich bezahlt zu werden?, werden Sie jetzt womöglich fragen. *Das steht doch nicht im Verhältnis!*
Damit haben Sie natürlich Recht. Selbstverständlich gäbe es eine viel bessere Lösung: ein ordentliches Gesetz. Bis es aber so weit ist, brauchen wir eine Brückentechnologie. Und die heißt, leider: selbst beschweren.
Doch wie stellen Sie das am besten an?

»Ladys, ihr müsst die weißen Handschuhe ausziehen.«

Der allerallerwichtigste Tipp widerspricht allem, was man Frauen je beibrachte.
Er lautet: nicht nett sein.
Als die *Good Girls* des Wochenmagazins *Newsweek* ihrer Anwältin erklären, sie würden gerne erst einmal versuchen, ihre verwehrten Aufstiegsmöglichkeiten einvernehmlich mit dem Chefredakteur zu regeln, fährt ihnen diese in die Parade: »Ihr gottverdammten Mittelschichtsfrauen – glaubt ihr, ihr könnt einfach zu Papi gehen und ihn um das bitten, was ihr haben wollt?«[296]
Die Schwarze Anwältin Eleanor Holmes Norton ist damals stellvertretende juristische Leiterin der Bürgerrechtsorganisation *American Civil Liberties Union*. Sie hat an der Eliteuniversität Yale Jura studiert und wird später unter US-Präsident Jimmy Carter in der *Equal Employment Opportunity Commission* arbeiten. Bis heute ist sie Abgeordnete der Demokratischen Partei im Repräsentantenhaus. Damals, vor gut 50 Jahren, formt sie aus 46 weißen Reporter-Aspirantinnen eine Kampftruppe und schult sie für

die Auseinandersetzung mit dem Management: »Ladys, ihr müsst die weißen Handschuhe ausziehen.«

Stellen Sie sich vor, Sie klopften mit folgender Frage auf den Lippen an der Tür Ihrer Vorgesetzten: »Wären Sie eventuell damit einverstanden, wenn wir ein bisschen mehr Honorar vereinbarten?« – Bei dem Gedankenexperiment muss die langjährige Boxweltmeisterin Regina Halmich lachen. »Freiwillig wäre niemand auf die Idee gekommen: Mensch, Regina, wir geben dir jetzt mal mehr Geld, du hast es verdient. Es war schon ein gewisser Druck nötig.« Und das ist noch nicht alles: »Man muss leider«, fährt sie fort, »um das Gesicht nicht zu verlieren, bis zum Äußersten gehen.«

Die Schachspielerin Elisabeth Pähtz kann dem nur beipflichten. Es klappt erst dann, »wenn man ernst macht. Das ist meine Erfahrung«, sagt sie.

»Wenn Männer mir die Welt erklären«

Men Explain Things to Me heißt der großartige Essay der amerikanischen Autorin Rebecca Solnit aus dem Jahr 2008 – *Wenn Männer mir die Welt erklären*. Er erzählt von einer Partybegegnung: Ein »imposanter Mann, der einen Haufen Geld verdiente«, schwärmt ihr begeistert von »diesem wichtigen Buch« vor, das jüngst in der *New York Times* besprochen wurde – »mit dieser selbstgefälligen Miene, die ich von schwadronierenden Männern so gut kenne, den Blick auf den fernen, unscharfen Horizont der eigenen Autorität gerichtet«.[297]

Das Buch aber, in dessen Beschreibung er schwelgt, hat seine Gesprächspartnerin geschrieben. Diese – zweifellos relevante – Information vermag den Nebel der historisch gewachsenen, asymmetrischen Kommunikation zwischen Männern und Frauen jedoch nicht zu durchdringen. »Das ist ihr Buch«, versucht Solnits

Freundin Sallie, den Redefluss mehrmals zu durchbrechen. Als er es endlich begreift, setzt er seinen Monolog dennoch fort.[298]

Mansplaining heißt es, wenn ein Mann einer Frau Dinge erklärt, von der diese mehr weiß. Genährt wird das Phänomen laut Solnit durch das meist männliche »provokative Selbstvertrauen der vollkommen Unwissenden«.[299]

Das sind die Mauern, die eine Frau, die gleichen Lohn fordert, einreißen muss. Zur jahrhundertealten Unverschämtheit, Frauen schlechter zu bezahlen, kommt die Unart, es ihnen gesellschaftlich nicht zuzugestehen, sich dagegen zu wehren. Das eigene Anliegen höflich vorzutragen scheint meist so fruchtlos wie unerhört zu sein, denn Entscheider*innen vernehmen es dann häufig schlicht nicht.

Das trifft insbesondere jene, die in der Hackordnung weiter unten stehen. »Üblicherweise sind die, die kontinuierlich wenig verdienen und kaum Aussicht auf Besserung haben, auch diejenigen, die am wenigsten gehört werden, und diejenigen, die es sich am wenigsten leisten können, einen Aufstand zu machen«, schreibt die Kolumnistin Margarete Stokowski auf *Spiegel Online* zu Equal Pay.[300]

Sofort auf die Zwölf

Die einzige Lösung, dazu raten übereinstimmend alle Frauen, die ich frage, lautet: sofort auf die Zwölf.

»Scheut nicht die Konfrontation«, sagt Regina Halmich. »Nicht hysterisch und mit Drama, sondern mit Anstand und Fakten.« Elisabeth Pähtz rät: »Wenn Sie wissen, dass Sie in Ihrem Beruf unentbehrlich sind – kündigen Sie!« Und Susanne Dumas erklärt: »Man muss wirklich volle Pulle geben«, und seinem Arbeitgeber unmissverständlich klarmachen: »Hopp oder topp. Du hast einen Monat, aber mach!«

Das gilt natürlich auch, wenn frau gerne in ihrem bisherigen Job verbleiben möchte. »Wehrt euch!«, empfiehlt Edeltraud Walla. »Mit viel Gefühl auf den Putz hauen. Mit sanfter Gewalt darauf pochen, dass Gesetze eingehalten werden.«
Ich kann mich dem nur anschließen.

Eine Anleitung zum Ungehorsam

Sie wollen loslegen? Gut!
Bevor Sie irgendetwas unternehmen, holen Sie auf eigene Kosten anwaltlichen Rat ein. Fehlt Ihnen dafür das notwendige Geld, verharren Sie geduldig in der Warteschleife der Telefon-Hotline der Antidiskriminierungsbehörde des Bundes. Die ist zwar chronisch überlastet, zeitweise kamen nur 17 Prozent der Anrufe durch.[301] Doch die Beratung ist kostenlos, vertraulich und gilt – nach allem, was ich in Erfahrung bringen konnte – als vernünftig.

Hegen Sie jetzt noch immer den Verdacht, als Frau schlechter zu verdienen?

Dann weiter im Text.

Prüfen Sie, ob Sie eine Rechtsschutzversicherung finden, die einspringt. Sonst zahlen Sie in der ersten Instanz Ihre Kosten selbst, sogar wenn Sie gewinnen. Auch hier lauert leider eine Fallgrube im Kleingedruckten: Eine neue Police wird Ihren Anspruch aus der Vergangenheit kaum abdecken. Klären Sie mit einer Versicherungsagentur, ob wenigstens zukünftige gedeckt werden. Und sind Sie nicht regulär angestellt, sondern zum Beispiel arbeitnehmerähnlich tätig, lassen Sie sich vorab bestätigen, dass deren Standardverträge auch Ihr Anliegen abdecken. Sonst heißt es womöglich später, der Rechtsschutz gelte nur für Angestellte. Versicherungen sind findig, wenn der Zahlungsfall eintreten soll.

Vielleicht hilft auch eine Gewerkschaft. Für Mitglieder ist der Rechtsschutz umsonst. Wenn Sie gering verdienen, kommt das günstiger als eine Versicherung.

Ist das alles geschafft, heißt es erst einmal: warten. Ihre neue Police greift wahrscheinlich erst nach einigen Monaten.

Die Zeit können Sie nutzen, um ein Zwischenzeugnis zu beantragen, wenn kein aktuelles vorliegt. Das erschwert Ihren Vorgesetzten später, Ihre Leistungen schlechtzuschreiben – und erleichtert Ihnen, es sich nicht zu Herzen zu nehmen, wenn sie es trotzdem tun. Wenn es keinen Verdacht erregt, nehmen Sie Einblick in Ihre Personalakte (das dürfen Sie!) und dokumentieren Sie alles rund um die Gehaltsfindung.

Später wird die Akte womöglich nicht mehr viele Hinweise enthalten.

Suchen Sie Gleichgesinnte, die Lust haben mitzumachen. Wenn Sie mehrere sind, fällt es Ihren Vorgesetzten viel schwerer, Sie zu sanktionieren. Und je mehr Gehaltsinformationen Ihnen vorliegen, desto klarer wird das Bild.[302] Nur: Sprechen Sie zu diesem Zeitpunkt sicherheitshalber nur Personen an, denen Sie vertrauen. Spricht sich Ihr Plan nämlich im Betrieb herum, erhalten Sie Ihr Zwischenzeugnis womöglich nie.

Holen Sie eventuell juristischen Zweitrat ein. Gute Anwält*innen mit den notwendigen Spezialkenntnissen im Antidiskriminierungsrecht sind in Deutschland rar. Schließlich gibt es dafür kaum einen Markt, weil bislang so wenige Frauen klagen. Sie aber werden in Zukunft womöglich ausgiebig mit Ihren Rechtsberater*innen zu tun haben.

Obacht, falls Sie mit gewerkschaftlicher Unterstützung rechnen: Finden Sie heraus, ob die Zuständigen ein offenes Ohr für Lohndiskriminierung haben. Mein Landesverband beispielsweise war wenig hilfreich, auch wenn die Geschäftsführung in Berlin mich unterstützte. Ob bei Ihnen Old-School-Bullys am Werk sind oder moderne Engagierte mit Know-how in Equal-Pay-Angelegenheiten, können Sie im ersten Anruf klären.

Jetzt können Sie Ihre Anfrage nach dem Entgelttransparenzgesetz einreichen. Oder die Kolleg*innen fragen, was diese verdienen. Nicht vergessen: Sobald Sie Bescheid wissen, beginnen Ihre Fristen zu laufen. Sie müssen gut vorbereitet sein, falls Ihnen beleidigte Vorgesetzte das Leben schwer machen.

Solidarität schaffen – trotz allem

Es gibt sie, die Frauen, die sich für Equal Pay mit Firmen bis aufs Blut streiten – und trotzdem dort weiterarbeiten können und wollen. Fast immer vertreten sie ihr Anliegen gemeinsam.

Wie aber schaffen sie es, Solidarität herzustellen?

Die Heinze-Frauen genießen Unterstützung von Gewerkschaft und Politik. Auch für Schreinermeisterin Walla ist die Gewerkschaft »unheimlich wichtig: Die ist dabei, habe von tollen Frauen gutes Feedback gekriegt – das bestärkt dich.« Die BBC-Frauen erhalten die Hilfe des Verbands der Journalist*innen. Prüfen Sie also, ob Ihre Branche in einem Fachverband organisiert ist, der Ihrem Anliegen geneigt ist.

Als Dealbreaker dient bei der BBC etwas ganz Alltägliches, um den Arbeitskampf zwischen Alltagssorgen und Karriere zu bewältigen: ein Messengerdienst. Davon gibt es mehrere, von WhatsApp über Signal und Threema ist die Auswahl groß. Installieren Sie den gewählten Dienst aber bitte vorsichtshalber auf Ihrem privaten Handy. Die BBC-Staffelläuferinnen starten ihre Runden auf der Equal-Pay-Piste als lose Gruppe mit mehreren Hundert Frauen. Weil ihnen zwischen Schulkindern, pflegebedürftigen Angehörigen und Eheproblemen die Zeit für persönliche Treffen fehlt, treffen sie ihre Strategie-Entscheidungen im Chat: Leitende Angestellte fechten Beschwerden durch, damit verletzlichere Kolleginnen diese nicht auf sich nehmen müssen. Stars begleiten unbekanntere Mitarbeiterinnen zu internen Anhörungen.

Die Frauen setzen darauf, dass auch Schwarze und Kolleg*innen of Colour, Teilzeitbeschäftigte und unterbezahlte Männer profitieren, wenn die BBC ihre intransparenten Vergütungsstrukturen reformieren würde. Die Gehaltsinformationen sammeln sie diskret. Eine Producerin ist erstaunt, als von 25 Kolleg*innen, die sie fragt, 22 Auskunft geben.[303] Und die Moderatorin Sarah Montague schreibt in der *Times*: »Ich wäre zu zimperlich gewesen zu fragen, aber das war gar nicht nötig (…) dann war ich ganz gerührt, wie viele Kollegen – sowohl Frauen als auch Männer – mich kontaktierten und mir Details über ihre Gehälter und Pensionen mitteilten – ›für den Fall, dass es hilft‹.«[304]

Schließlich schreiben Hunderte Kolleg*innen, Männer wie Frauen, dem Intendanten der BBC einen offenen Brief und fordern volle Gehaltstransparenz. »Ein Stück weit hat es das Arbeitsklima fast verbessert«, erzählt Justin Webb, einer der weniger gut bezahlten männlichen Moderatoren dem amerikanischen Magazin *New Yorker*. »Ich glaube nicht, dass es viele Männer gibt, die sagen würden, dass alles Unsinn ist, wir das Geld behalten sollten und Frauen nichts taugen.«[305]

Solidarität muss sich nicht am Geschlecht orientieren. Sie kann sich auch zwischen oben und unten bilden, zumal manche Ziele für alle attraktiv sind: Fairness zum Beispiel. Oder die Verbesserung einer Organisation, nachdem sie an ihr Selbstverständnis erinnert wird. So erhalten die BBC-Frauen eine breite Unterstützung in der Belegschaft und erreichen, dass Einzelne nicht gegeneinander ausgespielt werden können.

Ein einfaches Beispiel: An einem Novembermorgen 2019 treffen sich eine Gruppe Frauen und einige Männer vor der Londoner U-Bahn-Station Holborn. Pünktlich um neun Uhr haken zwei die BBC-Moderatorin Samira Ahmed unter und begleiten sie vereint zum Beginn ihrer siebentägigen Anhörungen über ihre Equal-Pay-Beschwerde. Das US-Magazin *The Atlantic* nennt diesen gemeinsamen Marsch zum Gericht ein »starkes Symbol weiblicher Solidarität, besonders weil Ahmed eine der sehr wenigen prominenten britisch-asiatischen Moderatorinnen im Sender ist«.[306]

Schon kleine Zeichen der Unterstützung machen in der Summe einen riesigen Unterschied. »Plötzlich fühlte ich mich, als hätte ich eine Armee hinter mir«, sagt eine BBC-Beschwerdeführerin dem *New Yorker*.[307]

Wer schreibt, bleibt

Innerhalb von drei Jahren passt die BBC bei rund 700 Mitarbeiterinnen die Gehälter an. Samira Ahmed gewinnt vor Gericht. Es geht um rund 700 000 Pfund rückwirkende Zahlungen.[308] Bei Carrie Gracie entschuldigt sich schließlich der Intendant und zahlt rückwirkend 280 000 Pfund.[309] Sarah Montague erhält 400 000 Pfund und auch eine Entschuldigung.[310] Die Gemeinschaftsaktion der Kolleg*innen gilt bei allen, die sich international mit der Beseitigung von Gehaltsunwuchten befassen, als riesiger Erfolg.

Von den Brit*innen kann man lernen – auch was ihre handfesten Tipps angeht.

Die dortige Gewerkschaft der Journalist*innen rät, zu internen Gesprächen über eine Beschwerde immer jemanden mitzunehmen. In vielen deutschen Firmen wären dafür die Betriebsräte zuständig. Weiter sollten Mitarbeiterinnen von sämtlichen Gesprächen Notizen anfertigen und diese den Vorgesetzten zukommen lassen. Das kann bei denen zwar für schlechte Laune sorgen – erleichtert aber die Beweislage und schützt vor späteren »Erinnerungslücken« bei Vorgesetzten.

Und zuletzt: *Sharing is caring.* Wer sich mitteilt, übernimmt

Verantwortung. Oder wahlweise: Wer teilt, vergrößert das Ganze. Besprechen Sie eigene Erkenntnisse mit interessierten Kolleg*innen, geneigten Betriebsräten und Gewerkschaften. Erst wenn viele Einzelinformationen an einer Stelle gesammelt werden, ergibt sich das ganze Bild.

Rechte und Pflichten der Betriebsräte

Kommt es ganz arg, können Sie versuchen, Betriebs- und Personalräte zu überzeugen, an Ihrer Stelle zu klagen. Dafür muss ein besonders schwerer Verstoß gegen das AGG vorliegen.[311] Auf alle Fälle aber kann die Mitarbeitendenvertretung Einsicht in die Gehaltslisten nehmen und Ihren Verdacht überprüfen.[312]

Wenn es in Ihrer Firma einen Betriebsrat gibt, erinnern Sie diesen also an seine Pflichten. Sperrt er sich, könnte es einfacher sein, diesen zum Handeln zu zwingen als die Firmenleitung. Sind Sie Mitglied einer Gewerkschaft, können Sie auch versuchen, mit deren Hilfe Überzeugungsarbeit zu leisten.

Doch Vorsicht: Lässt man Sie gnadenlos auflaufen, spricht das womöglich dafür, dass etwas in der Firma grundsätzlich im Argen liegt. Sollte der Betriebsrat mindere Frauenlöhne jahrelang mitgetragen haben, wird er wahrscheinlich auch längere Zeit brauchen, um seine Haltung zu revidieren. In diesem Fall verschwenden Sie keine wertvolle Energie damit, die Jungs und die Schwestern des Patriarchats aus dem Betriebsrat zum Jagen zu bringen.

Was tun, wenn Ihre Beschwerde eskaliert?

Und wenn es schiefgeht? Wenn Ihre Firma Sie nicht erhört, Ihre Beschwerde im Kreis der Kolleg*innen durchgestochen wird und einige aufhören zu grüßen? Wenn Ihre Vorgesetzten klar erkennen lassen, dass Sie nicht mehr wohlgelitten sind?

Dann gibt es zwei Möglichkeiten.

Entweder Sie stehen das, was jetzt kommen wird, so lange durch, wie Ihre Wut Sie trägt – und warten ab, was die Gerichte sagen. Vielleicht schaffen Sie sogar ein weiteres Präzedenzurteil. Die Chancen stehen heute besser als zu meinen Anfangszeiten vor Gericht.

Dann war der Ärger wenigstens nicht umsonst.

Oder aber Sie ziehen früh die Reißleine.

»WALK!!!« kommentiert ein User den Twitter-Post von Patricia Escárcega, der damaligen Latinx-Restaurantkritikerin der *Los Angeles Times*. »GEH!!!«[313]

Ob Sie dann noch klagen wollen oder sich stattdessen eine Abfindung bietet, entscheidet der Einzelfall. Vielleicht machen Sie Ihrem Ärger aber auch öffentlich Luft. In den USA ist das gang und gäbe, in Deutschland gelten Sie in der Regel dann leider als Nestbeschmutzerin.

Dabei würde es sehr helfen, wenn Vorgesetzte realisierten, dass die Schlechterbezahlung von Frauen mittlerweile gesellschaftlich in Verruf gerät. »Die *#MeToo*-Debatte war wichtig«, sagt die langjährige Vorstandsfrau der Volkswagen AG, Hiltrud Werner, 2019 im Interview mit dem evangelischen Magazin *Chrismon*: »Männer haben gelernt, dass es beim Ausnutzen einer Machtposition ein Öffentlichkeitsrisiko gibt. Und das finde ich in Ordnung!«[314]

So könnte es auch bei Equal Pay laufen.

Wenn Sie diese Schritte für alles andere halten, nur nicht für eine befriedigende Lösung eines eklatanten gesellschaftlichen Problems – dann würde ich Ihnen zustimmen. Aber solange die Politik Frauen im Stich lässt, brauchen wir eine Strategie, die hilft, nicht alles beim Alten zu lassen.

Zu handeln, denke ich, ist immer noch besser, als nicht zu handeln.

Schon für die Seelenhygiene.

Oder, wie die Feministin Simone de Beauvoir gesagt haben soll: »Frauen, die nichts fordern, werden beim Wort genommen. Sie bekommen nichts.«

Musteranfrage

Ich kann es nur wiederholen: Wer eine Anfrage nach Entgelttransparenzgesetz stellen möchte, möge bitte eine fachkundige Person hinzuziehen, am besten eine*n Anwält*in. Rechtsberatung kann und möchte ich hier nicht geben, ich habe noch nicht einmal Jura studiert. Trotzdem finden Sie auf den nächsten Seiten zwei Musteranfragen, eine für tarifgebundene und eine für nicht tarifgebundene Firmen. Denn die Anfrage, mit der das zuständige Ministerium informiert, ist schlicht veraltet.

Worauf Sie besonders achten sollten?

Die Zusammensetzung Ihrer Vergleichsgruppe: Sie muss wie geschildert mindestens sechs Kollegen des anderen Geschlechts umfassen, besser noch mehr. Arbeiten Sie in einem nicht tarifgebundenen Unternehmen, formulieren Sie die Tätigkeit, die Sie als vergleichbar ansehen, möglichst präzise. Je mehr Spielraum Sie Ihrer Firma lassen, desto einfacher machen Sie es ihr, gering vergütete Männer aufzufahren, um den Median möglichst kleinzurechnen.

Bevor Sie Ihre Anfrage abschicken, versuchen Sie bitte, sich so gründlich wie möglich zu informieren, da mit Versand der Anfrage eine weitere Frist zu laufen beginnt. Zumindest, wenn Sie in einem nicht tarifgebundenen Unternehmen beschäftigt sind. Versäumt dieses nämlich, innerhalb von drei Monaten zu antworten, kippt die Beweislast. Danach muss es eine schlechtere Vergütung nicht nur begründen, sondern auch beweisen. Bei einem Prozess ist das für Sie von unschätzbarem Vorteil.

Spätestens dann suchen Sie also bitte eine Rechtsberatung auf. Das Gleiche gilt, wenn die Antwort Ihrer Firma eintrifft und der Median der männlichen Kollegen höher ist. Schon allein, um fristgerecht darauf zu reagieren, brauchen Sie Profis an Ihrer Seite.

Gut zu wissen

Wie eines der nachfolgenden Muster könnte auch Ihre Anfrage aussehen. Zusätzliche Hinweise stehen in kursiver Schrift, sie dienen nur der Erläuterung und gehören nicht zur Anfrage.

Musteranfrage für Mitarbeitende in tarifgebundenen Unternehmen

An:
(Betriebsrat/Personalrat/Arbeitgeber)

Liebe/r ...

hiermit mache ich den individuellen Auskunftsanspruch nach dem EntgTranspG geltend und erbitte eine entsprechende Auskunft.

1. Angaben zu meiner Person

Name, Vorname:
Personalnummer:
Tätigkeit:

Entgeltgruppe / Entgeltstufe:
Arbeitsort:

Letzte Anfrage nach EntgTranspG:

Gegebenenfalls, wenn seitdem noch keine zwei Jahre vergangen sind, muss hier begründet werden, warum schon vorher eine neue Anfrage gestellt werden darf, zum Beispiel so:

Mir entsteht laut Entgelttransparenzgesetz ein neuer Anspruch, da das Haus mich zum *(Datum)* vom Einsatzort Berlin an den Einsatzort Mainz versetzt hat. Mit dem Wechsel des Einsatzortes wechselt auch die Vergleichsgruppe.

Oder:

Mir entsteht laut Entgelttransparenzgesetz ein neuer Anspruch, da ich zum *(Datum)* hochgruppiert wurde. Damit wechselt auch die Vergleichsgruppe.

2. Benennung einer gleichen oder gleichwertigen Tätigkeit (Vergleichstätigkeit)

Ich sehe folgende Tätigkeit als gleich bzw. als gleichwertig zu meiner Tätigkeit an:

Hier ist die Referenz die Vergütungsgruppe laut Tarifvertrag. Zum Beispiel so:

Die Tätigkeit der Redakteure, die am Einsatzort Mainz als »Redakteure mit besonderer Verantwortung« entsprechend Tarifvertrag 2. Kreis im Honorarband IV eingesetzt sind.

3. Kriterien und Verfahren der Entgeltfindung

Ich möchte Auskunft haben über das durchschnittliche monatliche Bruttoentgelt für die Vergleichstätigkeit (Vergleichsentgelt) als auf Vollzeitäquivalente hochgerechneter statistischer Median des durchschnittlichen monatlichen Bruttoentgelts und zudem auf die Angaben zu den Kriterien und Verfahren der Entgeltfindung.

3.1
Hinsichtlich des Zeitraums möchte ich entsprechende Auskünfte haben für den Stand des Jahres *(abgelaufenes Jahr)*.

3.2
Zudem möchte ich gemäß der Rechtsprechung des Bundesarbeitsgerichts (Az. 8 AZR 145/19) Auskunft haben über zwei einzelne Entgeltbestandteile, nämlich

a) alle außertariflichen Zulagen und tarifliche Zulagen mit Bezug zur Tätigkeit (Thema, Schwere, Qualität der Leistung etc.) sowie
b) alle außertariflichen Zulagen und tarifliche Zulagen ohne Bezug zur Tätigkeit (Ortswechsel, soziale Härte etc.).

Vielen Dank im Voraus!

Musteranfrage für Mitarbeitende in nicht tarifgebundenen Unternehmen

An:
(Betriebsrat/Arbeitgeber)

Liebe/r ...

hiermit mache ich den individuellen Auskunftsanspruch nach dem EntgTranspG geltend und erbitte eine entsprechende Auskunft.

1. Angaben zu meiner Person

Name, Vorname:
Personalnummer:
Tätigkeit:

Entgeltgruppe / Entgeltstufe:
Arbeitsort:

Letzte Anfrage nach EntgTranspG:

Gegebenenfalls, wenn seitdem noch keine zwei Jahre vergangen sind, muss hier begründet werden, warum erneut eine gestellt werden darf. Zum Beispiel so:

Mir entsteht laut Entgelttransparenzgesetz ein neuer Anspruch, da das Haus mich zum *(Datum)* vom Einsatzort Berlin an den Einsatzort Mainz versetzt hat. Mit dem Wechsel des Einsatzortes wechselt auch die Vergleichsgruppe.

Oder:

Mir entsteht laut Entgelttransparenzgesetz ein neuer Anspruch, da ich zum *(Datum)* eine neue Tätigkeit übernahm. Damit wechselt auch die Vergleichsgruppe.

2. Benennung einer gleichen oder gleichwertigen Tätigkeit (Vergleichstätigkeit)

Ich sehe folgende Tätigkeit als gleich bzw. als gleichwertig zu meiner Tätigkeit an:

Hier ist die Referenz die tatsächlich ausgeübte Tätigkeit.

Zum Beispiel so:

Die Tätigkeit der Redakteure, die am Einsatzort Berlin Beiträge für die Sendung *Frontal21* produzieren. Ich sehe folgende Kollegen als vergleichbar an: *(Hier nennen Sie konkrete Namen, um zu verhindern, dass Ihre Firma sich herauswindet, indem sie behauptet, es gebe weniger als sechs – oder aber Kollegen einbezieht, die schlecht vergütet werden und eventuell keine vergleichbare Tätigkeit verrichten.)*

3. Kriterien und Verfahren der Entgeltfindung

Ich möchte Auskunft haben über das durchschnittliche monatliche Bruttoentgelt für die Vergleichstätigkeit (Vergleichsentgelt) als auf Vollzeitäquivalente hochgerechneter statistischer Median des durchschnittlichen monatlichen Bruttoentgelts und zudem auf die Angaben zu den Kriterien und Verfahren der Entgeltfindung.

3.1
Hinsichtlich des Zeitraums möchte ich entsprechende Auskünfte haben für den Stand des Jahres *(abgelaufenes Jahr)*.

3.2
Zudem möchte ich gemäß der Rechtsprechung des Bundesarbeitsgerichts (Az. 8 AZR 145/19) Auskunft haben über zwei einzelne Entgeltbestandteile, nämlich

a) alle Zulagen mit Bezug zur Tätigkeit (Thema, Schwere, Qualität der Leistung etc.) sowie
b) alle Zulagen ohne Bezug zur Tätigkeit (Ortswechsel, soziale Härte etc.).

Vielen Dank im Voraus!

DANKE!

Wenn ich in den vergangenen Jahren mal wieder über eine besonders fiese Klippe hinweggekommen war, hegte ich diese Fantasie: Sollte mir das ZDF jemals rückwirkend meine Honorare zahlen, veranstalte ich ein riesiges Fest und lade alle, wirklich ALLE ein, die mir geholfen haben. Zu Beginn danke ich jeder und jedem Einzelnen in einer Rede, und dann wird hemmungslos gefeiert.

Leider wird das inzwischen kaum noch möglich sein: Mittlerweile wäre die Rede so lang, dass niemand sie wach überstehen würde. Die Party wäre zu Ende, noch bevor wir richtig losgelegt hätten. Nach außen mag es gewirkt haben wie das Anliegen einer Einzelkämpferin. Doch mich haben mehr Menschen unterstützt, als ich jemals für möglich gehalten hätte.

Allen Unterstützer*innen gebührt mein tiefer Dank. Ohne sie hätte es kein Präzedenzurteil gegeben, kein Buch und ganz sicherlich keine – alles in allem – recht gut gelaunte Autorin. Namentlich aufführen kann ich hier nicht alle, dafür waren es zu viele.

Freundinnen und Freunde standen zu jeder Tages- und Nachtzeit parat, um zu trösten, sich mit zu empören, mitzufiebern, mitzufeiern. Sowie ich über ihre Türschwelle trat, entkorkten ihre Partner*innen schweigend eine Flasche Wein, um sich ein weiteres Mal interessiert anzuhören, was wieder neues Unerquickliches geschehen war. Ihre Kinder und Hunde grüßten freundlich, wenn ich mich wieder einmal übers Wochenende einnistete, um Abstand zu gewinnen. Ohne sie hätte ich diese Zeit nicht heil überstanden: Verena, Amelie, Katja, Julie, Boris und Boris.

Dann bin ich zutiefst verbunden den großartigsten Kolleg*innen, die sich ein Mensch je wünschen kann. Manka und Christian waren von Anfang an klar in ihrer Analyse der ungleichen Bezahlung in der Redaktion *Frontal21*. Wer von Journalist*innen nicht nur klaren Verstand, sondern auch ein breites Rückgrat erwartet, ist bei ihnen richtig. Sie verteidigten mich trotz erheblichen Gegenwinds gegen allen Unsinn – auch als sich für sie zunehmend der hohe Preis dafür offenbarte.

Mein Dank Alena und Brendan für ihre Hilfe im entscheidenden Moment und darüber hinaus.

Dann gibt es die ZDF-Kolleg*innen, denen ich gerne namentlich danken würde, aber nicht sicher bin, ob ich ihnen damit einen Gefallen täte. Es gab so viele, die gegenhielten, wenn sich Gerüchte verbreiteten.

Den Kolleg*innen in anderen Medien, die berichteten, danke ich. Die Verständnis dafür zeigten, dass ich so viele Jahre schwieg, die sich die Mühe machten, juristisch komplexe Sachverhalte zu verstehen ebenso wie die Volten, die die Gerichte schlugen.

Nina für exzellente Expertise in eigentlich allen Bereichen des Lebens, fachkundiges Gegenlesen des Manuskripts und dafür, mich immer wieder aufs Neue davor bewahrt zu haben, in heiklen Phasen meine Wut ungefiltert in die Welt zu schreien. Heike fürs Gegenlesen des Manuskripts und so viele gute Ideen. Rechtsanwalt Dirk Scholz für fachlichen Rat bei den juristischen Passagen. Sebastian Pfütze fürs Foto und geduldiges digitales Augenbrauenzupfen. Kerstin Wolff von der Stiftung Archiv der deutschen Frauenbewegung in Kassel für ihr mit mir geteiltes Fachwissen.

Charlotte Köhler für zuverlässige und zuverlässig gut gelaunte Recherchen. Veronika Völlinger für einen grandios gründlichen Faktencheck. Womöglich verbleibende Fehler gehen auf meine Kappe. Tanja Ruzicska für ein spektakuläres Lektorat in letzter Minute.

Franziska Günther von der Agentur Graf & Graf für ihr Vertrauen und ihre Expertise.

Katharina Fokken und Johannes Engelke vom Goldmann Verlag dafür, dass sie das Potenzial des Themas früh entdeckten und pushten.

Allen Freund*innen, die mir ihre Häuser zur Verfügung stellten und so dafür sorgten, dass dieses Buch nicht nur in Berlin und Los Angeles entstand, sondern auch in Cetinale, Wustrau und Aschau.

So schwer sich die Bundesrepublik dabei tat, mein Anliegen vor Gericht oder per Gesetz zu stärken, so großzügig zeigte sie sich, es mit Stipendien zu unterstützen.

Diese Publikation wurde gefördert im Rahmen des Stipendienprogramms der VG WORT in NEUSTART KULTUR der Beauftragten der Bundesregierung für Kultur und Medien. Ein großer Teil der Recherchen wäre ohne die Unterstützung des »Villa Aurora & Thomas Mann House e.V.« nicht möglich gewesen. Das Fellowship in Los Angeles hat mich in vielerlei Hinsicht gerettet. Mein großer Dank gilt den Fellows am Thomas Mann House, insbesondere Heike und Katharina, die mir Wertschätzung und den nötigen Abstand zu der verfahrenen Situation in Deutschland schenkten – ebenso wie dem Team vor Ort.

Dann waren und sind natürlich die Verbände eine wichtige Unterstützung: ProQuote Medien, der Journalistinnenbund, der Deutsche Juristinnenbund. Die Deutsche Journalistinnen- und Journalisten-Union bei verdi. Und last, but not least: Ohne die fantastische Gesellschaft für Freiheitsrechte, allen voran Nora Markard, Chris Ambrosi und Sarah Lincoln, stünde ich nicht dort, wo ich heute stehe. Die drei Top-Jurist*innen sind wahre Ninja Warriors und über die Jahre zu Herzensmitstreiter*innen geworden.

Ich danke all den Frauen vor und neben mir, die für Equal Pay klagten, den Frauen, die Diskriminierung anprangerten, Debatten über Sexismus anstießen und so den Boden dafür bereiteten, dass ich das Unterfangen auch in der Öffentlichkeit überstehen konnte.

Anmerkungen

1. Aus dem ZDF-Mitarbeitermagazin *Kontakt*, Juli/August 2017, S. 9.
2. Christine Dankbar: Richtungsweisendes Urteil. ZDF-Reporterin klagt für gleichen Lohn bei gleicher Arbeit, in: *Kölner Stadt-Anzeiger* (DuMont Mediengruppe), https://www.ksta.de/politik/richtungsweisendes-urteil-zdf-reporterin-klagt-fuer-gleichen-lohn-bei-gleicher-arbeit-25655208?cb=1666217614945& (letzter Aufruf: 18.11.22).
3. Siehe Gesellschaft für Freiheitsrechte e.V.: FAQ Equal-Pay-Klage: Gleicher Lohn für gleiche Arbeit, https://freiheitsrechte.org/themen/gleichbehandlung/equalpay/equalpayfaqs (letzter Aufruf: 6.12.22).
4. Ann-Kathrin Nezik: Gleich und ungleich, in: *Der Spiegel* 50/2016, S. 95.
5. Simone Schmollack: Fomal gesehen war da nichts, in: *die tageszeitung*, 2.2.17, S. 14.
6. Christine Dankbar: Der gewisse Unterschied, in: *Berliner Zeitung* (damals DuMont Mediengruppe), 1.2.17, S. 2.
7. Christine Dankbar, Wer braucht einen zahnlosen Tiger?, in: *Berliner Zeitung*, 2.2.17, S. 8.
8. Siehe Ann-Kathrin Nezik: Gleich und ungleich, in: *Der Spiegel* 50/2016, S. 95.
9. https://twitter.com/Bueronymus/status/1074973902122770432; sowie https://web.archive.org/web/20221021082523/https://twitter.com/search?q=%23wirsindbirtemeier&src=typed_query&f=live (letzter Aufruf: 6.12.22).
10. Siehe Gesellschaft für Freiheitsrechte e. V.: Weiterer Erfolg im Equal Pay-Verfahren: Schlechterbezahlung belegt, Klägerin setzt nun auf Bundesverfassungsgericht, Pressemitteilung 17.6.21, https://freiheitsrechte.org/ueber-die-gff/presse/pressemitteilungen-der-gesellschaft-fur-freiheitsrechte/pm-equal-pay-erfolg-gehaltsauskunft (letzter Aufruf: 6.12.22).
11. Ohne Autor: Birte Meier kämpfte tapfer und verlor, in: *Das Männermagazin*, 17.2.19, https://das-maennermagazin.com/blog/birte-meier-zdf-frontal-21 (letzter Aufruf: 18.11.22).
12. Siehe LAG Berlin-Brandenburg, Urteil vom 19.06.19, 16 Sa 983/18, Rn 57 und 70, https://www.roettgen-kluge-hund.de/wp-content/uploads/2019/05/2019-04-05-lag-berlin-brandenburg-urteil.pdf (letzter Aufruf: 21.11.22).

Anmerkungen

13 Siehe Gesellschaft für Freiheitsrecht e. V.: Revision zum Bundesarbeitsgericht erfolgreich – ZDF muss auch arbeitnehmerähnlichen Beschäftigten Auskünfte nach dem Entgelttransparenzgesetz gewähren – Klägerin wird von Berlin nach Mainz zwangsversetzt. Pressemitteilung 25.6.20, https://freiheitsrechte.org/ueber-die-gff/presse/pressemitteilungen-der-gesellschaft-fur-freiheitsrechte/pm-equalpay-revision-erfolgreich (letzter Aufruf: 18.11.22).
14 Siehe LAG Berlin-Brandenburg, Urteil vom 19.06.19, 16 Sa 983/18, Rn 29 und 71, https://www.roettgen-kluge-hund.de/wp-content/uploads/2019/05/2019-04-05-lag-berlin-brandenburg-urteil.pdf (letzter Aufruf: 21.11.22).
15 Verena Mayer: Hart erkämpfter Sieg, in: *Süddeutsche Zeitung*, 26.6.20, S. 27 (letzter Aufruf: 18.11.22).
16 Siehe BVerfG, Beschluss vom 1.6.22, 1 BvR 75/20, Rn 1-23, http://www.bverfg.de/e/rk20220601_1bvr007520.html (letzter Aufruf: 21.11.22).
17 Siehe Statistisches Bundesamt: Gender Pay Gap 2021. Frauen verdienten pro Stunde weiterhin 18 % weniger als Männer, Pressemitteilung Nr. 088 vom 7.3.22, https://www.destatis.de/DE/Presse/Pressemitteilungen/2022/03/PD22_088_621.html (letzter Aufruf: 18.11.22).
18 Kerstin Bund, Astrid Geisler, Anne Kunze, Sascha Venohr: Wenn du schwanger bist, bist du eh nichts mehr wert, in: *Die Zeit*, 15.8.19, https://www.zeit.de/arbeit/2019-08/diskriminierung-ungleichheit-arbeitsplatz-sexuelle-belaestigung-gender-pay-gap-elternzeit (letzter Aufruf: 18.11.22).
19 *Last Week Tonight with John Oliver* (HBO): Wage Gap, 25.8.14, https://www.youtube.com/watch?v=PsB1e-1BB4Y (letzter Aufruf: 18.11.22); Übersetzung hier und im gesamten Buch von der Autorin.
20 United Nations: Make this the century of women's equality: UN chief, Pressemitteilung, 27.2.20, https://news.un.org/en/story/2020/02/1058271 (letzter Aufruf: 18.11.22).
21 Siehe Verena Töpper: Die Wut bleibt, in: *Der Spiegel* 27/2022, S. 38, 1.7.22, https://www.spiegel.de/karriere/gabriele-gamroth-guenther-wie-eine-frau-seit-vier-jahren-um-faire-bezahlung-kaempft-a-fe20efe0-19f3-4479-8d71-48c144fbc6cd (letzter Aufruf: 18.11.22).
22 Dieses und folgende Zitate von Johanna Wenckebach: Interview mit der Autorin, sofern nicht anders angegeben.
23 Siehe Nachrichtenmeldung, vet/JurAgentur: Bundesgericht stärkt Anspruch von Frauen auf gleichen Lohn, in: *Der Spiegel*, 21.1.21, https://www.spiegel.de/karriere/erfurt-bundesarbeitsgericht-staerkt-anspruch-von-frauen-auf-gleichen-lohn-a-19b5fcac-ba97-4c15-b788-101e120f8afa (letzter Aufruf: 18.11.22).

24 Siehe Stefan Gatz: EntgTranspG – Vermutung einer unmittelbaren Geschlechterdiskriminierung, Blog der Kanzlei Esche, Schümann, Commichau, 2.2.21, https://blog.esche.de/artikel/entgtranspg-vermutung-einer-unmittelbaren-geschlechterdiskriminierung (letzter Aufruf: 18.11.22); sowie zweites Zitat: siehe Paul Oberländer: Neue BAG Entscheidung rückt Entgeltgleichheit wieder in den Fokus, Blog der Kanzlei Vangard/Littler, März 2021, https://vangard.de/aktuelles/blog/bag-entgeltgleichheit (letzter Aufruf: 18.11.22).
25 Siehe Europäisches Parlament: Geschlechtsspezifisches Lohngefälle: Verbindliche Maßnahmen für Lohntransparenz, Pressemitteilung, 5.4.22, https://www.europarl.europa.eu/news/de/press-room/20220401IPR26532/geschlechtsspezifisches-lohngefalle-verbindliche-massnahmen-fur-lohntransparenz (letzter Aufruf: 18.11.22).
26 Carrie Gracie: *Equal. A Story of Women, Men & Money*, London, 2019, S. 10.
27 Ebenda.
28 Siehe Verena Mayer: Hart erkämpfter Sieg, in: *Süddeutsche Zeitung*, 25.6.20, https://www.sueddeutsche.de/medien/birte-meier-lohnungleichheit-zdf-1.4947841 (letzter Aufruf 21.11.22).
29 LAG 16 Sa 983/18 Rn 69.
30 Siehe Gesellschaft für Freiheitsrechte e. V.: FAQ Equal-Pay-Klage: Gleicher Lohn für gleiche Arbeit. Unterpunkt »Ist die Klägerin vielleicht einfach weniger gut oder weniger erfolgreich als ihre männlichen Kollegen und verdient deswegen weniger Geld?«, 4.2.20, https://freiheitsrechte.org/themen/gleichbehandlung/equalpay/equalpayfaqs (letzter Aufruf: 18.11.22).
31 Siehe Gesellschaft für Freiheitsrechte e. V.: FAQ Equal-Pay-Klage. Unterpunkt »Inwiefern wird die Klägerin anders bezahlt als ihre Kollegen im Zweiten Kreis?«, 4.2.20, https://freiheitsrechte.org/themen/gleichbehandlung/equalpay/equalpayfaqs (letzter Aufruf: 18.11.22).
32 Siehe Gesellschaft für Freiheitsrechte e. V.: FAQ Equal-Pay-Klaget. Unterpunkt »Verfügen alle besser bezahlten männlichen Mitarbeiter über mehr Berufserfahrung oder eine längere Betriebszugehörigkeit als die Klägerin, als sie Klage einreichte«, 4.2.20, https://freiheitsrechte.org/themen/gleichbehandlung/equalpay/equalpayfaqs (letzter Aufruf: 22.11.22).
33 Ebenda.
34 Siehe Lauren Collins: How the BBC Women Are Working Toward Equal Pay, in: *The New Yorker*, 16.7.18, https://www.newyorker.com/magazine/2018/07/23/how-the-bbc-women-are-working-toward-equal-pay (letzter Aufruf: 18.11.22).

35 Dieses und folgende Zitate von Edeltraud Walla: Interview mit der Autorin. Urteil in diesem Fall: LArbG Baden-Württemberg, Urteil vom 21.10.13, 1 Sa 7/13, Rn 12, http://lrbw.juris.de/cgi-bin/laender_rechtsprechung/document.py?Gericht=bw&nr=17958 (letzter Aufruf: 18.11.22).
36 Dieses und folgende Zitate von Miriam Altenberg: Interview mit der Autorin, sofern nicht anders angegeben.
37 Siehe Birgit Franke: Entgelttransparenzgesetz, in: ZDF *WISO*, Sendung vom 22.8.2022, ab Minute 34:44, https://www.zdf.de/verbraucher/wiso/wiso-vom-22-august-2022-100.html (letzter Aufruf: 18.11.22).
38 Susanne Amann u.a.: Lücke im Gesetz, in: *Der Spiegel* 37/2017, S. 74, 8.9.19, https://www.spiegel.de/wirtschaft/ luecke-im-gesetz-a-6c9ef498-0002-0001-0000-000153041953 (letzter Aufruf: 18.11.22).
39 Siehe Sarah F. Brosnan, Frans B. M. de Waal: Monkeys reject unequal pay, in: *Nature*, Vol. 425, 18.9.03, S. 297 ff., DOI: 10.1038/nature01963, https://www.emory.edu/LIVING_LINKS/publications/articles/Brosnan_deWaal_2003.pdf (letzter Aufruf: 18.11.22).
40 Volkart Wildermuth: Fairness bei Affen, in: Deutschlandfunk, 19.9.03, https://www.deutschlandfunk.de/fairness-bei-affen-100.html (letzter Aufruf: 18.11.22).
41 Siehe Daniel Baumann: Je erfolgreicher, desto ungleicher, in: *Frankfurter Rundschau*, 17.2.17, https://www.fr.de/wirtschaft/erfolgreicher-desto-ungleicher-11076180.html (letzter Aufruf: 21.11.22).
42 Siehe Nachrichtenmeldung, epd: Giffey: Lohnlücke zwischen Männern und Frauen »unerhört«, in: *evangelisch.de*, 17.3.20, https://www.evangelisch.de/inhalte/167296/17-03-2020/giffey-lohnluecke-zwischen-maennern-und-frauen-unerhoert (letzter Aufruf: 18.11.22).
43 Siehe Johannes Bebermeier: Kampf gegen Gender Pay Gap. So wollen die Grünen die Lohnlücke schließen, in: *t-online*, 10.3.21, https://www.t-online.de/nachrichten/deutschland/innenpolitik/id_89622652/equal-pay-day-gruene-firmen-sollen-lohnluecke-zwischen-mann-und-frau-anzeigen.html (letzter Aufruf: 21.11.22).
44 Siehe dazu das von der Bundesregierung zum Weltfrauentag veröffentlichte Video-Podcast der Kanzlerin: »Frauen müssen endlich so viel verdienen können wie Männer«, 6.3.21, https://www.bundesregierung.de/breg-de/service/archiv/archiv-mediathek/podcast-merkel-weltfrauentag-1873202 (letzter Aufruf: 18.11.22).
45 Tweet von Bundeskanzler Olaf Scholz, @Bundeskanzler, 7.3.22, https://twitter.com/bundeskanzler/status/1500808103876612102 (letzter Aufruf: 18.11.22).
46 Siehe Nachrichtenmeldung, dpa: Arbeitsminister: Vor allem Frauen

werden vom Mindestlohn profitieren, in: Bekanntmachung der Börse Frankfurt, 6.3.22 https://www.boerse-frankfurt.de/nachrichten/d3857d2d-aaa8-4f2b-bd16-bec6ac474d6a (letzter Aufruf: 18.11.22).

47 Siehe Statistisches Bundesamt: Niedriglohnquote, Stand 2018, https://www.destatis.de/DE/Themen/Arbeit/Arbeitsmarkt/Qualitaet-Arbeit/Dimension-2/niedriglohnquote.html (letzter Aufruf: 18.11.22).

48 Siehe Statistisches Bundesamt: Gender Pay Gap 2021. Frauen verdienten pro Stunde weiterhin 18 % weniger als Männer, Pressemitteilung Nr. 088 vom 7.3.22, https://www.destatis.de/DE/Presse/Pressemitteilungen/2022/03/PD22_088_621.html (letzter Aufruf: 18.11.22).

49 Siehe Annekatrin Schrenker, Katharina Wrohlich: Gender Pay Gap ist in den letzten 30 Jahren fast nur bei Jüngeren gesunken, in: *DIW Wochenbericht* 9/2022, S. 149 und 153, https://www.diw.de/documents/publikationen/73/diw_01.c.836535.de/22-9.pdf (letzter Aufruf: 18.11.22).

50 Siehe Timm Bönke, Rick Glaubitz: Wer gewinnt? Wer verliert? Die Absicherung von Lebenseinkommen durch Familie und Staat. Bertelsmann Stiftung (Hrsg.), Gütersloh, 29.4.22, S.11, DOI: 10.11586/2022033, https://www.bertelsmann-stiftung.de/de/publikationen/publikation/did/wer-gewinnt-wer-verliert-all-1 (letzter Aufruf: 18.11.22).

51 Siehe Bertelsmann Stiftung: Die große Kluft. Frauen verdienen im Leben nur halb so viel wie Männer, Pressemitteilung, 17.3.20, https://www.bertelsmann-stiftung.de/de/themen/aktuelle-meldungen/2020/maerz/die-grosse-kluft-frauen-verdienen-im-leben-nur-halb-so-viel-wie-maenner (letzter Aufruf: 18.11.22).

52 Maren Kroymann: Das Ende des Patriarchats, Youtube-Kanal »Comedy & Satire im Ersten«, 20.12.21: https://www.youtube.com/watch?v=EAQzqBFfwdY (letzter Aufruf: 18.11.22).

53 WSI GenderDatenPortal: Einkommen. Verdienstabstand nach Erwerbsumfang und beruflicher Position 2019, Wirtschafts- und Sozialwissenschaftliches Institut der Hans-Böckler-Stiftung, https://www.wsi.de/de/einkommen-14619-verdienstabstand-nach-erwerbsumfang-und-beruflicher-position-14928.htm (letzter Aufruf: 18.11.22).

54 Siehe Beate Kortendiek: Mehr Fairness bei Leistungsbezügen, in: *Forschung & Lehre*, 26.2.21, https://www.forschung-und-lehre.de/karriere/professur/mehr-fairness-bei-leistungsbezuegen-3529 (letzter Aufruf: 18.11.22).

55 OECD: Gender wage gap, Self-employed, Percentage, 2020 or latest available (Germany: 2018), https://data.oecd.org/chart/6RwC (letzter Aufruf: 18.11.22).

56 Eurostat: Gender pay gap statistics 2020, https://ec.europa.eu/eurostat/

statistics-explained/index.php?title=Gender_pay_gap_statistics (letzter Aufruf: 18.11.22).

57 OECD: Gender wage gap (Employees), Percentage, 2021 or latest available, https://data.oecd.org/chart/6RwG (letzter Aufruf: 18.11.22).

58 Siehe Timm Bönke, Rick Glaubitz: Wer gewinnt? Wer verliert? Die Absicherung von Lebenseinkommen durch Familie und Staat. Bertelsmann Stiftung (Hrsg.), Gütersloh, 29.4.22, S.11, DOI: 10.11586/2022033, https://www.bertelsmann-stiftung.de/de/publikationen/publikation/did/wer-gewinnt-wer-verliert-all-1 (letzter Aufruf: 18.11.22).

59 Siehe Bundesministerium für Familien, Senioren, Frauen und Jugend: Gender Care Gap – ein Indikator für die Gleichstellung, Hintergrundinformation zum Zweiten Gleichstellungsbericht der Bundesregierung, 27.08.19, https://www.bmfsfj.de/bmfsfj/themen/gleichstellung/gender-care-gap/indikator-fuer-die-gleichstellung/gender-care-gap-ein-indikator-fuer-die-gleichstellung-137294 (letzter Aufruf: 18.11.22).

60 Siehe WSI GenderDatenPortal: Gender Pension Gap bei eigenen Alterssicherungsleistungen 1992-2019, Wirtschafts- und Sozialwissenschaftliches Institut der Hans-Böckler-Stiftung, https://www.wsi.de/de/einkommen-14619-gender-pension-gap-bei-eigenen-alterssicherungsleistungen-14920.htm (letzter Aufruf: 18.11.22).

61 Siehe Stefan Bach, Thomas Merz: Vor der Erbschaftssteuerreform: Nutzung der Firmenprivilegien hat Minderjährige zu Multimillionären gemacht, in: *DIW Wochenbericht* 36/2016, 8.9.2016, S. 817 f., https://www.diw.de/documents/publikationen/73/diw_01.c.542137.de/16-36-4.pdf (letzter Aufruf: 18.11.22).

62 Lydia Geijtenbeek, Erik Plug: Is There a Penalty for Becoming a Woman? Is There a Premium for Becoming a Man? Evidence from a Sample of Transsexual Workers, in: *IZA Discussion Paper* No. 9277, 1.6.15, http://dx.doi.org/10.2139/ssrn.2612329 (letzter Aufruf: 18.11.22).

63 Emilia Roig: *Why we matter. Das Ende der Unterdrückung.* 3. Auflage, Berlin 2021, S. 16.

64 Siehe U.S. Bureau of Labor Statistics: Median usual weekly earnings of women and men who are full-time wage and salary workers, by race and Hispanic or Latino ethnicity, 2020 annual averages, https://www.bls.gov/opub/reports/womens-earnings/2020/home.htm#chart3 (letzter Aufruf: 18.11.22).

65 Siehe Eurostat: Gender Pay Gap Statistics 2020, https://ec.europa.eu/eurostat/statistics-explained/index.php?title=Gender_pay_gap_statistics (letzter Aufruf: 18.11.22).

66 Dieses und folgende Zitate von Evelyn Regner: Interview mit der Autorin, sofern nicht anders angegeben.

Anmerkungen

67 Siehe OECD: The Pursuit of Gender Equality: An Uphill Battle. How does Italy compare?, 2017, https://www.oecd.org/italy/Gender2017-ITA-en.pdf (letzter Aufruf: 18.11.22).
68 Dieses und folgende Zitate von Andrea Jochmann-Döll: Interview mit der Autorin, sofern nicht anders angegeben.
69 Deutscher Bundestag: Gesetzentwurf der Bundesregierung. Entwurf eines Gesetzes zur Förderung der Transparenz von Entgeltstrukturen, Drucksache 18/11133, 13.2.17, S. 1, https://dserver.bundestag.de/btd/18/111/1811133.pdf (letzter Aufruf: 18.11.22).
70 Margarete Stokowski: Gehälter von Frauen. Mythen zur Lücke, in: *Spiegel Online*, 12.9.17, https://www.spiegel.de/kultur/gesellschaft/gehaelter-von-frauen-mythen-zur-luecke-kolumne-a-1167246.html (letzter Aufruf: 18.11.22).
71 Instagram-Account von Lea Weber, @leawieauchimmer, 21.1.20, https://www.instagram.com/p/B7l9XyIoU1V/ (letzter Aufruf: 18.11.22).
72 Susanne Amann, Isabell Hülsen, Francis Mohammady, Ann-Katrin Müller, Ann-Kathrin Nezik, Anne Seith, Hanna Voß: Lücke im Gesetz, in: *Der Spiegel* 37/2017, S. 74, 8.9.19, https://www.spiegel.de/wirtschaft/luecke-im-gesetz-a-6c9ef498-0002-0001-0000-000153041953 (letzter Aufruf: 18.11.22).
73 Katharina Dröge: Frauen verdienen mehr!, in: *Handelsblatt*, 10.3.21, https://www.handelsblatt.com/meinung/gastbeitraege/gastkommentar-frauen-verdienen-mehr/26987680.html (letzter Aufruf: 18.11.22).
74 Ute Klammer, Christina Klenner, Sarah Lillemeier: »Comparable Worth«. Arbeitsbewertungen als blinder Fleck in der Ursachenanalyse des Gender Pay Gaps?, WSI Study Nr. 014, Juni 2018, Hans-Böckler-Stiftung, S. 40 ff., https://www.wsi.de/fpdf/HBS-006915/p_wsi_studies_14_2018.pdf (letzter Aufruf: 18.11.22).
75 Dieses und folgende Zitate von Christina Klenner: Interview mit der Autorin, sofern nicht anders angegeben.
76 Verena Töpper: Die Wut bleibt, in: *Der Spiegel* 27/2022, S. 38, 1.7.22, https://www.spiegel.de/karriere/gabriele-gamroth-guenther-wie-eine-frau-seit-vier-jahren-um-faire-bezahlung-kaempft-a-fe20efe0-19f3-4479-8d71-48c144fbc6cd (letzter Aufruf: 18.11.22).
77 Birgit Franke: Entgelttransparenzgesetz, in: ZDF *WISO*, Sendung vom 22.8.2022, ab Minute 34:44, https://www.zdf.de/verbraucher/wiso/wiso-vom-22-august-2022-100.html (letzter Aufruf: 18.11.22).
78 Jutta Allmendinger: Rheinische Zahlenspiele, in: *die tageszeitung*, 1.2.13, S. 12, https://taz.de/!518960/ (letzter Aufruf: 18.11.22).
79 Institut der Deutschen Wirtschaft: Nur 2 Prozent Gehaltsunterschied, Pressemitteilung Nr. 3, 14.1.13, https://www.iwkoeln.de/presse/pres-

semitteilungen/oliver-stettes-nur-2-prozent-gehaltsunterschied.html (letzter Aufruf: 18.11.22).
80 Ingo Kramer: Zensur von Tarifverträgen, in: *Frankfurter Allgemeine Zeitung*, 12.1.16, S. 16.
81 Dieses und folgende Zitate von Susanne Dumas: Interview mit der Autorin, sofern nicht anders angegeben.
82 LAG Sachsen, Urteil vom 3.9.21, 1 Sa 358/19.
83 Siehe Anmerkung 88.
84 Susanne Amann, Lukas Koschnitzke, Ann-Katrin Müller, Peter Müller, Simone Salden, Michaela Schießl, Cornelia Schmergal, Gerald Traufetter: Das billige Geschlecht, in: *Der Spiegel* 11/2015, S. 22, 6.3.15, https://www.spiegel.de/politik/das-billige-geschlecht-a-a865fa97-0002-0001-0000-000132212226 (letzter Aufruf: 18.11.22).
85 Jule Adriaans, Carsten Sauer, Katharina Wrohlich: Gender Pay Gap in den Köpfen: Männer und Frauen bewerten niedrigere Löhne für Frauen als gerecht, in: *DIW Wochenbericht* Nr. 10/2020, https://www.diw.de/documents/publikationen/73/diw_01.c.741761.de/20-10-3.pdf (letzter Aufruf: 18.11.22).
86 Video »Be a Lady They Said«, 23.2.20, https://vimeo.com/393253445 (letzter Aufruf: 18.11.22).
87 Zusammenfassung siehe: Gesellschaft für Freiheitsrechte e. V.: Equal Pay – Gehaltsverhandlungen, 6.12.21, S. 6, https://freiheitsrechte.org/uploads/documents/Gleiche-Rechte/Equal-Pay-2/Studienlage-Verhandlung-Gesellschaft-fuer-Freiheitsrechte-2021-Equal-Pay-Gleiche-Rechte.pdf (letzter Aufruf: 18.11.22). Zu den Originalstudien siehe: Hannah Riley Bowles, Linda Babcock, Lei Lai: Social Incentives for Gender Differences in the Propensity to Initiate Negotiations: Sometimes It Does Hurt to Ask, in: *Organizational Behavior and Human Decision Processes* 103, Nr. 1 (2007): S. 84–103, https://www.sciencedirect.com/science/article/abs/pii/S0749597806000884?via%3Dihub (letzter Aufruf: 18.11.22); sowie Courtney von Hippel, Cindy Wiryakusuma, Jessica Bowden, Megan Shochet: Stereotype threat and female communication styles, in: *Pers Soc Psychol Bull*. 2011 Oct:37(10), S. 1312–24., DOI:10.1177/0146167211410439, https://pubmed.ncbi.nlm.nih.gov/21646549/ (letzter Aufruf: 18.11.22).
88 Dieses und folgende Zitate von Kelly Dermody: Interview mit der Autorin, sofern nicht anders angegeben.
89 Clay Cross (Quarry Services) Ltd. v. Fletcher [1978] EWCA Civ J0711-1, https://vlex.co.uk/vid/clay-cross-quarry-services-793315025 (letzter Aufruf: 18.11.22).
90 Gesellschaft für Freiheitsrechte e. V.: Equal-Pay-Klage: Gleicher Lohn

ist keine Verhandlungssache, ohne Datum, https://freiheitsrechte.org/themen/gleichbehandlung/equal-pay-photon-meissener (letzter Aufruf: 19.11.22).

91 René Pfister, Markus Feldenkirchen: »Wir müssen selbstbewusster werden«, in: *Der Spiegel* 45/2010, 8.11.10, S. 54, https://www.bmfsfj.de/bmfsfj/aktuelles/reden-und-interviews/kristina-schroeder-im-interview-mit-dem-spiegel - 101368 (letzter Aufruf: 19.11.22).

92 Kristina Schröder: Von Lohnlücken und freien Entscheidungen. Der Beweis für Diskriminierung beim Gender Pay Gap ist nicht erbracht. Beitrag auf eigener Website, 14.2.17, https://www.kristinaschroeder.de/aktuelles/archiv/von-lohnluecken-und-freien-ent/ (letzter Aufruf: 19.11.22).

93 Siehe Ann-Christin Hausmann, Corinna Kleinert, Kathrin Leuze: Entwertung von Frauenberufen oder Entwertung von Frauen im Beruf?, in: *KfZSS Kölner Zeitschrift für Soziologie und Sozialpsychologie*, 67 (2015), 17.7.2015. S. 217–242, https://doi.org/10.1007/s11577-015-0304-y (letzter Aufruf: 19.11.22).

94 Dieses und folgende Zitate von Corinna Kleinert: Interview mit der Autorin, sofern nicht anders angegeben.

95 Oliver Klasen: Die Billig-Bürgermeisterin, in: *Süddeutsche Zeitung*, 5.5.21, https://www.sueddeutsche.de/panorama/muellheim-siemes-knoblich-buergermeisterin-gender-pay-gap-1.5285283?reduced=true (letzter Aufruf: 19.11.22).

96 Dieses und folgende Zitate von Astrid Siemes-Knoblich: Interview mit der Autorin, sofern nicht anders angegeben.

97 Deutscher Gewerkschaftsbund: Equal Pay? – Mit Tarifvertrag und guter Daseinsvorsorge!, in: *klartext* Nr. 09/2022, 11.3.22, https://www.dgb.de/uber-uns/dgb-heute/wirtschafts-finanz-steuerpolitik/++co++0d9ad52a-a128-11ec-a3c8-001a4a160123 (letzter Aufruf: 19.11.22).

98 Siehe Thorsten Schulten, Heiner Dribbusch, Gerhard Bäcker, Christina Klenner (Hrsg.): Tarifpolitik als Gesellschaftspolitik. Strategische Herausforderungen im 21. Jahrhundert. Hamburg 2017, S. 123, https://www.vsa-verlag.de/uploads/media/VSA_Schulten_ua_Tarifpolitik_als_Gesellschaftspolitik.pdf (letzter Aufruf: 19.11.22).

99 Siehe Heike Haarhoff: Frauenlöhne: Der kleine Unterschied, in: *die tageszeitung*, 5.7.07, https://taz.de/Frauenloehne/!5198449/ (letzter Aufruf: 19.11.22).

100 Siehe Christof Herrmann: Kein Zuckerschlecken, in: *AiB Arbeitsrecht im Betrieb* 12/2020, S. 45.

101 Dieses und folgende Zitate von Manuela Haase: Interview mit der Autorin, sofern nicht anders angegeben.

102 Beate Kortendiek: Mehr Fairness bei Leistungsbezügen, in: *Forschung & Lehre*, 26.2.21, https://www.forschung-und-lehre.de/karriere/professur/mehr-fairness-bei-leistungsbezuegen-3529 (letzter Aufruf: 18.11.22).
103 Andrea Jochmann-Döll, Karin Tondorf: Gleiches Entgelt für gleichwertige Arbeit? Die Entgeltordnung des Tarifvertrags der Länder (TV-L) auf dem Prüfstand, hrsg. von der Antidiskriminierungsstelle des Bundes, Februar 2018, S. 34, https://www.antidiskriminierungsstelle.de/SharedDocs/downloads/DE/publikationen/Entgelt_UN_Gleichheit/TV_L.pdf (letzter Aufruf: 19.11.22).
104 Thorsten Schulten, Heiner Dribbusch, Gerhard Bäcker, Christina Klenner (Hrsg.): Tarifpolitik als Gesellschaftspolitik. Strategische Herausforderungen im 21. Jahrhundert. Hamburg 2017, S. 127, https://www.vsa-verlag.de/uploads/media/VSA_Schulten_ua_Tarifpolitik_als_Gesellschaftspolitik.pdf (letzter Aufruf: 19.11.22).
105 Dieses und folgende Zitate von Katharina Mader: Interview mit der Autorin, sofern nicht anders angegeben.
106 »Zum Verfahren Birte Meier ./. ZDF vor dem Arbeitsgericht Berlin«, 1.2.2017, in: ZDF Positionen und Publikationen, Archiv 2012-2017 https://www.zdf.de/zdfunternehmen/zdf-positionen-archiv-100.html (letzter Aufruf: 21.11.2022).
107 Tarifvertrag über Vergütungen für freie Mitarbeiter/-innen vom 1.1.2010–31.12.2010 zwischen der ver.di, Fachbereich Medien, dem Deutschen Journalisten-Verband, der Vereinigung der Rundfunk-, Film- und Fernsehschaffenden und dem Zweiten Deutschen Fernsehen, Anstalt des öffentlichen Rechts (ZDF).
108 »Prüfungsergebnisse des Rechnungshofs für die Haushaltsjahre 2005-2009«, in: ZDF.presse, 6.12.2006 https://www.zdf.de/assets/pruefungsergebnisse-rechnungshof-2005-2009-100~original (letzter Aufruf 21.11.22).
109 Juliane Wiedemeier: Die Lücke, in: *journalist* 3/2017, März 2017, S. 49.
110 ZDF Gleichstellungsbericht 2017,S. 15ff.
111 ZDF Gleichstellungsbericht 2020, S. 21.
112 Dieses und folgende Zitate von Elisabeth Pähtz: Interview mit der Autorin, sofern nicht anders angegeben.
113 Siehe die Nachrichtenmeldung der dpa: Schachprofi Elisabeth Pähtz fühlt sich matt, in: *Süddeutsche Zeitung*, 20.6.22, https://www.sueddeutsche.de/sport/schach-schachprofi-elisabeth-paehtz-fuehlt-sich-matt-dpa.urn-newsml-dpa-com-20090101-220621-99-738805 (letzter Aufruf: 19.11.22).
114 Equal Pay: Bierhoff lädt Kanzler zu Gespräch ein, in: Süddeutsche Zeitung Online, 12.7.22, https://www.sueddeutsche.de/sport/fussball-

equal-pay-bierhoff-laedt-kanzler-zu-gespraech-ein-dpa.urn-newsml-dpa-com-20090101-220712-99-00056 (letzter Abruf 6.12.22)

115 Dieses und folgende Zitate von Regina Halmich: Interview mit der Autorin, sofern nicht anders angegeben.

116 Siehe Statistisches Bundesamt: Gender Pay Gap 2021. Frauen verdienten pro Stunde weiterhin 18 % weniger als Männer, Pressemitteilung Nr. 088 vom 7.3.22, https://www.destatis.de/DE/Presse/Pressemitteilungen/2022/03/PD22_088_621.html (letzter Aufruf: 18.11.22).

117 Siehe Denise Barth, Jonas Jessen, C. Katharina Spieß, Katharina Wrohlich: Mütter in Ost und West. Angleichung bei Erwerbstätigenquoten und Einstellungen, nicht bei Vollzeiterwerbstätigkeit, in: *DIW Wochenbericht* 38/2020, S. 703, https://www.diw.de/documents/publikationen/73/diw_01.c.799230.de/20-38-2.pdf (letzter Aufruf: 19.11.22).

118 Dieses und folgende Zitate von Elke Holst: Interview mit der Autorin, sofern nicht anders angegeben.

119 European Trade Unions Confederation: EU gender pay gap won't end until 2104 without action, Pressemitteilung, 5.10.20, https://www.etuc.org/en/pressrelease/eu-gender-pay-gap-wont-end-until-2104-without-action (letzter Aufruf: 19.11.22).

120 World Economic Forum: Global Gender Gap Report 2022. Insight Report, July 2022, Geneva, S. 13, https://www3.weforum.org/docs/WEF_GGGR_2022.pdf (letzter Aufruf: 19.11.22).

121 Birgit Franke: Entgelttransparenzgesetz, in: ZDF WISO, Sendung vom 22.8.2022, ab Minute 34:44, https://www.zdf.de/verbraucher/wiso/wiso-vom-22-august-2022-100.html (letzter Aufruf: 18.11.22).

122 Siehe Aamna Mohdin: BBC may waive gagging clauses of previous equal pay settlements, in: *The Guardian*, 18.1.20, https://www.theguardian.com/media/2020/jan/18/bbc-may-waive-gagging-clauses-of-previous-equal-pay-settlements (letzter Aufruf: 19.11.22) Memery Crystal, Rechtsanwaltskanzlei: The use of confidentiality clauses in employment law today, 22.2.22, https://www.memerycrystal.com/the-use-of-confidentiality-clauses-in-employment-law-today/ (letzter Aufruf: 19.11.22).

123 U.S. Bureau of Labor Statistics: Median usual weekly earnings of women and men who are full-time wage and salary workers, by race and Hispanic or Latino ethnicity, 2017 annual averages, https://www.bls.gov/opub/reports/womens-earnings/2017/home.htm#chart3 (letzter Aufruf: 19.11.22).

124 Hier und vorheriges Zitat von Serena Williams: How black women can close the pay gap, in: *Fortune*, 31.7.17, https://fortune.com/2017/07/31/serena-williams-black-women-equal-pay/ (letzter Aufruf: 19.11.22).

125 ZEW – Leibniz-Zentrum für Europäische Wirtschaftsforschung: Paare verfälschen Anteil von Frauen am gemeinsamen Einkommen, Pressemitteilung zur Studie, 7.2.20, https://www.zew.de/presse/pressearchiv/paare-verfaelschen-anteil-von-frauen-am-gemeinsamen-einkommen (letzter Aufruf: 19.11.22).
126 Marta Murray-Close, Misty L. Heggeness: Manning up and womaning down. How husbands and wives report their earnings when she earns more, in: *SESHD Working Paper* #2018-20, Social, Economic, and Housing Statistics Division, United States Census Bureau, 6.6.18, https://www.census.gov/content/dam/Census/library/working-papers/2018/demo/SEHSD-WP2018-20.pdf (letzter Aufruf: 19.11.22).
127 Carrie Gracie: Equal. A Story of Women, Men & Money, London 2019, S. 31.
128 Jennifer Lawrence: Why Do I Make Less Than My Male Co-Stars?, in: *Lenny Letter*, 13.10.15, https://web.archive.org/web/20171219194724/https://www.lennyletter.com/story/jennifer-lawrence-why-do-i-make-less-than-my-male-costars (letzter Aufruf: 19.11.22).
129 Textauszug zitiert nach FrauenMediaTurm https://frauenmediaturm.de/historische-frauenbewegung/hedwig-dohm-frauen-natur-recht-stimmrecht-1876/ (letzter Aufruf: 19.11.22), aus: Hedwig Dohm: *Der Frauen Natur und Recht*, in: Ursula I. Meyer, (Hrsg.): *Die Welt der Philosophin*, Bd. 3: *Aufklärung und revolutionärer Aufbruch*, Aachen 1997, S. 347–354.
130 Sofie Czilwik: Die Geschichte der ungerechten Bezahlung, in: *Der Freitag* 05/2020, 17.3.2020, https://www.freitag.de/autoren/der-freitag/die-geschichte-der-ungerechten-bezahlung (letzter Aufruf: 19.11.22); sowie im Original: Minna Wettstein-Adelt: 3 1/2 Monate Fabrik-Arbeiterin, Berlin 1893, S. 49 f., https://digital.slub-dresden.de/werkansicht/dlf/93042/9 (letzter Aufruf: 19.11.22).
131 Dr. Barbara von Hindenburg (2021): Erwerbstätigkeit von Frauen im Kaiserreich und in der Weimarer Republik, in: Digitales Deutsches Frauenarchiv URL: https://www.digitales-deutsches-frauenarchiv.de/themen/erwerbstaetigkeit-von-frauen-im-kaiserreich-und-der-weimarer-republik (letzter Aufruf: 06.12.22).
132 Lily Braun: *Die Frauenfrage. Ihre geschichtliche Entwicklung und wirtschaftliche Seite*, Leipzig 1901, online verfügbar: https://www.gutenberg.org/files/14075/14075-h/14075-h.htm#6_1 (letzter Aufruf: 19.11.22).
133 Zitiert nach Sofie Czilwik: Die Geschichte der ungerechten Bezahlung, in: *Der Freitag* 05/2020, 17.3.2020, https://www.freitag.de/autoren/der-freitag/die-geschichte-der-ungerechten-bezahlung (letzter Aufruf: 19.11.22), sowie im Original: Minna Wettstein-Adelt: 3 1/2 Monate Fab-

rik-Arbeiterin, Berlin 1893, https://digital.slub-dresden.de/werkansicht/dlf/93042/9 (letzter Aufruf: 19.11.22).
134 Siehe Ulrike Baureithel: Geschlechterrollen. Hat der Weltkrieg die Frauen befreit?, in: *WOZ Die Wochenzeitung*, Nr. 42, 16.10.14, https://www.woz.ch/1442/geschlechterrollen/hat-der-weltkrieg-die-frauen-befreit (letzter Aufruf: 19.11.22).
135 Protokoll der 42. Sitzung des Hauptausschusses vom 18.1.1949, in Verhandlungen des HA, S. 538 ff., 543, zitiert nach: Mitglieder des Gerichtshofes (Hrsg.): *Entscheidungen des Bundesarbeitsgerichts*, Berlin/Boston 1955, S. 260 f.
136 Kaiser, Marianne (Hrsg): *Wir wollen gleiche Löhne! Dokumentation zum Kampf der 29 »Heinze«-Frauen*, Reinbek bei Hamburg 1980, S. 13–16.
137 Ohne Autor: Reiner Zufall, in: *Der Spiegel* 38/1981, 13.9.1981, https://www.spiegel.de/wirtschaft/reiner-zufall-a-f3f035ef-0002-0001-0000-000014344456 (letzter Aufruf: 19.11.22).
138 Kaiser, Marianne (Hrsg): *Wir wollen gleiche Löhne! Dokumentation zum Kampf der 29 »Heinze«-Frauen*, Reinbek bei Hamburg 1980, S. 65.
139 Siehe Georgia Tornow: Ausgang ungewiss. Zweiter Lohnprozess bei Thyssen, in: *Courage. Berliner Frauenzeitung*, 6(1981), H. 2, S. 6 f., http://library.fes.de/cgi-bin/cour_mktiff.pl?year=198102&pdfs=198102_006x198102_007 (letzter Aufruf: 21.11.22).
140 Siehe Ohne Autor: Reiner Zufall, in: *Der Spiegel* 38/1981, 13.9.1981, https://www.spiegel.de/wirtschaft/reiner-zufall-a-f3f035ef-0002-0001-0000-000014344456 (letzter Aufruf: 19.11.22).
141 Siehe BAG, Urteil vom 15.1.1955, 1 AZR 305/54, https://www.prinz.law/urteile/BAG_1_AZR_305-54 (letzter Aufruf: 19.11.22).
142 Ohne Autor: Reiner Zufall, in: *Der Spiegel* 38/1981, 13.9.1981, https://www.spiegel.de/wirtschaft/reiner-zufall-a-f3f035ef-0002-0001-0000-000014344456 (letzter Aufruf: 19.11.22).
143 Siehe Verena Mayer: Eine Frage der Lohngleichheit?, in: *Süddeutsche Zeitung*, 19.12.18, S. 27.
144 Verena Mayer: Gehalt von ZDF-Reporterin. Kein Recht auf gleichen Lohn, in: *Süddeutsche Zeitung*, 5.2.19, https://www.sueddeutsche.de/karriere/gehalt-birte-meier-zdf-1.4317783 (letzter Aufruf: 19.11.22).
145 Verena Mayer: Eine Frage der Lohngleichheit? Nächste Runde im Rechtsstreit zwischen Reporterin und ZDF, in: *Süddeutsche Zeitung*, 19.12.18, S. 27.
146 LAG Berlin-Brandenburg, Tatbestandsberichtigungsbeschluss vom 9.7.19, 16 Sa 983/18.
147 Arbeitsgericht Berlin, Tatbestandsberichtigungsbeschluss vom 31.5.17, 56 Ca 5356/15.

Anmerkungen

148 LAG Berlin-Brandenburg, Tatbestandsberichtigungsbeschluss vom 9.7.19, 16 Sa 983/18.
149 LAG Berlin-Brandenburg, Urteil von 5.2.19, 16 Sa 983/18, Rn 326–329, https://www.roettgen-kluge-hund.de/wp-content/uploads/2019/05/2019-04-05-lag-berlin-brandenburg-urteil.pdf (letzter Aufruf: 19.11.22).
150 Christine Dankbar: Danke für nichts, in: *Berliner Zeitung*, 6.2.19, S. 8, https://www.berliner-zeitung.de/mensch-metropole/entgelttransparenzgesetz-und-der-fall-birte-meier-danke-an-den-gesetzgeber-fuer-nichts-li.29462 (letzter Aufruf: 19.11.22).
151 Dokumentation zur ESF-Jahresveranstaltung »Entgeltgleichheit von Frauen und Männern am 3. und 4. November 2014 in Fulda«, Hessisches Ministerium für Soziales und Integration, S. 12. https://www.gleichstellungsministerkonferenz.de/documents/2015_07_esf_entgelt_dokumentation_1510225679.pdf (letzter Aufruf 23.11.2022).
152 Bundesarbeitsgericht: Auskunftsanspruch nach dem Entgelttransparenzgesetz, Pressemitteilung zum Urteil vom 25.6.20 – 8 AZR 145/19, https://www.bundesarbeitsgericht.de/presse/auskunftsanspruch-nach-dem-entgelttransparenzgesetz/ (letzter Aufruf: 19.11.22).
153 Siehe Gesellschaft für Freiheitsrechte e. V.: Weiterer Erfolg im Equal-Pay-Verfahren: Schlechterbezahlung belegt, Klägerin setzt nun auf Bundesverfassungsgericht, Pressemitteilung vom 17.6.2021, https://freiheitsrechte.org/ueber-die-gff/presse/pressemitteilungen-der-gesellschaft-fur-freiheitsrechte/pm-equal-pay-erfolg-gehaltsauskunft (letzter Aufruf: 19.11.22).
154 Ebenda.
155 BAG, Entscheidung vom 21.1.21, 8 AZR 488/19, https://www.bundesarbeitsgericht.de/entscheidung/8-azr-488-19/ (letzter Aufruf: 19.11.22).
156 BVerfG, Beschluss vom 1.6.2022, 1 BvR 75/20, http://www.bverfg.de/e/rk20220601_1bvr007520.html (letzter Aufruf: 19.11.22).
157 Wolfgang Janisch: Der lange Weg zum gleichen Lohn, Süddeutsche Zeitung, 19.7.2022, https://www.sueddeutsche.de/medien/equal-pay-birte-meier-bundesverfassungsgericht-weist-klage-ab-1.5623904 (letzter Aufruf: 23.11.22).
158 Anfrage von Charlotte Köhler vom September 2022.
159 Antwort des Arbeitsgerichts Hannover an Charlotte Köhler vom 27.9.2022.
160 Diverse Schreiben des ZDF-Anwalts an die Gerichte.
161 Antwort der Senatsverwaltung für Justiz, Verbraucherschutz und Antidiskriminierung vom 21.9.2017 auf die schriftliche Anfrage des Abgeordneten Marcel Luthe, Abgeordnetenhaus Berlin, Drs. 18/12905, S. 5 f.

162 Siehe Christine Dankbar: Das Verfassungsgericht zahlt nach, in: *Berliner Zeitung*, 14.1.20, S. 4, https://www.berliner-zeitung.de/politik-gesellschaft/jahrelange-verzoegerung-bundesverfassungsgericht-gesteht-fehler-ein-li.4839 (letzter Aufruf: 19.11.22).

163 Siehe LTO-Redaktion: Schwangere erhält Entschädigung nach Nicht-Beförderung, in: *LTO*, 28.6.11, https://www.lto.de/recht/nachrichten/n/lag-berlin-brandenburg-schwangere-erhaelt-entschaedigung-nach-nicht-befoerderung/. (letzter Aufruf: 19.11.22).

164 Dieses und folgende Zitate von Barbara Steinhagen: Interview mit der Autorin, sofern nicht anders angegeben.

165 Johanna Wenckebach: Der Weg zu Equal Pay ist viel zu steinig, in: *Verfassungsblog*, 20.7.22, https://verfassungsblog.de/der-weg-zu-equal-pay-ist-viel-zu-steinig/ (letzter Aufruf: 19.11.22).

166 Antwort von Katja Bernhard, Vorsitzende des Bund der Richterinnen und Richter der Arbeitsgerichtsbarkeit, an die Autorin vom 2.11.2022.

167 BAG, Urteil vom 25.6.20, 8 AZR 145/19, Rn 58 und 47, (archiviert https://web.archive.org/web/20220722195443/https://www.bundesarbeitsgericht.de/entscheidung/8-azr-145-19/) https://www.bundesarbeitsgericht.de/entscheidung/8-azr-145-19/ (letzter Aufruf: 19.11.22).

168 Nikolaus Doll, Sabine Menkens: Lohngleichheitsgesetz steht vor dem Durchbruch, in: *Die Welt*, 2.10.16, https://www.welt.de/wirtschaft/article158495217/Lohngleichheitsgesetz-steht-vor-dem-Durchbruch.html (letzter Aufruf: 19.11.22).

169 Dieses und folgende Zitate von Elke Hannack: Interview mit der Autorin, sofern nicht anders angegeben.

170 Karriere- und Erwerbschancen von Frauen verbessern. Stellungnahme zur öffentlichen Anhörung des Familienausschusses zum Thema »Entgeltgleichheit« am 6.3.17 (BR-Drucksache 8/17; BT-Drucksache 18/4321, 18/6550, 18/847) vom 27.2.17, https://www.bundestag.de/resource/blob/495488/60ab2b7bf252956b7fc75ef33ae88f07/18-13-107i_Christina-Ramb-data.pdf (letzter Aufruf 23.11.2022).

171 Siehe Lukas Koschnitzke: Birkenstock zahlte Frauen einen Euro weniger, in: *Der Spiegel*, 7.3.15, https://www.spiegel.de/wirtschaft/unternehmen/birkenstock-frauen-bekamen-weniger-lohn-als-maenner-a-1022162.html (letzter Aufruf: 19.11.22).

172 Verpflichtungserklärung, Code of Conduct der Unternehmen der Birkenstock Group, S. 1, https://www.birkenstock.com/on/demandware.static/-/Library-Sites-Birkenstock/de/dwc97ce768/documents/Code-of-Conduct-Birkenstock_DE.pdf (letzter Aufruf 23.11.2022).

173 Arbeitsgericht Berlin: Lohngleichheit zwischen Frauen und Männern – Arbeitsgericht weist Klage einer Reporterin des ZDF ab, Pressemit-

teilung Nr. 04/17 vom 3.2.17, https://www.berlin.de/gerichte/arbeitsgericht/presse/pressemitteilungen/2017/pressemitteilung.557798.php (letzter Aufruf: 19.11.22).

174 Informationen über die Sammelklage: https://goldmangendercase.com (letzter Aufruf: 19.11.22).

175 Informationen über die Sammelklage: https://www.classlawgroup.com/microsoft-gender-discrimination-and-unequal-pay-lawsuit/ (letzter Aufruf: 19.11.22).

176 Alexia Fernández Campbell: They did everything right – and still hit the glass ceiling. Now, these women are suing America's top companies for equal pay, in: *Vox*, 10.12.19, https://www.vox.com/the-highlight/2019/12/3/20948425/equal-pay-lawsuits-pay-gap-glass-ceiling (letzter Aufruf: 19.11.22).

177 EuGH, Urteil vom 27.3.1980, C-129/79, Macarthys/Smith, https://curia.europa.eu/juris/liste.jsf?language=de&jur=C,T,F&num=C-129/79 (letzter Aufruf: 21.11.22).

178 OGH, Beschluss vom 20.5.1998, 9 OB A 350/97d, https://www.ris.bka.gv.at/Dokument.wxe?Abfrage=Justiz&Dokumentnummer=JJT_19980520_OGH0002_009OBA00350_97D0000_000&Suchworte=RS0110047 (letzter Aufruf: 19.11.22).

179 Dieses und folgende, direkte und indirekte Zitate von Sandra Konstatzky: Interview mit der Autorin, sofern nicht anders angegeben.

180 LAG Baden-Württemberg, Urteil vom 21.10.13, 1 Sa 7/13, https://openjur.de/u/685008.html (letzter Aufruf: 19.11.22); BAG, Beschluss vom 16.04.2014, 5 AZN 1308/13.

181 Ingo Kramer: Zensur von Tarifverträgen, in: *FAZ*, 12.1.2016, S. 16.

182 *Fraktiondirekt*, Das Monatsmagazin der CDU/CSU-Bundestagsfraktion, Mai 2017, S. 21, https://www.cducsu.de/sites/default/files/2017-04/cducsu_fraktion-direkt_5-2017.pdf (archiviert https://web.archive.org/web/20200927030708/https://www.cducsu.de/sites/default/files/2017-04/cducsu_fraktion-direkt_5-2017.pdf).

183 Karriere- und Erwerbschancen von Frauen verbessern. Stellungnahme zur öffentlichen Anhörung des Familienausschusses zum Thema »Entgeltgleichheit« am (BR-Drucksache 8/17; BT-Drucksache 18/4321, 18/6550, 18/847) vom 27.2.17, https://www.bundestag.de/resource/blob/495488/60ab2b7bf252956b7fc75ef33ae88f07/18-13-107i_Christina-Ramb-data.pdf (letzter Aufruf 23.11.22).

184 Siehe Britta Stuff: Gesetz für Lohngerechtigkeit greift nur für 40 Prozent der Frauen, in: *Der Spiegel*, 28.1.17, http://www.spiegel.de/wirtschaft/soziales/manuela-schwesig-gesetz-zu-lohngerechtigkeit-greift-nur-bei-40-prozent-der-frauen-a-1132036.html (letzter Aufruf: 19.11.22).

185 Stellungnahme von Gregor Thüsing zur öffentlichen Anhörung des Familienausschusses am 6.3.17: »Transparenz von Entgeltstrukturen«, Ausschuss-Drucksache 18 (13)107k, https://www.bundestag.de/resource/blob/496430/fa3011592421242a003d8322dc388425/18-13-107k_Gregor_Thuesing-data.pdf (letzter Aufruf 23.11.22).

186 BMFSFJ: Bericht der Bundesregierung zur Wirksamkeit des Gesetzes zur Förderung der Entgelttransparenz zwischen Frauen und Männern, Deutscher Bundestag, Drucksache 19/11470, 10.7.19, S. 17, https://www.bmfsfj.de/resource/blob/137224/79c7431772c314367059abc8a3242a55/bericht-der-br-foerderung-entgelttransparenz-data.pdf (letzter Aufruf: 19.11.22).

187 BAG, Urteil vom 25.6.20, 8 AZR 145/19, Rn 93, https://www.bundesarbeitsgericht.de/entscheidung/8-azr-145-19/ (letzter Aufruf: 19.11.22).

188 BVerfG, Beschluss vom 1.6.2022, 1 BvR 75/20, Rn 12, http://www.bverfg.de/e/rk20220601_1bvr007520.html (letzter Aufruf: 19.11.22).

189 Christine Dankbar: Richtungsweisendes Urteil. ZDF-Reporterin klagt für gleichen Lohn bei gleicher Arbeit, in: *Kölner Stadt-Anzeiger* (DuMont Mediengruppe), https://www.ksta.de/politik/richtungsweisendes-urteil-zdf-reporterin-klagt-fuer-gleichen-lohn-bei-gleicher-arbeit-25655208?cb=1666217614945& (letzter Aufruf: 18.11.22).

190 Christine Dankbar, Wer braucht einen zahnlosen Tiger?, in: *Berliner Zeitung*, 2.2.17, S. 8.

191 LAG Berlin-Brandenburg, Urteil 16 Sa 983/18, Rn 371.

192 Interview mit der Autorin.

193 Brittany Martin: L.A. Times Food Critic Patricia Escárcega Accuses the Paper of Discrimination, in: *Los Angeles Magazine*, 16.11.20, https://www.lamag.com/citythinkblog/patricia-escarcega-food-critic-los-angeles-times-discrimination/ (letzter Aufruf: 19.11.22).

194 Siehe Kevin Draper, Andrew Das: ›Blatant Misogyny‹: U.S. Women Protest, and U.S. Soccer President Resigns, in: *The New York Times*, 12.3.20, https://www.nytimes.com/2020/03/12/sports/soccer/uswnt-equal-pay.html (letzter Aufruf: 19.11.22).

195 Aus ZDF-Schriftsatz im Verfahren der Autorin.

196 Carrie Gracie: *Equal. A Story of Women, Men & Money*, Virago Press, London, 2019, S. 47.

197 Anonymous: Fear stalks the BBC, and women like me are being gaslighted and lied to, in: *The Guardian*, 15.1.18, https://www.theguardian.com/commentisfree/2018/jan/15/bbc-women-carrie-gracie-humphrys-sopel (letzter Aufruf: 19.11.22).

198 Antrag der Abgeordneten Beate Müller-Gemmeke u.a., Schutz vor Mobbing am Arbeitsplatz, Drs. 18/12097, S. 4, https://dserver.bundestag.de/btd/18/120/1812097.pdf (letzter Aufruf 23.11.22).

199 Nora Markard: Equal Pay Day. Schlechtere Bezahlung ist keine Bagatelle, in: *Der Tagesspiegel*, 18.3.19, https://www.tagesspiegel.de/politik/schlechtere-bezahlung-ist-keine-bagatelle-5320927.html (letzter Aufruf: 19.11.22).
200 Siehe Matthew Weaver: Carrie Gracie: ›I could not collude in unlawful pay discrimination‹, in: *The Guardian*, 8.1.18, https://www.theguardian.com/media/2018/jan/08/bbcs-carrie-gracie-praised-as-brave-and-brilliant-for-quitting-over-unequal-pay (letzter Aufruf: 19.11.22).
201 Aus ZDF-Schriftsätzen im Verfahren der Autorin.
202 Ebenda.
203 Interview mit der Autorin.
204 Strafrechtlich im Code pénal, Artikel 222-33-2 bis 222-33-2-3; sowie mögliche arbeitsrechtliche Konsequenzen siehe Code du travail, Artikel L1152-1 bis L1152-6.
205 Deutscher Bundestag: Plenarprotokoll 18/212, 19.1.17, S. 128 (21310), https://dserver.bundestag.de/btp/18/18212.pdf#page=128 (letzter Aufruf: 20.11.22).
206 Siehe Lauren Collins: How the BBC Women Are Working Toward Equal Pay, in: *The New Yorker*, 16.7.18, https://www.newyorker.com/magazine/2018/07/23/how-the-bbc-women-are-working-toward-equal-pay (letzter Aufruf: 18.11.22).
207 Martin Haar: Konflikt an der Uni Stuttgart. Ex-Uni-Mitarbeiter fühlt sich als Opfer im Kampf der Geschlechter, in: *Stuttgarter Nachrichten*, 2.10.18, https://www.stuttgarter-nachrichten.de/inhalt.konflikt-an-der-uni-stuttgart-k-ein-kampf-der-geschlechter.05379cff-418f-4433-8638-b3712844e929.html (letzter Aufruf: 20.11.22).
208 Reinhard Breidenbach: »Wachsam, aber zuversichtlich«, in: *Allgemeine Zeitung Mainz*, 15.12.16.
209 Siehe Alex Clark: Carrie Gracie: ›I learned about equal pay the hard way‹, in: *The Observer/The Guardian*, 2.9.19, https://www.theguardian.com/global/2019/sep/02/carrie-gracie-i-learned-about-equal-pay-the-hard-way (letzter Aufruf: 20.11.22).
210 Interview mit der Autorin.
211 Deutscher Bundestag: Dissens über Entgelttransparenzgesetz. Familie, Senioren, Frauen und Jugend/Anhörung, Pressemitteilung, 19.3.19, https://www.bundestag.de/webarchiv/presse/hib/2019_03/629802-629802 (letzter Aufruf: 20.11.22).
212 Alex Clark: Carrie Gracie: ›I learned about equal pay the hard way‹, in: *The Observer/The Guardian*, 2.9.19, https://www.theguardian.com/global/2019/sep/02/carrie-gracie-i-learned-about-equal-pay-the-hard-way (letzter Aufruf: 20.11.22).

Anmerkungen

213 Dieses und folgende Zitate von Ingeborg Feilhauer: Interview mit der Autorin, sofern nicht anders angegeben.

214 Europäische Kommission: Vorschlag für eine Richtlinie des Europäischen Parlaments und des Rates zur Stärkung der Anwendung des Grundsatzes des gleichen Entgelts für Männer und Frauen bei gleicher oder gleichwertiger Arbeit durch Lohntransparenz und Durchsetzungsmechanismen, 2021/0050 (COD), COM(2021) 93 final, Brüssel, 4.3.21, https://eur-lex.europa.eu/legal-content/DE/TXT/PDF/?uri=CELEX:52021PC0093&from=EN (letzter Aufruf: 20.11.22).

215 Gesamtmetall, Gesamtverband der Arbeitgeberverbände der Metall- und Elektro-Industrie e.V.: Ohne Industrie kein Wohlstand, Geschäftsbericht 2022/21, S. 55, (archiviert https://web.archive.org/web/20210930181618/https://www.gesamtmetall.de/sites/default/files/epaper/epaper-GM-Geschaeftsbericht_2020/index.html#0) (letzter Aufruf: 20.11.22).

216 Gesamtmetall, Gesamtverband der Arbeitgeberverbände der Metall- und Elektro-Industrie e.V.: Soziale Marktwirtschaft. Trägt sicher. Auch durch Krisen, Geschäftsbericht 2021/22, S. 57, (archiviert https://web.archive.org/web/20221027122629/https://www.gesamtmetall.de/sites/default/files/downloads/gm_geschaeftsbericht2021-2022.pdf)https://www.gesamtmetall.de/sites/default/files/downloads/gm_geschaeftsbericht2021-2022.pdf (letzter Aufruf: 20.11.22).

217 Siehe Frank Specht: Lohntransparenz: CDU-Wirtschaftsflügel appelliert an EU-Abgeordnete, »Bürokratie-Tsunami« zu stoppen, in: *Handelsblatt*, 4.4.22, https://www.handelsblatt.com/politik/deutschland/neue-eu-richtlinie-lohntransparenz-cdu-wirtschaftsfluegel-appelliert-an-eu-abgeordnete-buerokratie-tsunami-zu-stoppen/28226136.html (letzter Aufruf: 20.11.22).

218 Heide Pfarr: »Die geschlechtergerechte Gestaltung des Arbeitsmarktes. Möglichkeiten und Grenzen der Arbeitsmarktpolitik«, Keynote SAMF Jahrestagung 2022.

219 Margrit Gerste: Endlich: Vergewaltigung in der Ehe gilt künftig als Verbrechen, in: *Die Zeit* 21/1997, 16.5.1997, (archiviert https://web.archive.org/web/20170830181957/http://www.zeit.de/1997/21/ehe.txt.19970516.xml)https://www.zeit.de/1997/21/ehe.txt.19970516.xml (letzter Aufruf: 20.11.22).

220 Tweet Gender Pay Gap Bot, @PayGapApp, 9.3.22, https://twitter.com/paygapapp/status/1501551303763410948 (letzter Aufruf: 20.11.2); sowie Archivansicht des Tweets der walisischen Krebsstiftung Tenovus Cancer Care, @tenovuscancer, 9.3.22: https://web.archive.org/web/20220309132209/https://twitter.com/tenovuscancer/status/1501548675490852871 (letzter Aufruf: 20.11.22).

Anmerkungen

221 Tweet Gender Pay Gap Bot, @PayGapApp, 3.3.22, https://twitter.com/PayGapApp/status/1501228844984016903 (letzter Aufruf: 20.11.22).
222 Christiane Lutz: Was bleibt vom Internationalen Frauentag: Heuchelei schlägt zurück, in: *Süddeutsche Zeitung*, 9.3.22, https://www.sueddeutsche.de/medien/gender-pay-gap-twitter-weltfrauentag-1.5544452 (letzter Aufruf: 21.11.22).
223 Theresa May: Gender pay gap: Fathers can help by sharing care role, says Theresa May, in: *The Sunday Times*, 8.4.18, https://www.thetimes.co.uk/article/gender-pay-gap-fathers-can-help-by-sharing-care-role-says-theresa-may-dl9hgn0rs (letzter Aufruf: 20.11.22).
224 Siehe Lewis Silkin: Lessons from 5 years of gender pay gap reporting in the UK, in: Blogpost by Global HR Lawyers, Ius Laboris, 6.5.22, https://iuslaboris.com/insights/lessons-from-5-years-of-gender-pay-gap-reporting-in-the-uk/ (letzter Aufruf: 20.11.22).
225 Jack Blundell: Wage responses to gender pay gap reporting requirements, in: *Discussion Paper No.1750*, Centre for Economic Performance, London School of Economics and Political Science, March 2021, S. 3, https://www.lse.ac.uk/News/Latest-news-from-LSE/2021/c-March-21/Gender-pay-gap-closes-by-one-fifth-after-reporting-introduced (letzter Aufruf: 20.11.22).
226 OECD: The Role of Firms in the Gender Wage Gap in Germany, Gender Equality at Work, Paris 2022, S. 61 f., https://doi.org/10.1787/e8623d6f-en (letzter Aufruf: 20.11.22).
227 Ebenda, S. 18.
228 Ebenda, S. 61.
229 Siehe BMFSFJ: Fact Sheet. Entgelttransparenz und Entgeltgleichheit in Frankreich, 2.7.21, https://www.entgeltgleichheit-fördern.de/wichtige-daten-und-fakten-rund-um-das-thema-entgeltgleichheit/fact-sheet-entgelttransparenz-in-frankreich (letzter Aufruf: 20.11.22).
230 Siehe Jon Henley: ›Equality won't happen by itself‹: how Iceland got tough on gender pay gap, in: *The Guardian*, 20.2.18, https://www.theguardian.com/world/2018/feb/20/iceland-equal-pay-law-gender-gap-women-jobs-equality (letzter Aufruf: 20.11.22).
231 Siehe OECD: The Role of Firms in the Gender Wage Gap in Germany, Gender Equality at Work, Paris 2022, S. 62, https://doi.org/10.1787/e8623d6f-en (letzter Aufruf: 20.11.22).
232 Daten siehe Suche nach Arbeitgebern über den »Gender Pay Gap Service« der britischen Regierung: https://gender-pay-gap.service.gov.uk/.
233 OECD: The Role of Firms in the Gender Wage Gap in Germany, Gender Equality at Work, Paris 2022, S. 63, https://doi.org/10.1787/e8623d6f-en (letzter Aufruf: 20.11.22).

234 Council of Ministers: Government approves measures to guarantee equality between women and men at work, 13.10.20, https://www.lamoncloa.gob.es/lang/en/gobierno/councilministers/Paginas/2020/20201013council.aspx (letzter Aufruf: 20.11.22).
235 OECD: The Role of Firms in the Gender Wage Gap in Germany, Gender Equality at Work, Paris 2022, S. 50, https://doi.org/10.1787/e8623d6f-en (letzter Aufruf: 20.11.22).
236 Bettina Rüegge, Christoph Petry und Susanne Stern: Wirkungen der Lohngleichheitskontrollen des Bundes. Schlussbericht, https://web.archive.org/web/20221109193720/https://www.infras.ch/media/filer_public/a3/21/a3215fcd-ceb8-4968-96f3-60ba29628a41/wirkungen_der_lohngleichheitskontrollen_des_bundes_schlussbericht.pdf)
237 Ohne Autor: Kanzlers Miniding, in: *Der Spiegel* 26/1978, 25.6.1978, https://www.spiegel.de/politik/kanzlers-miniding-a-d5a44243-0002-0001-0000-000040616271 (letzter Aufruf: 20.11.22).
238 Siehe Karin Tondorf, Andrea Jochmann-Döll: Es geht auch anders. Das belgische Entgeltgleichheitsgesetz, in: Newsletter zur Entgeltgleichheit, Nr. 16/2016, http://www.karin-tondorf.de/downloads/nl016_anlag3_genderpaygapnbeScheele.pdf (letzter Aufruf: 20.11.22).
239 Siehe Eurostat: Gender pay gap statistics 2020, https://ec.europa.eu/eurostat/statistics-explained/index.php?title=Gender_pay_gap_statistics (letzter Zugriff: 18.11.22), Statbel: The pay gap between men and women amounts to 5.3% in 2020, https://statbel.fgov.be/en/themes/work-training/wages-and-labourcost/gender-pay-gap (letzter Aufruf: 20.11.22).
240 Jeff Green: More Companies Than Ever Are Sharing How Much Jobs Pay, in: *BNN Bloomberg*, 28.9.22, https://www.bnnbloomberg.ca/more-companies-than-ever-are-sharing-how-much-jobs-pay-1.1824921 (letzter Aufruf: 21.11.22).
241 Siehe EuGH, Urteil vom 21.5.1985, 248/83, https://eur-lex.europa.eu/legal-content/DE/TXT/PDF/?uri=CELEX%3A61983CJ0248 (letzter Aufruf: 20.11.22).
242 Siehe Meike Dinklage: Gender Pay Gap: Wir brauchen mehr Geld für soziale Berufe!, in: *Brigitte* 07/2019, 26.2.19, https://www.brigitte.de/academy/karriere/equal-pay-day--mehr-geld-fuer-soziale-berufe--11543756.html (letzter Aufruf: 20.11.22).
243 Antwort des BMAS vom 27.10.22 auf eine Anfrage der Autorin und vom 26.9.22 an Charlotte Köhler.
244 Antwort des BMFSFJ vom 2.11.22 auf eine Anfrage der Autorin.
245 Nico Grant: Google Agrees to Pay $118 Million to Settle Pay Discrimination Case, in: *The New York Times*, 12.6.22, https://www.nytimes.com/2022/06/12/business/google-discrimination-settlement-women.

html (letzter Aufruf: 20.11.22); sowie: Daisuke Wakabayashi: At Google, Employee-Led Effort Finds Men Are Paid More Than Women, in: *The New York Times*, 8.9.17, https://www.nytimes.com/2017/09/08/technology/google-salaries-gender-disparity.html (letzter Aufruf: 20.11.22).

246 Brian McKenna: Obama at Dreamforce 2019: Leaders orchestrate the conversation, in: *Computer Weekly*, 22.11.19, https://www.computerweekly.com/news/252474382/Obama-at-Dreamforce-2019-leaders-orchestrate-the-conversation (letzter Aufruf: 21.11.22).

247 Measuring Racial and Gender Pay Equity, in: *Bloomberg*, 23.3.22, https://www.bloomberg.com/news/videos/2022-03-23/measuring-racial-and-gender-pay-equity-video?sref=xne4mEua (letzter Aufruf: 20.11.22).

248 Tom Richell: International Women's Day: Norwegian child social experiment brutally illustrates gender inequality, in: *Independent*, 9.3.18, https://www.independent.co.uk/news/world/international-womens-day-norway-children-video-gender-pay-gap-boys-girls-finansforbundet-trade-union-a8245841.html (letzter Aufruf 23.11.22).

249 Jeremy Eichler: The BSO's principal flutist says she is paid far less than the man who is the principal oboist, in: *The Boston Globe*, 6.7.18, https://www.bostonglobe.com/arts/2018/07/05/bso-principal-flutist-sues-for-equal-pay/Mx9KncUJ0P2wXqOUaTJUlJ/story.html (letzter Aufruf: 20.11.22).

250 Chris Serico: Patricia Arquette: I ›lost‹ roles after Oscars speech about equal pay for women, in: *Today*, 26.2.16, https://www.today.com/money/patricia-arquette-i-lost-roles-after-oscars-speech-about-equal-t76786 (letzter Aufruf: 20.11.22).

251 Siehe David Carr: How the Hacking at Sony Over ›The Interview‹ Became a Horror Movie, in: *New York Times*, 21.12.14, https://www.nytimes.com/2014/12/22/business/media/hacking-at-sony-over-the-interview-reveals-hollywoods-failings-too.html (letzter Aufruf: 20.11.22).

252 Siehe Aly Weisman: LEAKED: Jennifer Lawrence Got American Hustled In Sony Deal, in: *Business Insider*, 14.12.14, https://www.businessinsider.com/jennifer-lawrence-paid-less-than-male-co-stars-2014-12 (letzter Aufruf: 20.11.22).

253 Dana Rose Falcone: Reese Witherspoon: Sony hack helped wage gap become a ›more public conversation‹, in: *Entertainment Weekly*, 3.2.16, https://ew.com/article/2016/02/03/beyond-beautiful-sony-hack-gender-pay-gap/ (letzter Aufruf: 20.11.22).

254 Team Elle: Charlize Theron Is ELLE's New Cover Star, in: *Elle*, 5.5.15, https://www.elle.com/uk/fashion/news/a25652/charlize-theron-elle-cover-june-2015/ (letzter Aufruf: 20.11.22).

255 Jessica Bennett: I'll Share My Salary if You Share Yours, in: *The New

York Times, 9.1.20, https://www.nytimes.com/2020/01/09/style/women-salary-transparency.html (letzter Aufruf: 20.11.22).

256 State of California, Department of Industrial Relations: California Equal Pay Act. Frequently Asked Questions, December 2020, https://www.dir.ca.gov/dlse/california_equal_pay_act.htm (letzter Aufruf: 20.11.22).

257 State of California, Department of Fair Employment and Housing: DFEH Sues California Gaming Companies for Equal Pay Violations, Sex Discrimination, and Sexual Harassment, Pressemitteilung, 21.7.21, https://calcivilrights.ca.gov/wp-content/uploads/sites/32/2021/07/BlizzardPR.7.21.21.pdf (letzter Aufruf: 20.11.22).

258 Für die Daten der USA siehe: Jeong Park: How much money did women lose in California due to gender pay gap? What a new study found, in: *The Sacramento Bee*, 20.10.21, https://amp.sacbee.com/article255107112.html (letzter Aufruf: 20.11.22), sowie für Deutschland: Statistisches Bundesamt: Unbereinigter Gender Pay Gap (GPG) nach Gebietsstand ab 1995, https://www.destatis.de/DE/Themen/Arbeit/Verdienste/Verdienste-Verdienstunterschiede/Tabellen/ugpg-01-gebietsstand.html (letzter Aufruf: 20.11.22).

259 Interview mit der Autorin.

260 Miley Cyrus: »Santa Baby« für die *Tonight Show, Starring Jimmy Fallon*, 21.12.18, https://www.facebook.com/MileyCyrus/videos/304240413549204/ (letzter Aufruf: 21.11.22).

261 Lauren Collins: How the BBC Women Are Working Toward Equal Pay, in: *The New Yorker*, 16.7.18, https://www.newyorker.com/magazine/2018/07/23/how-the-bbc-women-are-working-toward-equal-pay (letzter Aufruf: 18.11.22).

262 EntgTranspG § 4 (1).

263 EntgTranspG § 4 (2); sowie EuGH, Urteil vom 26.6.01, Brunnhofer/Postsparkasse, Rn 48, https://curia.europa.eu/juris/document/document.jsf?text=&docid=46464&pageIndex=0&doclang=DE&mode=req&dir=&occ=first&part=1 (letzter Aufruf: 20.11.22).

264 EuGH, Urteil vom 27.3.1980, C-129/79, Macarthys/Smith, https://curia.europa.eu/juris/showPdf.jsf?text=&docid=90506&pageIndex=0&doclang=de&mode=lst&dir=&occ=first&part=1&cid=771538.

265 Siehe Gleichbehandlungsanwaltschaft: Gender Pay Gap durch Betriebsvereinbarung? Arbeitsbewertung neu denken. Fall des Monats Oktober 2020, 1.10.20, https://www.gleichbehandlungsanwaltschaft.gv.at/aktuelles-und-services/fall-des-monats/Fall-des-Monats-Oktober-2020.html (letzter Aufruf: 20.11.22).

266 EntgTranspG § 4 (2).

267 Siehe Deutscher Bundestag: Entwurf eines Gesetzes zur Förderung der

Transparenz von Entgeltstrukturen, Drucksache 18/11133, 13.2.17, S. 51 (Zu Absatz 2), https://dserver.bundestag.de/btd/18/111/1811133.pdf (letzter Aufruf: 20.11.22).

268 Siehe Sarah Lillemeier: Entgelt(un)-gleichheit im Öffentlichen Dienst, in: *Der Personalrat* 9/2015, S. 42-45, https://bund-laender-nrw.verdi.de/tarif/tvoed-bund/++co++b2509600-6858-11e5-ac77-525400ed87ba (letzter Aufruf: 20.11.22).

269 Siehe LAG Hessen, Urteil vom 25.2.21, 9 Sa 174/20. Erläuterungen zum Betriebsbegriff siehe: Adrian Kalb: LAG Hessen: Betriebsbegriff im Entgelttransparenzgesetz, Informationsseite der Kanzlei Mosebach & Partner, https://www.mosebach-partner.de/aktuelles/lag-hessen-betriebsbegriff-im-entgelttransparenzgesetz/ (letzter Aufruf: 20.11.22).

270 Siehe EntgTranspG § 11 (3) 1 und § 14.

271 Siehe EuGH, Urteil vom 27.10.1993, C-127/92, Enderby, Rn 22, https://eur-lex.europa.eu/legal-content/DE/ALL/?uri=CELEX%3A61992CJ0127 (letzter Aufruf: 20.11.22).

272 LAG Mecklenburg-Vorpommern, Urteil vom 21.10.09, 2 Sa 237/09, https://openjur.de/u/342735.html (letzter Aufruf: 20.11.22).

273 Tweet Lucy Che, @justglitza, 24.8.22, https://twitter.com/justglitza/status/1562417211389648896 (letzter Aufruf: 20.11.22).

274 Siehe BAG, Urteil vom 25.6.20 – 8 AZR 145/19, Leitsatz 3, https://www.bundesarbeitsgericht.de/entscheidung/8-azr-145-19/ (letzter Aufruf: 19.11.22).

275 BAG, Urteil vom 25.6.20 – 8 AZR 145/19, Leitsatz 5 und ab Rn 107, https://www.bundesarbeitsgericht.de/entscheidung/8-azr-145-19/ (letzter Aufruf:19.11.22).

276 BAG, Entscheidung vom 21.1.21, 8 AZR 488/19, Rn 62, https://www.bundesarbeitsgericht.de/entscheidung/8-azr-488-19/ (letzter Aufruf: 19.11.22).

277 Siehe BAG, Entscheidung vom 21.1.21, 8 AZR 488/19, Rn 67, https://www.bundesarbeitsgericht.de/entscheidung/8-azr-488-19/ (letzter Aufruf: 19.11.22).

278 EntgTranspG, §3 (3), https://www.gesetze-im-internet.de/entgtranspg/BJNR215210017.html (letzter Aufruf: 20.11.22).

279 Siehe BAG, Entscheidung vom 21.1.21, 8 AZR 488/19, Rn 69 cc) bis (3), https://www.bundesarbeitsgericht.de/entscheidung/8-azr-488-19/ (letzter Aufruf: 19.11.22).

280 Siehe Antidiskriminierungsstelle des Bundes: Informationsseite Gleichbehandlung der Geschlechter im Arbeitsleben, Punkt 7: Ich war in Elternzeit. Ist es da nicht normal, dass ich im Vergleich zu meinen Kollegen weniger verdiene?, https://www.antidiskriminierungsstelle.de/DE/ueber-diskriminierung/lebensbereiche/arbeitsleben/gleichbehand-

lung-der-geschlechter/gleichbehandlung-der-geschlechter-node.html (letzter Aufruf: 20.11.22); sowie BAG,Urteil vom 27.1.11, 6 AZR 526/06, https://www.bundesarbeitsgericht.de/entscheidung/6-azr-526-09/ (letzter Aufruf: 20.11.22).
281 Allgemeines Gleichbehandlungsgesetz, § 15 (4), https://www.gesetze-im-internet.de/agg/__15.html (letzter Aufruf: 20.11.22).
282 Siehe LAG Rheinland-Pfalz, Urteil vom 14.8.14, 5 Sa 509/13, https://www.hensche.de/Entschaedigung_bei_Lohndiskriminierung_von_Frauen_LAG_Rheinland-Pfalz_5Sa509-13_u.html (letzter Aufruf: 20.11.22).
283 Verena Töpper: Die Wut bleibt, in: *Der Spiegel* 27/2022, S. 38, https://www.spiegel.de/karriere/gabriele-gamroth-guenther-wie-eine-frau-seit-vier-jahren-um-faire-bezahlung-kaempft-a-fe20efe0-19f3-4479-8d71-48c144fbc6cd (letzter Aufruf: 18.11.22).
284 Siehe BAG, Entscheidung vom 21.1.21, 8 AZR 488/19, Rn 48, https://www.bundesarbeitsgericht.de/entscheidung/8-azr-488-19/ (letzter Aufruf: 19.11.22).
285 BAG, Entscheidung vom 21.1.21, 8 AZR 488/19, Rn 49, https://www.bundesarbeitsgericht.de/entscheidung/8-azr-488-19/ (letzter Aufruf: 19.11.22).
286 Aus den Schriftsätzen des ZDF im Gerichtsverfahren der Autorin.
287 Siehe EuGH, Urteil vom 26.6.01, C – 381/99, Brunnhofer/Postsparkasse, Rn 79, https://curia.europa.eu/juris/liste.jsf?language=de&jur=C,T,F&num=C-381/99 (letzter Aufruf: 20.11.22).
288 Siehe Statistisches Bundesamt: Tarifbindung von Arbeitnehmern, Stand 2019, https://www.destatis.de/DE/Themen/Arbeit/Arbeitsmarkt/Qualitaet-Arbeit/Dimension-5/tarifbindung-arbeitnehmer.html (letzter Aufruf: 20.11.22).
289 Aus den Schriftsätzen des ZDF im Gerichtsverfahren der Autorin.
290 Siehe EuGH, Urteil vom 27.10.1993, C-127/92, Enderby, Rn 22, https://eur-lex.europa.eu/legal-content/DE/ALL/?uri=CELEX%3A61992CJ0127 (letzter Aufruf: 20.11.22).
291 Aus den Schriftsätzen des ZDF im Gerichtsverfahren der Autorin.
292 Ebenda.
293 Heide M. Pfarr, Klaus Bertelsmann: Diskriminierung im Erwerbsleben. Ungleichbehandlungen von Frauen und Männern in der Bundesrepublik Deutschland, Baden-Baden 1989, S. 321.
294 BVerfG, Beschluss vom 16.11.1993, 1 BvR 258/86, Rn 50, https://www.bundesverfassungsgericht.de/SharedDocs/Entscheidungen/DE/1993/11/rs19931116_1bvr025886.html (letzter Aufruf: 20.11.22).
295 BAG Urteil vom 21.6.2012, 8 AZR 364/11, Rn 59.
296 Anne Eisenberg: ›Good Girls‹ Fight to Be Journalists, in: *The New York Times*, 1.2.12, https://www.nytimes.com/2012/09/02/business/good-

girls-tells-of-womens-fight-for-rights-at-newsweek.html (letzter Aufruf: 21.11.22).
297 Rebecca Solnit: *Wenn Männer mir die Welt erklären*, München 2017, S. 12.
298 Ebenda, S. 12 ff.
299 Ebenda, S. 14 f.
300 Margarete Stokowski: Gehälter von Frauen. Mythen zur Lücke, in: *Spiegel Online*, 12.9.17, https://www.spiegel.de/kultur/gesellschaft/gehaelter-von-frauen-mythen-zur-luecke-kolumne-a-1167246.html (letzter Aufruf: 21.11.22).
301 Siehe Markus Decker: Antidiskriminierungsbeauftragte Ataman. 40 Prozent der Eltern fühlen sich im Job benachteiligt, in: *RND RedaktionsNetzwerk Deutschland*, 19.9.22, https://www.rnd.de/politik/antidiskriminierungsbeauftragte-ataman-viele-menschen-werden-irgendwann-einmal-diskriminiert-HLIJVMBVURDZ5OE2DRLRKWJU5I.html (letzter Aufruf: 21.11.22).
302 Vgl. Nora Markard: Anfrage nach dem Entgelttransparenzgesetz: So geht's, in: *LTO Karriere*, 8.7.20, https://www.lto.de/karriere/im-job/stories/detail/lohn-gleicher-maenner-frauen-entgelttransparenzgesetz-so-stellen-sie-die-anfrage-richtig (letzter Aufruf: 21.11.22).
303 Siehe Lauren Collins: How the BBC Women Are Working Toward Equal Pay, in: *The New Yorker*, 16.7.18, https://www.newyorker.com/magazine/2018/07/23/how-the-bbc-women-are-working-toward-equal-pay (letzter Aufruf: 18.11.22).
304 Sarah Montague: Sarah Montague on her gender pay gap: I'm furious about being paid less than men at the BBC, in: *The Times*, 8.4.18, https://www.thetimes.co.uk/article/sarah-montague-on-her-gender-pay-gap-im-furious-about-being-paid-less-than-men-at-the-bbc-t9vkfjqk0 (letzter Aufruf: 21.11.22).
305 Lauren Collins: How the BBC Women Are Working Toward Equal Pay, in: *The New Yorker*, 16.7.18, https://www.newyorker.com/magazine/2018/07/23/how-the-bbc-women-are-working-toward-equal-pay (letzter Aufruf: 18.11.22).
306 Helen Lewis: Ask Your (Male) Colleagues What they Earn, in: *The Atlantic*, 14.11.19, https://www.theatlantic.com/international/archive/2019/11/lessons-samira-ahmed-versus-bbc/601948/ (letzter Aufruf: 21.11.22).
307 Lauren Collins: How the BBC Women Are Working Toward Equal Pay, in: *The New Yorker*, 16.7.18, https://www.newyorker.com/magazine/2018/07/23/how-the-bbc-women-are-working-toward-equal-pay (letzter Aufruf: 18.11.22).
308 Siehe Jim Waterson: BBC has given rises to 700 female staff since start of

pay scandal, in: *The Guardian*, 14.9.20, https://www.theguardian.com/media/2020/sep/14/bbc-has-settled-at-least-700-female-employees-equal-pay-claims (letzter Aufruf: 21.11.22).
309 Siehe Anita Singh: Carrie Gracie wins £280,000 in pay battle with BBC as broadcaster apologises over unequal salary, in: *The Telegraph*, 29.6.18, https://www.telegraph.co.uk/news/2018/06/29/carrie-gracie-wins-back-pay-bbc-asbroadcaster-apologises-unequal/ (letzter Aufruf: 21.11.22).
310 Siehe Frances Perraudin: Sarah Montague wins £400,000 from BBC over unequal pay, in: *The Guardian*, 20.1.20, https://www.theguardian.com/media/2020/jan/20/sarah-montague-wins-400000-settlement-from-bbc-for-unequal-treatment (letzter Aufruf: 21.11.22).
311 Siehe AGG § 17 Abs. 2.
312 Nach § 68 BPersVG bzw. § 80 II S. 2; BetrVG. EntGTransp § 13 III.
313 Tweet von StMatteoPanuozzo, @SanMatteoPanuoz, 15.11.20, https://twitter.com/SanMatteoPanuoz/status/1328047406823436288 (letzter Aufruf: 21.11.22).
314 Ursula Ott, Claudia Keller: »Bloß nicht gleich wieder Mitleid mit den Jungs!«, in: *Chrismon*, 1.9.19, S. 28.

Personenregister

Adams, Amy 160
Addison, Bill 123
Ahmed, Samira 28, 194 f.
Albright, Madeleine 133
Allmendinger, Jutta 47
Altenberg, Miriam 22, 29, 54 ff., 83, 101, 122 f., 133, 182
Arquette, Patricia 160

Baerbock, Annalena 85
Baez, Joan 91
Bale, Christian 160
Bellut, Thomas 133
Bertelsmann, Klaus 60, 187
Beyoncé 85
Biden, Joe 75
Bierhoff, Oliver 73, 142
Böhmermann, Jan 15, 141
Brandt, Willy 90
Braun, Lily 88
Brosnan, Sarah 30
Brunnhofer, Susanna 184
Büdenbender, Elke 76

Carter, Jimmy 188
Cooper, Bradley 160
Curie, Marie 164
Czilwik, Sofie 88

Daniel, Ute 89
de Beauvoir, Simon 198
Dermody, Kelly 53, 108, 121, 134 f., 151, 165

Deuschle, Heidi 63 f.
Dohm, Hedwig 87, 89, 167
Dröge, Katharina 43
Dumas, Susanne 22, 48 f., 54, 65 f., 101, 113, 122, 130, 185, 190

Erlingsdóttir, Rósa Guðrún 147
Ernst, Michael 13 f., 16, 50, 96, 104, 119 f., 137, 159
Escárcega, Patricia 123, 197
Evans, Chris 25

Feilhauer, Ingeborg 139 f., 165
Ferner, Elke 79, 116
Ferrillo, John 157
Fratzscher, Marcel 57
Frey, Peter 136

Gamroth-Günther, Gabriele 22, 29, 45 ff., 99 f., 109, 113, 183
Garvey, Jane 166
Geijtenbeek, Lydia 37
Giffey, Franziska 32, 154
Ginsburg, Ruth Bader 117, 153
Göring-Eckardt, Katrin 32
Gracie, Carrie 24 f., 85, 125 ff., 132, 134, 138, 184, 195
Guterres, António 19

Haase, Manuela 61 f., 65
Halmich, Regina 73 f., 189 f.
Hannack, Elke 81, 105, 110, 112
Hechinger, Martin 132
Heggeness, Misty L. 84
Heil, Hubertus 33, 155
Hemsworth, Chris 160
Himmler, Norbert 140
Holmes Norton, Eleanor 188
Holst, Elke 77, 79
Humphrys, John 132

Jansen, Fasia 91 f.
Jeffries, Connie 135
Jochmann-Döll, Andrea 39, 62, 64, 66
Kaiser, Marianne 90 ff.
Kampeter, Steffen 105
Kardashian, Kim 85
Klammer, Ute 43
Klapp, Micha 100
Kleinert, Corinna 57, 77
Klenner, Christina 43 f., 64
Konstatzky, Sandra 109, 152
Kramer, Ingo 47, 110
Kroymann, Maren 35

Lamb, Natasha 156
Lawrence, Jennifer 86, 160
Ledbetter, Lilly 114, 117, 130, 153, 164, 178
Lillemeier, Sarah 43
Lopez, Jennifer 160

Mader, Katharina 67, 78, 152
Madonna 85
Markard, Nora 95, 98, 126, 207
May, Theresa 146
Merkel, Angela 21, 32
Möhring, Cornelia 131
Montague, Sarah 25, 194 f.
Montero, Irene 148 f.
Murach, Bodo 92
Murray-Close, Marta 84

Nixon, Cynthia 52
Nixon, Richard 138

Obama, Barack 117, 156
Oliver, John 18

Pähtz, Elisabeth 70 ff., 189 f.

Paus, Lisa 80, 155
Pechstein, Birgitt 95 ff.
Pfarr, Heide 143, 187
Plug, Erik 37

Raab, Stefan 73
Rainville, Camille 52
Randzio-Plath, Christa 150
Rapinoe, Megan 21, 74
Regner, Evelyn 38, 143
Renger, Annemarie 90
Renner, Jeremy 160
Roig, Emilia 37
Rowe, Elizabeth 157

Schlegel, Heidi 162 f.
Scholz, Olaf 24, 33, 73
Schröder, Gerhard 20
Schröder, Kristina 56
Schwesig, Manuela 105, 109, 112
Selbert, Elisabeth 89
Siemes-Knoblich, Astrid 22, 57 f., 63 f., 101, 127
Solnit, Rebecca 189 f.
Steinhagen, Barbara 102 f., 180

Stokowski, Margarete 40, 190
Streep, Meryl 118, 160

Theron, Charlize 160
Thüsing, Gregor 111
von der Leyen, Ursula 24

Walla, Edeltraud 28, 102 f., 107, 109, 112, 121, 132, 166, 191, 193
Webb, Justin 194
Weber, Lea 41
Wedel, Dieter 144
Wehner, Herbert 90
Weinstein, Harvey 82
Wenckebach, Johanna 23, 54, 68, 85, 103 f., 112 f.
Werner, Hiltrud 197
Wettstein-Adelt, Minna 87 f.
Widmann-Mauz, Annette 32
Williams, Serena 83
Wilson, Sylvia 29
Winter, Regine 98
Witherspoon, Reese 160